历·史·的·节·点

罗平汉 著

认同与信任

生活·讀書·新知 三联书店

Copyright © 2025 by SDX Joint Publishing Company.
All Rights Reserved.

本作品版权由生活・读书・新知三联书店所有。
未经许可，不得翻印。

图书在版编目（CIP）数据

认同与信任 / 罗平汉著. -- 北京：生活・读书・新知三联书店，2025. 3. (2025.7重印) -- ISBN 978-7-108-08018-9

Ⅰ.D663.5

中国国家版本馆 CIP 数据核字第 20255RF290 号

策划编辑	唐明星
责任编辑	柯琳芳
装帧设计	康　健
责任校对	张　睿
责任印制	卢　岳
出版发行	生活・讀書・新知三联书店
	（北京市东城区美术馆东街22号 100010）
网　址	www.sdxjpc.com
经　销	新华书店
印　刷	北京隆昌伟业印刷有限公司
版　次	2025年3月北京第1版
	2025年7月北京第2次印刷
开　本	635毫米 × 965毫米 1/16 印张 21.25
字　数	237千字
印　数	06,001－10,000册
定　价	63.00元

（印装查询：01064002715；邮购查询：01084010542）

目 录

1956年的知识分子问题会议　1
　一、会议召开的背景　1
　二、调查中发现的问题　6
　三、知识分子问题会议的筹备　18
　四、知识分子问题会议的召开　36
　五、知识分子问题会议的反响　48
　六、知识分子工作生活条件的初步改善　61

"双百"方针提出的背景与经过　76
　一、学习苏联中存在的教条主义倾向　76
　二、毛泽东提出要实行"双百"方针　82
　三、陆定一代表中共中央诠释"双百"方针　92
　四、知识界关于"百家争鸣"的争鸣　96
　五、知识界的一缕春风　105
　六、毛泽东再论"双百"问题　110
　七、历史的遗憾　123

第一个科学技术发展远景规划的制定　135
　一、制定科学技术发展远景规划的背景　135

二、规划的制定经过　140

三、《规划纲要（修正草案）》的主要内容及执行效果　149

1958年教科文卫"大跃进"　155

一、知识界的"跃进"计划　155

二、"国际先进水平"及其他　162

三、"教育革命"之举　171

四、"教育史上亘古未有的奇迹"　179

为知识分子"脱帽加冕"　188

一、知识分子戴上"资产阶级"帽子的由来　188

二、"科学十四条"开启知识分子政策调整　196

三、"高教六十条"与"文艺十条"　206

四、"资产阶级知识分子"这个名词伤感情　211

五、脱"资产阶级"之帽，加"劳动人民"之冕　215

六、邓小平一句话平息争议　224

关于文艺问题的两份批示　229

一、"大写十三年"与批"鬼戏"　229

二、毛泽东关于文艺的第一份批示　234

三、毛泽东关于文艺的第二份批示　239

四、对所谓"坏影片"的批判　244

1977年的科教工作座谈会　248

一、邓小平自告奋勇分管科教工作　248

二、座谈会上科学家的呼吁　257

三、"知识分子的名誉要恢复"　275

高考制度的中断与恢复　283

一、被中断十一年的高考　283

二、邓小平提出"教育部要争取主动"　296

三、恢复的不只是一项制度　306

"文艺黑线专政"论的由来及否定　311

一、"文艺黑线专政"论的由来　311

二、对"文艺黑线专政"论的控诉　321

三、彻底推倒"文艺黑线专政"论　330

1956年的知识分子问题会议

1956年的知识分子问题会议，是中国共产党执政初期一次以讨论知识分子问题为主题的大型会议。这次会议上，周恩来代表中共中央明确宣布知识分子是工人阶级的一部分，号召广大知识分子向科学进军。以此为标志，中共中央对知识分子政策进行了一系列的调整，知识分子的工作条件和生活条件得到了很大改善，他们的政治地位也有了很大提高，阳光灿灿、春风和煦的1956年给老一代知识分子留下了挥之不去的美好记忆。正因为如此，这次会议在当代中国的历史上留下了深深的印记。

一、会议召开的背景

旧中国是一个经济文化十分落后的国家，知识分子的人数很少。新中国成立前，全国大约有知识分子200万人，其中高级知识分子（大体是讲师、助理研究员、工程师以上学衔的人员）约65000人。这200万知识分子中，教师约有90万人，医疗卫生人员约有50万人，工程技术人员10多万人，另有科研人员、作家、编辑、文化艺术人员、农业技术人员和职员几十万人。

新中国成立前夕，广大学有成就的知识分子拒绝同国民党逃亡，坚决留在大陆迎接解放，并且表现出很高的建设新社会的热情。不但如此,李四光、华罗庚、老舍等一批著名知识分子,听到新中国成立的消息后,冲破重重阻挠,不远万里回到祖国。这说明中国广大知识分子不但有强烈的爱国情怀,而且对中国共产党领导的新政权也寄予无限的希望。

当然,也应当承认,由于中国革命长期在农村进行,参加革命的主力军是农民,而广大知识分子则基本生活于城市,虽然有一部分知识分子在革命胜利前夕参加了中共地下组织或外围组织,直接投身于革命活动,也有相当多的知识分子在中国共产党开辟的第二条战线中,参与了反对国民党独裁统治的斗争,但是,他们中的大多数人特别是其中的高级知识分子,对于共产党仍然是不熟悉的,对于马克思主义也不是很了解,这就难免在阶级观点上不那么明确,产生一些糊涂甚至错误的认识。1949年暑假,在北京市中小学教职员暑期学习会上,很多人错误地认为:地主养活了农民;工人、农民生活苦是因为能力差,没学问;革命的领导人是知识分子,应该说是知识分子领导革命;甚至有人认为共产党闹革命,打天下,也不过是"争权夺利,割据地盘"[1]。

正因为这种情况,各大中城市解放后,就立即组织广大知识分子进行政治教育,组织他们学习马克思主义基本理论、新民主主义革命史和党的方针政策,加深他们对共产党和新政府的了解。同时根据他们的思想情况部署思想改造的工作,并且认为"思想改造,首先是各种知识分子的思想改造,是我国在各方面

---

[1]《北京市中小学教职员暑期学习会总结》,《新华月报》1949年12月号,第23页。

彻底实现民主改革和逐步实行工业化的重要条件之一"[1]。

从 1950 年冬天开始,广大新解放区的土地改革全面展开。接着,抗美援朝运动又如火如荼地进行。这两大运动都曾动员组织大批知识分子参与,目的就在于使知识分子在政治斗争的实践中提高思想认识,直接或间接地使知识分子参加反帝反封建的革命斗争,提高他们的政治觉悟。1951 年冬至 1952 年秋,又在知识分子,主要是大学、中学教师中正式启动了思想改造运动。1951 年开展的对电影《武训传》的批判,实际上成为知识分子思想改造运动的一部分。这些工作总体来说是成功且有成效的,对于广大知识分子融入新社会、了解新制度起到了积极作用。

1954 年,毛泽东从支持两位青年知识分子对《红楼梦》研究问题的批判开始,由批判俞平伯的《红楼梦》研究引发对以胡适为代表的唯心主义的批判。胡适是现代中国最负盛名的学者之一,其研究领域十分宽泛,涉及哲学、文字、史学、社会政治思想诸多方面,有相当多的学者受到他直接或间接的影响。胡适也是著名的社会活动家,虽然他从政的时间并不长,但他一生其实非常热心于政治,始终游走于政学之间,有着广泛的社会影响,与国民党及国民党政权也有着千丝万缕的联系。因而对胡适的批判使许多人文社会科学的学者,甚至不在少数的自然科学学者都被波及到这场运动之中。在广大知识分子中进行历史唯物主义和辩证唯物主义的宣传学习,对于他们站稳政治立场、提高政治觉悟起到了积极作用,但是由于没有严格地将政治问题与学术问题加以区分,致使学术问题政治化,加上采取了政治运动的方

---

[1]《毛泽东文集》第 6 卷,人民出版社 1999 年版,第 184 页。

式，使与之相关的知识分子都不得不在运动中表明自己的态度，一些知识分子为此受到了过火的甚至是错误的批判，从而在不同程度上损伤了他们的感情。

1955年，知识界又开展了对胡风文艺思想的批判。胡风是我国著名的文艺理论家，长期参加左翼文艺运动。1954年3月到5月间，胡风针对此前别人对他文艺思想的批判，写下了《关于几个理论性问题的说明材料》《几年来的经过简况》。6月，他又写了《事实举例和关于党性》《作为参考的建议》，并将这四个材料会合成《关于解放以来的文艺实践情况的报告》（即"三十万言书"），递交给中央有关方面负责人转呈给中共中央领导人。胡风的这"三十万言书"本希望把一些问题加以澄清，尽可能地使自己与文艺界的是非恩怨有所了断。但遗憾的是，这洋洋30万字非但未把问题辩明，反而加深了有关方面对他的误解，导致了更为严厉的批判。尤为严重的是，由于各种历史和现实复杂的原因，胡风以及与他观点相同或受他影响的文艺工作者，被定性为"反革命集团"并开展斗争，结果使他们中的一些人被当作"反革命分子"而受到错误处理，并由此引发了一场新的肃清内部反革命的运动。虽然肃反运动破获了一些暗藏的反革命分子，但一些地方出现了扩大化的倾向，一些知识分子由于政治历史复杂而受到怀疑，甚至遭受了不应有的斗争。

自然科学领域的知识分子，虽然在历次批判运动中受到的冲击程度要小些，但是，由于片面地强调学习苏联，也出现了政治干预学术的倾向，如1955年开展对植物学家胡先骕的错误批判，给摩尔学派的学者扣上"资产阶级""反动分子""唯心主义者"等帽子，甚至禁止他们进行研究。此外，还照搬苏联的做法，对化学的"共振论"和"量子力学中的唯心主义"开展批判。不但如此,当时还把科学家参加政治活动、政治运动的积极程度作为衡量他们政治上进步与否的标准。这样做的结果是,不但使他们不能安下心来从事科学研究,而且在研究方法和研究领域上也受到许多人为的限制。

一次一次政治运动,一方面造成了直接受到批判的知识分子的伤害,造成了知识分子无所适从,变得谨小慎微起来,不敢大胆地开展学术研究,自然谈不上充分发挥他们的才能;另一方面,由于运动接连不断,又使党内一些人非但看不到几年来知识分子的进步,反而认为他们的问题越来越多,知识分子越来越不能信任。胡风事件之后,这个问题就显得更加突出起来。

1955年是我国的社会主义改造关键之年。这年夏天,在农业合作化运动的速度上,毛泽东与时任中央农村工作部部长的邓子恢产生了分歧。邓子恢认为,在合作化速度上应当稳妥一些,不必那么急急忙忙地实现合作化,要真正坚持自愿互利原则,对于那些不具备办合作社的条件的地方,不要勉强动员农民建社,在前一阶段合作社已大发展的基础上,下阶段的主要任务是整顿和巩固已办起来的社。毛泽东本来是赞成对农业合作社进行整顿的,但这年夏天他到南方视察之后,改变了看法。他认为,现在农民已蕴藏着无限的走社会主义道路的积极性,中国农村的社会主义高潮在有的地方已经到来,就全国而言也即将到来,因此必须积极地热情地有计划地去领导这个运动,而不是用各种办法把这个运动拉向后退。在他看来,邓子恢整顿农业社的做法,就不是顺应和推动这个高潮的到来,而是对这个高潮的到来起了阻碍作用。为此,他批评邓子恢等人领导合作化运动是如同小脚女人在走路，不但自己东摇西摆地在走，而且还老是埋怨别人走快了，甚至认为这是"右倾机会主义"的表现。随后，中共中央召开了省市区党委书记会议和扩大的七届六中全会，专门研究农业合作化问题，毛泽东对邓子恢等一再作了措辞颇为严厉的批评。

通过对所谓"小脚女人"和"右倾机会主义"的批判，我国的农业合作化运动以排山倒海之势迅猛发展，到1955年底，就有相当多的省份宣布基本实现了初级形式的农业合作化。受此影响，手工业和资本主义工商业的社会主义改造也进入高潮。到这年底，我国社会主义改造的时间进度将比原定的计划大大提前，已是谁也不会怀疑的事实。

农业、手工业、资本主义工商业改造的加速进行，意味着社会主义革命的任务即将完成，社会主义制度即将在中国确立，如何加快社会主义建设速度就成为一个重大问题摆在人们的面前。大规模的社会改革和所有制改造，可以通过党的干部组织群众性的运动来推进。但是，搞建设与搞革命不同，它离不开科学、文化、教育、卫生等项工作同各种经济事业的配合。而科学、文化、教育、卫生等部门正是知识分子密集的部门，这些部门的知识分子的积极性能否发挥，不但关系到与各项经济事业的配合，也关系着社会主义建设的速度能否加快。

二、调查中发现的问题

1955年底，中共中央决定就知识分子问题开展一次全面的调查，以摸清情况，制定相应的政策。通过调查，发现问题确实非常严重。

首先是对于知识分子特别是高级知识分子在社会主义建设中的作用,对他们解放几年来的政治态度与思想情况所发生的根本变化估计不足。中共河北省委在一份题为《中共河北省委关于几年来知识分子问题的初步检查》的文件中说:

"我们党内在某种程度上颇为普遍地流行着一种说法,认为知识分子特别是高级知识分子,'历史复杂,思想落后'。因而对他们看缺点多,看优点少,采取了疏远、歧视甚至鄙视怀疑的态度,形成了知识分子与我们的某些隔膜,使他们感觉到对他们信任不够。"

"有不少党组织和国家机关的负责人员也存在着估计不足的情况。他们对社会主义建设越来越多地依靠现代化的科学技术认识不够,对技术落后、文化落后在建设上所造成的困难估计不够,对高级知识分子在解决技术问题上的重大作用特别是高级专家在改变我国科学落后状态的作用估计不足,因而,时而表现为单纯依靠政治工作与群众热情解决问题的偏向,甚至有时否认高级知识分子的作用。"[1]

当年,有关部门对知识分子进行政治上排队,将他们分为进步、中间和落后三种(知识分子本人当然不知道排队情况)。河北有一个系统在对知识分子排队时,第一次把反动、落后分子估计为占高级知识分子的50%以上。这显然与知识分子的实际状况是不相符的。

在知识分子比较集中的上海,这种情况同样存在。中共上海市委在《上海市委关于知识分子工作的检查报告》中说:

---

[1]《中共河北省委关于几年来知识分子问题的初步检查》,1955年12月20日。

"有些同志不懂得知识分子是脑力劳动者,衡量知识分子阶级地位的主要标志,应该看他们为哪个阶级服务,因此不从解放以来知识分子基本上在为社会主义服务的事实出发,片面根据他们的出身、家庭成分,笼统地把他们看成是资产阶级知识分子,而没有看成劳动人民的一部分。有一些基层党组织在对待高级知识分子的态度上,离开了党对知识分子团结教育改造的政策,甚至以'利用限制改造'的错误态度对待知识分子。"

"对知识分子中少数人(约占百分之五)的政治上反革命与知识分子中比较普遍存在的复杂历史问题常常混淆不清,界限不明;思想反动与反革命不加区别;知识分子学术思想上的唯心主义与政治上愿意进步不加区别;知识分子个人主义、自由主义的思想作风与政治品质混淆不清。由于以上四种混淆不清和不加区别,就容易产生片面观点,夸大知识分子的缺点、错误,看不清他们得到改造和进步的一面,妨碍正确地对待和使用知识分子。"[1]

与此相联系的是对知识分子不加信任。当时,要求科研人员理论联系实际,但一些单位和部门又设置种种障碍不给他们接触实际的机会。这样不但影响了研究工作的正常开展,也损害了科研人员科学研究的积极性,许多科学家抱着满腔热情下到工厂去接触实际,结果却受到有关方面的冷落。

对于科学家必要的国际学术交流,一些部门也是消极对待,甚至加以许多限制。当时规定,所有科学家的一切信件,包括私人信件,都要经过中国科学院联络局审查,而联络局在审查时又

---

[1]《上海市委关于知识分子工作的检查报告》,1956年1月。

往往不及时处理,常是一封信要耽误几个月后才能寄出。信中有关业务联络局的官员又看不懂,还得发回到发信人所在的机关,甚至本人手中去审查,结果很多事情被耽误了。当时,中苏关系正处在蜜月阶段,按理,苏联方面的来信应该得到及时处理,但实际情况也并非如此。1954年8月间,苏联科学院哲学所寄来有关中国哲学史的材料,请中国哲学家提意见,以便在这年10月出版一本书。结果这份材料在中国科学院联络局被压了两个多月,过了该书的出版时间,才送到院长郭沫若手中,苏方对此很不满意。许多科学家曾在欧美留过学,他们的朋友、同学、老师的来信,也常被有关部门扣压,自然无法给对方及时回信。久而久之,对方误以为这些科学家已经被清算迫害了,造成了很不好的国际影响。

由于对知识分子的作用估计不足,在对高级知识分子安排使用上也有不当之处。东北人民大学(今吉林大学)的冯文炳教授(笔名废名),"在学术上确有相当成就,特别是文艺写作技术上有较高的造诣",本人一再表示愿将所学充分发挥出来,但由于有关人员对他存在偏见,政治上不信任,对其业务能力和学术水平又有意贬低,长期没有合理地安排使用。院系调整后冯文炳从北京大学调入东北人民大学,曾表示愿开文艺学引论课。当时领导认为这是门理论课,需有正确的马列主义观点和方法才能担任,故未应允。个别校领导还当着一些青年教师的面,说他思想落后,学术水平不高,难以担任多少课程。有些年轻教师也信以为真,不但不虚心向冯请教,还以自己思想先进自居,不给冯以起码的尊重。后来学校分配冯文炳担任写作实习课的教学,却派了一位青年助教担任教学组长来领导这位老教授。冯文炳曾写过一篇研究鲁迅的文章，写成后谦虚地交给系领导请其"指教"，实际上让其审查，系领导"指教"的结果是对文章不置可否，放在办公室的抽屉里压了一年之久。不得已，冯文炳只好把文章要了回来，直接寄给了毛泽东的秘书、中宣部副部长胡乔木。胡乔木认为这篇文章有不少精辟之处，就将其介绍给中国青年出版社，并很快出版了。尽管如此，这也未能改变东北人民大学校系领导对他的看法，"致使冯沉闷、不满、情绪不高"[1]。

不过，冯文炳教授的情况还不是最严重的。中央美术学院曾把著名画家李苦禅安排在工会，让他每天给学校买戏票、电影票。著名作家沈从文在新中国成立后根本未能进行创作，而是被安置在历史博物馆，为陈列馆的展品写标签。

其次，在知识分子的待遇上也存在一些问题。从生活条件上看，全国解放以后，高级知识分子的一般待遇比抗日战争和解放战争时期有所提高。因为那时物价飞涨，许多大学教授不得不到处兼课，才能维持生活开支。全国解放后，工资不高但物价稳定，大多数知识分子又被纳入各个单位，于是也就有了公费医疗和福利待遇，子女入学也有助学金等，因而生活还是稳定的。

1955年10月，高等教育部发布《关于高等学校工作人员全部实行工资制和改行货币工资制的通知》，废除原来实行的工资分制，改为货币工资，其月工资标准为：教授、副教授140.3—217.8元，讲师100.1—117.7元，助教45.1—60.0元。这次工资改革后，全国高级知识分子的工资情况大致是：从事科学、技

---

[1] 宋振庭：《关于几年来对知识分子进行工作初步总结和今后工作的意见》，1955年12月25日。

术、教育、卫生、文化工作的高级知识分子，约70%的人基本工资在每月200元上下，加上物价津贴，在230元上下。这些人，一般是在教育部门担任一至四级教授，在科研部门是一、二级研究员，卫生系统为主任医师，在工程技术方面则是一等工程师。

据调查，当时高级知识分子的生活状况是："大部分够吃够穿，但不宽裕；小部分感到生活困难。"以南开大学经济系为例，全系讲师（讲师在当时属于高级知识分子）以上职称的教师49人，有近三分之二够吃够穿够零用，但不能添置重要物品；三分之一感到生活困难；生活较富裕者只占5%，这部分人主要是家庭负担较轻者。另据中国科学院1954年对北京地区155名高级研究人员的调查，生活困难者约占36%。

表1是1955年天津各界知识分子工资收入基本情况：

表1　1955年天津各界知识分子工资收入基本情况

职别	最高工资（元）	最低工资（元）	一般工资（元）
教授	214	116	156
副教授	156	116	150
讲师	136	71	88
主任医师	300	147	177
主治医师	245	88	116
工程师	236	103	缺
中学校长	116	88	100
高中教员	116	52	81
初中教员	94	44	66
小学校长	88	48	71
小学教员	76	29	44

据天津有关部门的调查，按当时的工资标准，一般知识分子都能维持生活，少数生活严重困难者可享受困难补助，衣食无问题。据对河北师范学院 128 人的调查，教授、讲师中，生活稍困难的占 8.6%，严重困难的占 1.6%。据对天津第四医院 25 人的调查，主治大夫以上医师中，较富裕的占 20%，够维持的占 60%，稍困难的占 16%，严重困难的占 4%。据对天津第五中学的调查，中学教师中较富裕的占 25%，够维持的占 50%，稍困难的占 20%，严重困难的占 5%。据对天津第三区 8 个小学的调查，小学教师中较富裕的占 27%，能够维持的占 29%，稍困难的占 29%，严重困难的占 15%。

当然，当时全国都实行低工资，与其他阶层的人相比，高级知识分子的货币工资不算太低，但在旧中国，高级知识分子的收入往往要高于其他阶层，属于生活相对优裕的人群，这样就形成了比较大的反差。

除了工资较战前普遍降低外，由于对知识分子的生活和工作待遇的安排缺乏一套合理制度，往往只能套用行政机关的等级（即司局级、处级、科级等）加以机械执行，因而高级知识分子的住房问题也很突出。许多高级知识分子住房面积太小，大人小孩挤在一起，没有书房，不能在家里进行研究工作，又影响休息。如中国作家协会的驻会作家十几人住在一个大杂院内，孩子就有四十多个，整日嘈杂不堪，他们很难静下心来进行创作。堂堂全国美术家协会居然连一个公共画室都没有，只有画家吴作人有一个比较宽敞的工作室，一旦有国际友人来访问，有关部门不敢把外国朋友往其他画家家里带，只好都带到吴作人家里去，吴作人的画室也就成了全国美协的接待室。雕塑大师刘开渠想把他住的公家的房子开个天窗做一个工作室，可房管局就是不肯，理由是这样会把房子弄坏。刘开渠无奈地说："要是能出两个伟大作品，就是房子坏了也值得。"不过说了也无用，对于房管部门来说，出不出好作品不关他们的事，但房子是他们管的，只能由他们说了算。

与生活待遇相比，知识分子在政治待遇上的问题就更严重一些。不说别的，就拿参加晚会、观看演出来说，就表现出严重的"官本位"。因为高级知识分子大多没有一官半职，自然只能靠边站或靠边坐。一些高校的工会举办晚会，前边是"首长席"，学校的官员们当仁不让地坐在那里。至于教授，因为没有行政级别，学问再大也只能坐在后边或旁边。国外的文艺团体来华访问演出，除了少数知名人士外，一般的专家学者也是看不到的。还有些单位动辄要知识分子进行"义务劳动"，要他们扫大街、擦窗子，而不支持和鼓励他们想办法搞好教学科研，似乎只有这样才能把知识分子改造好。

即使那些担任了行政职务的高级知识分子，也常常是有职无权。当时，高等院校的系一级都设秘书一职，大多由党员担任。这些系秘书名义上是帮助系主任工作的，但其中一些人自认为政治上比老教授水平高，自己是党员，教授纵使读了万卷书政治上也是一般群众，应该接受自己的领导。在其看来，党的领导就是由党员个人来领导。于是，某些党员秘书反过来对系主任的工作说三道四，指手画脚。一些系主任无可奈何地说："到底你是我的秘书，还是我是你的秘书？"至于在政治上的排队、入党等问题上，对知识分子更是另眼相待。

调查时发现，在科研条件上也存在不少问题。当时，中国还没有一所够得上国际水平的图书馆。北京图书馆（即现在的国家图书馆）虽然拥有不少线装书，但近代以来国内外的书刊却收藏不多。新中国成立以后，对资本主义国家的书刊，即使在自然科学和工程技术方面，也是基本上采取消极、限制的方针，更不要说人文社会科学方面的书刊了。各学术研究机关和科研人员个人订购资本主义国家的书刊，需要经过层层审批，中央各单位要经过所属的部长或办公厅主任批准，地方各单位要经过省主席或秘书长批准，高等院校要经过院长或校长批准。重工业部化工局研究所要订一套德国战后已经公开但极有价值的技术资料，经过层层报批压了一年之后才得以批准。这还算是有结果的，更有逐级上报之后最终没有下文的。1952 年，美国出版了一本名为《理论核子物理学》的学术著作，对中国的物理学家很有用处，有关部门倒是把这本书购了进来，但总共也只进口了五本，能看到这本书的科研人员自然极少。

对西文书刊的影印和翻译更没有引起足够的重视。过去，在上海、北京有一批专门影印西文科技书刊的厂商，由于有关部门不重视这项工作，除了龙门书局并入科学出版社还在承担西文书刊的影印外，其余的小厂商已很少开展这项业务。可是，龙门书局影印西文书刊的速度实在太慢。按照当时影印的速度，仅补全数理化方面的旧期刊就需要 30 年的时间，当然远远不能满足科学研究的需要。承担西文科技书刊翻译工作的科学出版社，自 1951 年以来，总共翻译出版了译著 280 本，可是其中绝大多数是译自苏联的著作，而来自资本主义国家的译著却只有区区 8 本。该社计划在 1956 年组织 70 多本资本主义国家的科技书籍的翻译，可这些译著多数要在二三年后才能出版。翻译出来的资本主义国家科技期刊上的文章也很少，当时出版的中文译报，几乎全是译于苏联发表的文章，《物理译报》甚至规定只能翻译苏联的文章。即使在苏联科技书籍的翻译方面，也是以小册子、教科书为多，而重要的科学专著则翻译得很少。至于自然科学上的经典著作则根本没有译出几本。

科研工作离不开经费支持。当时，除了中国科学院和中央各直属研究机关的经费尚能基本得到保证外，高等院校、农业研究所、农业试验场、厂矿的中心试验室经费都很紧张。在高等院校内，只有几所著名的大学研究经费稍多一点。其实，所谓多也就是每年几万元。虽然这在当年也算是一笔不很小的数目，但远远满足不了科研的需要。一般高等院校的科研经费就可想而知。每年有几千块钱的就算情况不错了，有的院校则干脆没有科研经费这一款项，如江西农学院、湖南农学院就根本没有科研经费。重工业部所属的锦西化工厂研究所规定每月科研经费30元至80元，这点钱根本做不了什么事情。在科研经费的使用上，主管部门也不顾科研工作的实际需要随意压缩。浙江农学院1954年1月向高等教育部申请科研经费3万元，拖了半年后，经费批下来了，却只给了4500元。为了开展科研工作，该院事先已向试验农场借款，这点钱远远不够偿还农场的欠款，后来还是浙江省人民委员会补助了该院1万元，才算把问题解决。更有意思的是，内蒙古五里营农业试验场做试验时需要一架天平，报告打到自治区农牧厅，厅里批示道："天平太贵，买个小秤吧！"令人啼笑皆非。

在调查中还发现，一些高级知识分子还由于各项学习多，报告多，以及一部分人兼职多，社会活动多，因而没有时间进行研究工作。上海第一医学院1955年曾组织工作人员同时进行辩证唯物主义、中医政策、教学大纲、胡适思想批判、巴甫洛夫学说、俄文和保护性医疗制度七种学习，每周至少要有四个半天学习。上海许多科学家反映："党员同志爱作大报告"，"好像不讲三个钟头不过瘾"。同济大学的教授同样的报告曾连听了三次，有的人不愿去，结果遭到干部的批评，说这是不重视政治学习，是不老实的表现。武汉医学院动员该院的教授从汉口过江到武昌听苏联专家的报告，教授们从下午1点动身，晚上8点才回来，而听报告的时间只有两个小时，其中专家讲一小时，翻译一小时，报告的题目为"论工农联盟"，所讲的内容在一般的关于工农联盟的书籍中均可以找到。

一些著名的作家、艺术家也普遍为社会活动过多没有时间进行创作而困惑。著名作家老舍说："我现在的主要困难是会太多，写作时间少，我必须出席的会议有：全国人代会，北京市人代会，市人民委员会（当时各级地方政府称为人民委员会。——引者注），市文联的会，作家协会，中央的外交宴会，彭市长（即北京市长彭真。——引者注）招待的外宾会，许多座谈会、纪念会等。今年（指1955年。——引者注）国庆前后，我口袋里经常有五六份请帖，辞掉一半不去，还得赶两三个会。有一次印度大使请客，我是中印友协理事，不能不去，刚进会场，作协把我抓出来，要我赶快去出席招待意大利作家的宴会，我只好溜出来到意大利那个会去。又一次六个国家的艺术团联合演出给毛主席看，演完半夜一点钟，接着彭市长宴请各艺术团，吃完已四点，回家睡不着，第二天九点又要陪法国作家萨特去见周总理。"著名剧作家曹禺说："我的事情太多了，又是戏剧学院，又是人民艺术剧院，又是作家协会，又是各种代表，头衔不下十余种，每天忙于开会，宴宾的会、酒会、庆祝会等，如果所有的会都去参加，那么就只有把一切业务工作都放下了。"[1]

此外，在调查中还发现一些高等学校有一部分教授未能开课，社会上还有一部分高级知识分子失业。据有关部门1955年3月的统计，全国各高等学校共有未开课的教师1519人，除去其中的助教和未定职称的教员519人，未开课的教授、副教授、讲师约有1000人，按其所在学校的性质统计，其中涉及工业院校40所156人，综合大学14所212人，财经学院5所91人，政法学院4所18人，外语学院8所7人，体育院校6所2人，民族学院2所10人，艺术学院14所16人。在这些未开课的教师中，有教授520人，占52%；副教授159人，占15.9%；讲师321人，占32.1%。

这些教授、副教授未开课，原因是多种多样的，主要原因不外乎是这样几种：一是业务基础太差，或学术基础陈旧，难以胜任教学任务的有291人。二是年老体弱，或长期患有慢性病，或有某些残疾，难以从事教学工作的有303人。三是政治历史复杂，被认为思想品质有问题，或不学无术的有242人，其中确也有极少量国民党党棍、官吏、反动军官，也有个别解放之初混入高等院校，实际上并无真才实学的假教授。四是其他原因，如由于院系调整、系科合并，致使有的系科、专业的招生人数锐减或停止招生，使得部分有关专业的教师无课可开，这类教授、副教授有164人。[2]

---

[1] 中央知识分子问题十人小组办公室：《关于高级知识分子待遇问题的意见》，1955年12月27日。

[2] 中央知识分子问题十人小组办公室：《关于高等学校未开课教师的情况和处理意见的报告》，1956年1月7日。

上述种种问题的存在，表明知识界的状况与即将开始的大规模经济建设的要求不相适应，这种局面如果不加以改变，实现国家工业化的目标就有可能落空。因此，如何解决知识分子工作中存在的问题，调动他们的积极性，就成为摆在中共领导人面前的一个重大课题。

三、知识分子问题会议的筹备

在党的领导人中，周恩来曾长期在国统区从事统一战线工作，与各式各样的知识分子接触很多，新中国成立后担任政府总理，深知人才对国家建设的重要性。早在1951年8月，周恩来在一次会议上就曾表达了对中国知识分子太少的忧虑。他说："人才缺乏，已成为我们各项建设中的一个最困难的问题。不论在经济建设，国防建设，还是在巩固政权方面，我们都需要人才。""只要我们的工作开展了，中国的知识分子就不是太多，而是太少了。"[1]

从那时起过了几年的时间，知识分子的数量虽然有所增加，但人才缺乏的矛盾并未解决。新中国成立以来，在知识分子中进行了一系列的思想改造运动，虽然收到了一定的成效，但运动中存在的某些过火现象，曾伤害了一些知识分子的感情。而在实际工作中，又有相当一部分党的干部，对知识分子特别是旧社会过来的高级知识分子在社会主义建设中的重要性认识不足，总是以老眼光看待他

---

[1] 中共中央文献研究室编：《周恩来年谱（1949—1976）》上卷，中央文献出版社1997年版，第175页。

们。没有看到几年来他们的思想状况已发生了根本变化,没有认识到知识与科学技术在即将展开的大规模经济建设中的重要地位,对于那些旧社会过来的高级知识分子,主观地认为他们思想落后、知识陈旧,不但起不了多大作用,而且还是一种包袱。这就使得知识分子工作上问题不少。如何调动广大知识分子特别是10万高级知识分子的积极性,始终萦绕在周恩来的心际。

周恩来比其他领导人更为关注知识分子问题,与他新中国成立后多次走出国门也不无关系。正如中共中央文献研究室编写的《周恩来传(1949—1976)》一书中分析的:"1954年和1955年他多次出国,参加重要国际会议和进行访问,在国外亲眼目睹世界范围内科学技术正在突飞猛进向前发展,给人类的物质生活以及整个社会生活带来巨大变化。这给他留下深刻印象,使他更深切地意识到掌握现代科学技术的知识分子在我国社会生活中的重要作用。"[1]由于众所周知的原因,新中国成立初期采取"一边倒"的外交政策。那个时期,党和国家的领导人出访的基本上是社会主义阵营的国家,只有同时兼任外交部部长的周恩来是个例外。他除了到访过一些社会主义国家外,还访问过亚洲一些民族主义国家,并于1954年因参加日内瓦会议到过欧洲。这种经历,是党的其他领导人所不曾有的。同时,从1952年下半年起,周恩来具体负责第一个五年计划的编制工作。不但编制计划本身需要大量的专业技术人员参加,而且随着"一五"计划的全面实施,人才紧缺的矛盾也就日益突出,也使周恩来深感解决知识分子问题的紧迫性。

---

[1] 中共中央文献研究室编:《周恩来传(1949—1976)》(上),中央文献出版社1998年版,第233页。

1955年下半年，受中共中央统战部的委托，民盟中央文教委员会花了两三个月的时间，对知识分子的思想状况以及他们的愿望和要求，做了一次广泛的调查，收集了大量的第一手资料。随后，中共中央统战部民主党派工作处的有关人员对这些材料所反映出的问题进行了分类研究，并将之大体分为六大类，也就是党对知识分子的工作存在六个方面的明显不足。这六个方面的问题，一是对他们的政治进步和业务水平估计不足，二是信任不够，三是安排不妥，四是使用不当，五是待遇不公，六是帮助不够，简称为"六不"。民主党派工作处将这六个方面的问题报告了中共中央统战部部长李维汉。李维汉又随即向周恩来作了汇报。

1955年11月22日，周恩来同刚从外地视察回来的毛泽东谈了知识分子问题的情况，认为现在这个问题已到了非常严重的地步，非解决不可了，表示打算在即将召开的政协全国委员会会议上讨论这个问题。毛泽东同意周恩来关于知识分子问题的看法，并且表示应先在党内开展讨论，然后提出和解决这个问题。第二天，毛泽东召集中央书记处成员和中央有关部门负责人开会，商量解决知识分子问题的具体措施。会议决定在1956年1月召开一次大型会议，全面解决知识分子问题，并成立由周恩来负总责的中央研究知识分子问题十人领导小组，成员有彭真（北京市委书记兼北京市长）、陈毅（国务院副总理）、李维汉（中共中央统战部部长）、徐冰（中共中央统战部副部长）、张际春（中共中央宣传部常务副部长兼国务院文教办公室主任）、安子文（中共中央组织部常务副部长）、周扬（中共中央宣传部副部长、文化部副部长）、胡乔木（毛泽东秘书、中共中央宣传部副部长）和钱俊瑞（国务院文教办公室副主任）。领导小组下设办公室，具体负责会议的筹备工作。

周恩来对这项工作抓得很紧。11月24日,他邀请中国科学院、建筑工程设计院、北京大学、清华大学、北京医学院、中央戏剧学院的有关人员座谈,了解高等院校和科研单位中知识分子的现状。同一天,他又在中共中央召集的有各省、市、自治区党委负责人参加的资本主义工商业改造问题座谈会上,专门就知识分子问题讲了一次话。周恩来明确表示:知识分子问题已经提到必须处理的日程上来了,"对于大知识分子,尊重他,重视他,尤其是向他们学习,这是有好处的。就是一技之长,我们把它搞出来,对于丰富我们的知识,对于我们国家的建设,对于今天和明天,都是有用处的"。他还说,对于知识分子工作中存在的估计不足、信任不够、安排不妥、使用不当、待遇不公、帮助不够这"六不"问题,必须很好地加以分析和解决。他要求各地也要像中央一样成立知识分子问题领导小组,加强对知识分子工作的领导,沟通中央与地方的联系,各地应在12月的下半月召开一次知识分子问题会议,党委的组织部、宣传部、统战部和政府的文教办公室、高等院校等部门的负责人都应该参加会议。[1]

随后,按照中共中央的要求,全国各省、市、自治区均成立了知识分子问题领导小组(如五人小组或七人小组),开展了关于知识分子问题的专题调查。在此基础上,又都相继于这年12月召开了各省、市、自治区的知识分子问题会议。

11月25日,周恩来又在政协第二届全国委员会常委会第

---

[1] 参见中共中央文献研究室编:《周恩来传(1949—1976)》(上),中央文献出版社1998年版,第238页。

十一次会议上讲到了知识分子问题。他说,在知识分子中,大多数是愿意为社会主义服务的,我们需要他们为社会主义服务,我们要加重他们的责任,提高他们的能力。这个问题在这个时候提出是完全合适的,很值得我们研究,并给予全面的解决。[1]

12月1日,中共中央办公厅发出《关于收集高级知识分子统计数字办法的规定》。该《规定》指出:中央提出研究知识分子问题后,已引起全党的重视,此次调查仅限于高级知识分子。该《规定》专门对高级知识分子作了界定:"一般是指具有大学毕业程度,具有几年工作经验,能够独立工作的知识分子",如"高等学校中讲师以上教师,研究机构中助理研究员以上研究人员"。

随后,各地按照中共中央办公厅的指示,开展了高级知识分子人数的统计工作。很快,全国的统计数字出来了:全国共有高级知识分子约104000人,其中属于中央各机关及其直属企业、直属单位的有57000人,属于各省市的有40500人,此外尚有失业高级知识分子约6500人。

这约10万高级知识分子的具体构成是:教育人员有31000余人,其中属于中央各机关及高等院校的有22000余人,属于各省市的有9000余人;卫生人员约20000人,其中属于中央机关及军委系统的约5000人,属于各省市的约15000人;科学研究人员约3000人,其中有2400余人属于中国科学院及中央各部所属的研究机构,各省市仅有600人;工程技术人员有31000余人,其中属于中央各机关及直属企业的有22000余人,属于各省

---

[1] 中共中央文献研究室编:《周恩来年谱(1949—1976)》上卷,中央文献出版社1997年版,第522页。

市的有8000余人；文化艺术人员有6000余人，其中属于中央各机关、团体的有3000余人，属于各省市的亦有3000余人。文化艺术人员构成颇为复杂，其中老文人约800人，名艺人、名演员约1400人，文化部及所属的单位约1400人，作家、编辑、记者等，也都被算入文化艺术人员中。此外，其他行业的高级知识分子约5000人，其中属于中央各机关的约1500人，属于各省市的约3500人。这5000余人中，除了铁道部的经济工程师外，法学家、会计师等，过去曾任过讲师、研究员等职务，后来改行担任一般机关行政人员的都计算在内。[1]

1955年底我国高级知识分子的人数和行业分布情况如下表（见表2）：

表2 1955年底我国高级知识分子的人数和行业分布情况

	全国总统计		中央各单位		地方各单位	
	人数	占比(%)	人数	占比(%)	人数	占比(%)
合计	97472	100	56991	100	40481	100
教育人员	31227	32.0	22211	39.0	9016	22.3
卫生人员	19956	20.5	5022	8.8	14954	36.9
科学研究人员	3049	3.1	2428	4.3	621	1.5
工程技术人员	31477	32.3	22686	39.8	8791	21.7
文化艺术人员	6664	6.9	3113	5.4	3551	8.8
其他人员	5099	5.2	1551	2.7	3548	8.8

注：尚有6500名失业高级知识分子未统计在上表中。

---

[1] 国家统计局：《关于知识分子问题专题报告之一——关于高级知识分子人数的调查报告》，1955年12月13日。

6亿人口中只有10万高级知识分子，足以说明当时解决知识分子问题是何等重要。

中央研究知识分子问题十人领导小组成立后，责成各省市自治区和中央各部门对知识分子问题开展调查研究，并向中央上报相关调查研究的材料。调查内容包括高等院校、科学研究机构、卫生部门、文化艺术界、工程技术部门和中小学校六个方面，每一个方面都要求有好、中、差三类典型，同时还要有几年来党的知识分子政策贯彻执行情况、对知识分子队伍所发生的变化的基本估计和提出解决知识分子问题的具体意见等三项内容。

按照中央研究知识分子问题十人领导小组的要求，各地迅速报来了上述材料。在此基础上，领导小组办公室写出了关于知识分子问题的11个专题报告。这些报告分别是《关于高级知识分子人数的调查报告》《关于科学家研究工作条件问题的情况和意见》《关于解决在党外科学家、教授、医生、艺术家中一部分人社会活动过多、兼职过多问题的意见》《关于高级知识分子待遇问题的意见》《关于从资本主义国家回国留学生工作分配情况的报告》《关于高等学校未开课教师的情况和处理意见的报告》《关于城市失业高级知识分子情况调查和处理方案》《关于民主党派在协助我党团结和改造高级知识分子的工作中所起的作用和存在的问题》《关于在知识分子中发展党员的问题的报告》《关于高级知识分子的理论教育工作规划（1956—1967）的初步意见》《教育工会工作上的问题和今后意见》。这11个专题报告实际上是针对知识分子工作中11个具体问题作了分析，并提出了解决这些问题的办法。

例如，为了解决高级知识分子的待遇问题，《关于高级知识分子待遇问题的意见》(以下简称《意见》)提出,高级知识分子在社会主义建设中担负着复杂的脑力劳动,有极大的作用,应该给予较高的待遇。因此,"应根据实际情况吸收苏联的经验(当时苏联的知识分子工资差级较大,如高校教师最低为1050卢布,最高为6000卢布,同时对有特殊造诣的专家学者,按其原工资另给50%的'特定工资'。——引者注),彻底改革工资制度,使之合乎按劳取酬的原则,同时考虑建立类似苏联'特定工资'的制度,以适应全面解决学者专家待遇问题的需要"。《意见》要求劳动部门在三个月的时间内订出改革工资制度的方案,至于奖励制度则可由各部门分别根据不同情况制定办法试行。在这一套制度没有全部制定和实行以前,应立即采取一些过渡性的措施,以迅速改变高级知识分子工资待遇的平均主义状态。为此,《意见》提出,为了简便易行,以照顾到将来工资的变化情况,可以暂时实行"特定津贴"的办法,首先选择一批全国最有造诣、最有贡献的高级知识分子(全国为800人),在他们原有工资基础上增加比较多的津贴,使他们的收入有显著的增加。

《意见》提出的实行特定津贴的具体办法为:凡列入给予特定津贴名单的人,均增加基本工资的80%,即提高到每月360元左右,加上物价津贴,月收入总数为400元左右,少数特级研究员和名教授则可达到500元左右;其中有人若原定工资等级显著过低,则应事先加以个别调整,然后再增加特定津贴;对于杰出的新生力量,应破额待遇(套用今天的话来说,就是对于特别拔尖的中青年人才,应破格给予待遇);担任行政职务的学者专家,计算特定津贴时,应以其学术或技术职务的基本工资为基础。

《意见》强调，给予特定津贴的名单，应该包括全国最著名的主要的学者专家。选择的标准是：必须在科学、教育、工程技术、卫生、文艺等方面真正具有高深造诣、丰富经验、特殊专长或有显著成就的学者专家。选拔的范围，在科学研究方面应在研究员以上，教育方面应在教授以上，工程技术人员应在一级工程师以上，医师应在主任医师以上，艺术方面应系全国性的名艺术家。对于那些科学界的老前辈，如医学教育界的颜福庆（我国著名的医学教育家、公共卫生学家，曾创办中南大学湘雅医学院的前身湖南湘雅医学专门学校和复旦大学上海医学院的前身第四中山大学医学院等医学教育和医疗机构）、体育教育界的马约翰（清华大学教授，我国著名体育教育家），现在的科学水平虽然差一些了，但有过开路的功劳，培养了很多人才，且现在仍在为教育事业而努力，自然应当加以照顾。关于党员是否可以列入名单的问题，《意见》认为，这件事不应有党内党外之分，主要看是否合乎标准，党员不能作为照顾的条件，也不应作为不选的条件，这样才能更好地鼓励党员钻研科学技术。

中央研究知识分子问题十人领导小组办公室拟订的特定津贴者的名单中，没有包括作家。当时的考虑是，今后作家得到报酬的主要方式是稿费。此时，文化部正在拟订新稿费标准，规定每千字 10 至 30 元，另外著作出版再加上版税。按照这个标准，一般作家如果一年写 7 万字的作品，每部作品印 3 万册，每千字 20 元稿费，一年可得稿费 2380 元，平均每月 200 元。如果是名作家，一年写作 15 万字，千字稿费 25 元左右，加上版税，则一年的收入可达 6000 元左右，平均每月有 500 元，因而并不低于特定津贴的专家水平。

对于工资以外的生活条件，这个《意见》也提出了解决的办法。如规定教授、研究员、高级工程师（即一级工程师），一般应分配给一定面积的书房；他们因公外出，在市内一般应准乘汽车；在集体生活如食堂吃饭等对学者专家应给予照顾；改善他们的医疗条件等。

在政治待遇方面，《意见》提出了具体的改进意见。如对学者专家参观实习和阅读资料的范围，除实在机密者外，应根据需要充分提供；允许私人订购研究所需的资本主义国家出版的书刊，取消让学者专家参加打扫卫生之类的"义务劳动"；今后国外艺术团体来华演出，应给学者专家以买票的机会，各单位内部的晚会等活动，不应将学者专家的位子排在后边；纠正有职无权的现象；合乎入党要求的高级知识分子应该吸收入党等。

《关于科学家研究工作条件问题的情况和意见》提出，为了改善科学家的研究条件，在图书资料方面要加强图书馆的建设，制定全国图书馆事业发展的全面规划，集中力量办好北京、上海等的大型图书馆，使之能保证科学研究的需要。这些大型图书馆主要是为科学研究服务，要尽快做好科学书刊的整理编目，充实科学书刊的收藏，建立文献照相、打字寄送等服务工作。各研究单位、各高等院校每年必要的图书经费不得随便减少挪用。同时修订资本主义国家书刊的进口办法，简化书刊订阅手续；加快国外书刊的影印速度，争取在三五年配齐各中心图书馆、各研究机构和各高等院校图书馆必备的全套重要期刊；加快国外科技方面重要书刊的翻译速度，扩大译报的种类和篇幅，译报中应刊登资本主义国家的重要论文。这个文件还对如何解决科研所需的仪器设备、经费和为科学家配备助手等问题提出了具体的意见。

新中国成立后，有大批的资本主义国家的留学生冲破各种阻挠返回祖国。据统计，从1949年8月至1955年11月底，从资本主义国家回国的留学生共有1536人。其中，从美国回来的最多，达1041人，占67.7%；英国回来的194人，占12.6%；法国回来的90人，占5.9%；日本回来的121人，占7.9%；加拿大回来的26人，占1.7%；瑞士回来的15人，占1%；联邦德国、荷兰等国回来的49人，占3.2%。新中国成立之初，由于百废待兴，经验不足，对从资本主义国家回来的留学生一度采取"协助介绍、自谋职业"的办法，共有458名留学生自谋职业。1950年后采取由政府分配工作的办法，共有1078名留学生由政府分配了工作。在政府分配工作的留学生中，学习自然科学的有621人，占57.6%；学习社会科学的有457人，占42.4%。他们中有104人分配到了科研部门，515人到了文教部门，108人到了工业部门，另外的人则分配在财经、农林水利、政法、军队、党群部门工作。

这些留学生回国后，有相当多的人成为各个单位的骨干力量。在中国科学院工作的129名留学生中，已有105人具有副研究员以上职称，占全部科学院留学生的80%。其中包括2名特级研究员，29名研究员，他们中有著名的科学家华罗庚、赵忠尧、钱学森等。从总体来说，对于这些从资本主义国家回来的留学生，国家是很重视的，大体安排了他们适当的工作，其中有些人还担任了比较重要的职务。

但是，也有的地方和部门，片面地认为他们是解放前到资本主义国家留学的，家庭出身大多是资本家、地主、官僚或与这些阶级有联系的小资产阶级，所接受的又是资本主义的教育，因此对归国留学生特别是学社会科学的留学生的工作分配不重视，往往寻找各种借口拒绝分配其工作,或者随意加以安置使用。一位从加拿大回国的留学生,专业是西方古典哲学,本来安排到中国科学院哲学研究所比较合适,但科学院几次拒绝接收,拖了一年多时间才解决。1955年5月和6月,一位学声乐和一位学舞蹈的留学生相继从美国回来,文化部多次以编制所限为由而不愿接受,使这两位留学生回国半年也没有安排工作。有的虽然安排了工作,却是乱点鸳鸯谱,根本不顾留学生的专业和特长,随便安排一个职位便算了事。一位从美国回来的山西籍留学生,曾学过农业经济、工商管理和会计三个专业,并获得了硕士学位,山西省有关部门则将其安排在阳泉市的一家零售商店当会计。一位在美国学国际关系史的留学生,获得了博士学位,回国后福建有关部门将其安排在福州市一所中学里当教师。

在给留学生分配工作的过程中也存在不妥当的地方。当时,留学生回国一般先到香港转广州,再从广州到北京分配工作。在从广州到北京分配工作前,共需要填写五份不同的登记表。这些登记表的设计就存在不少问题,如包括有何反动社会关系和回国的动机等项目,曾引起部分留学生的顾虑和不满。在生活待遇上也没有给予必要的照顾,如留学生在分配工作前,每月只发给21元的伙食费和6.4元的卫生费、文娱费。有的留学生分配工作后,工资待遇也很低,分配到中国科学院工作的留学生,工资最低者只有50余元。

针对这些问题,中央研究知识分子问题十人领导小组办公室起草了一份题为《关于从资本主义国家回国留学生工作分配情况的报告》,明确指出:"资本主义国家的留学生,是我国的一部分宝贵财产。争取他们回国不仅具有重要的政治意义,而且对祖国的建设事业将会起重大的作用。因此,主管分配部门应该从国家的利益出发,妥善分配他们的工作,各单位分配到留学生时也应该很好地使用,以发挥他们的才能。"同时要求各地各单位,按照学以致用的原则,妥善安置留学生的工作。在分配方法上,应简化不必要的表格,删除不恰当的表格项目,缩短他们等待分配工作的时间;改善接待工作,提高他们分配工作前后的工作待遇。

对于那些在高等学校未能开课的高级知识分子,中央研究知识分子问题十人领导小组办公室要求各高校对他们每个人的政治、业务情况进行细致的分析和研究,切实考虑他们所能担负的工作,进行分类排队。除了有严重政治历史问题或不学无术的假教授外,一般均应适当地安排工作,并且明确规定:凡是具有一定学术基础的教师,一般都应该给予开课或进修准备开课的机会;对于具有一定学术基础而不具备开课条件,或估计通过进修后也不适宜担任教学工作,但可以做某一方面研究或学术工作的,可留在高等学校或分配到其他部门做研究工作、资料整理工作和翻译工作;对于业务基础太差,确实没有什么专长的教师,可根据他们的工作能力适当安排,如调到中学任教,改任一般的行政工作或图书管理工作;对于年老体弱或长期患病确实难以工作的教师,如符合退休条件就安排退休,不够退休条件的可以退职,同时在生活上妥善加以照顾。[1]

如今一些知识分子的名片上,除了印上自己是某某学校或研究单位的教授、副教授、研究员、副研究员职称外,如有一官

---

[1] 中央知识分子问题十人小组办公室:《关于高等学校未开课教师的情况和处理意见的报告》,1956年1月7日。

半职者，还必将职务印上，而且还有不少人把自己的各种兼职均写上，如某某研究会的会长、副会长、理事、会员，甚至某种临时性的兼职也特地印在名片上，如某基金评审委员会委员，某地职称评审委员会委员，等等。正面不够印，还要印到反面，似乎头衔越多，水平也越高。如今一些学者还热衷于参加各种社会活动，喜欢在各种场合露脸，感到只有这样才有学术地位。然而，那时的知识分子，特别是一些知名知识分子，却为自己兼职多，社会活动多，没有从事专业工作的时间而苦恼。著名生物学家戴芳澜就因参加社会活动过多，向有关部门发出"到底是要我做科学家，还是要我做外交家"的责问。

为了解决高级知识分子兼职过多的问题，十人领导小组办公室提出，除了各级人大代表、人民委员会委员、政协委员这一类政治安排，关系到高级知识分子的政治地位和统战工作的需要，目前不宜解除外，应减少他们的兼职，一般以兼任一职至多二职为宜。某些行政上的兼职，如教授兼系主任，研究员兼所长等，如业务需要，可以兼任，但不宜兼两个以上不同单位的主要行政职务。至于国家机关中的厅、局长一类职务，一般以少兼为宜，如本人不愿兼任，不必勉强。对于他们在民主党派、人民团体、学术团体的兼职，也应与有关方面商量，做必要的调整，使兼职工作不要占过多的时间，以保证他们的主要精力用在学术研究上。[1]

---

[1] 知识分子社会活动过多和兼职过多问题小组：《关于解决在党外科学家、教授、医生、作家、艺术家中一部分社会活动过多和兼职过多问题的意见》，1955年12月。

中央研究知识分子问题十人领导小组办公室还建议：对于那些失业知识分子中老弱病残生活上有困难者，可由民政部门经过调查后予以救济；而对于那些有专门的知识技能，有劳动能力又可以参加实际工作的，应根据他们的情况安排适当的工作；那些年老体衰，但在学术文化界有一定资望的应吸收参加文史研究馆；就是那些曾参加过反动政府工作或有其他反动历史，但过去无重大罪恶表现，现在无反革命活动，表示放弃反动立场，愿为人民服务而又有真才实学，有能力参加工作者，也应在经过审查后给以适当的工作；只有那些虽有专门学识，但因为品质问题或政治历史问题严重而被清洗的人，必须经过改造教育才考虑他们的安排问题。

在上述专题报告形成的同时，在周恩来的主持下，中央研究知识分子问题十人领导小组起草了《中共中央关于知识分子问题的指示草案》（以下简称《指示草案》）。1955年12月16日，中共中央将这个草案下发给上海局、各省市自治区党委、中央各部委、中央国家机关和人民团体各党组、解放军总政治部，要求在各自即将召开的知识分子问题会议上加以讨论并征求意见。

《指示草案》明确指出："正确地对待和使用知识分子，是党的政策的最重要问题之一"，"现在知识分子的基本队伍已经为社会主义而积极工作"。《指示草案》在肯定了几年来知识分子工作取得的成绩的同时，也指出，现在还有不少党的组织和国家机关的负责人，对知识分子的变化和作用缺乏充分的认识。他们还没有同知识分子特别是高级知识分子建立互相信任、互相接近、互相商量、互相学习的关系，还没有给知识分子创造充分发挥力量的工作条件，而且对于我国科学文化的落后状态还抱着一种事不关己、得过且过的态度。这种状况必须切实加以改变。

《指示草案》认为，现在党外高级知识分子的政治状况，较之解放以前和解放之初，已经发生了根本性的变化。高级知识分子中间，拥护共产党和人民政府，拥护社会主义，愿意为祖国的社会主义事业服务，愿意学习马克思列宁主义的进步分子，已经占多数。但是，"目前党内的主要倾向，却是对于他们的政治变化估计不足，不按照他们的实际工作和政治立场把他们看作劳动人民的一部分，不了解工人、农民、劳动知识分子的亲密联盟是建设社会主义的基本条件，因而同他们之间存在着某种程度的隔阂"。

《指示草案》强调："在伟大的社会主义建设时期，为了完成国家工业化和国民经济技术改造的艰巨任务，每一项工作，愈来愈多地依靠科学、文化和技术，也就是愈来愈多地依靠高级知识分子的积极参加。我们必须在我国的社会主义建设时期，使我国的科学、文化、技术尽可能迅速地脱离落后状态，赶上世界先进水平。""为了实现我国的伟大的社会主义的工业化和技术改造，根本改变我国科学文化事业的落后状态，必须充分地估计我国目前的高级知识分子的作用。那种把现有高级知识分子看成可有可无的观点，是完全错误的。"

《指示草案》认为，目前高级知识分子工作的主要问题，是如何充分合理地使用他们的力量。而在使用问题上，仍有许多高级知识分子没有能够充分发挥他们的积极性和创造性，还没有充分提高他们的业务水平，还没有充分地把他们的精力和专长贡献于祖国和人民的事业。《指示草案》分析了造成这一现象的原因：一是在于许多单位的负责人与本单位的高级知识分子关系还不紧密，还没有把他们当作自己人；二是许多高级知识分子还不能合理地支配自己的时间，甚至完全不能集中精力发挥他们的专长；三是许多高级知识分子的专业活动，往往得不到领导上的重视和帮助；四是高级知识分子的待遇还没有得到适当的改善；五是一部分高级知识分子的专长还没有被了解和重视，以致他们的工作被分配得不恰当，用非所学；六是还有若干高级知识分子没有分配工作。对于这些问题，均应由国务院负责，统一具体地加以解决。

此外，这个文件还讲到如何迅速地培养大批新的专家，如何不断地提高新老专家的业务能力，争取在三个至五个五年计划期间赶上世界科学先进水平，并就如何继续进行知识分子的思想改造，如何加强党对知识分子和发展科学文化事业的领导等问题提出了具体意见。

在上述文件起草的同时，周恩来主持起草了会议的主题报告——《关于知识分子问题的报告》。1955年11月底，周恩来亲自拟订了报告的提纲，然后由胡乔木负责报告的起草。在报告的起草过程中，周恩来两次找胡乔木商谈报告的内容，并就报告的指导思想、结构和重点，系统地提出了自己的看法。1956年1月初，胡乔木如期拿出了报告初稿。周恩来又随即召集中央研究知识分子问题十人领导小组开会，对报告稿进行讨论修改。他自己也一次又一次地对报告从内容到文字反复推敲，并曾写了若干重要内容。

就在会议文件的起草中，即1955年12月11日，中共中央以特急电报的方式向上海局、各省市自治区党委拍发了《关于召开讨论知识分子问题会议的通知》。同时还将通知发给了中央各部委、中央国家机关各党组、解放军总政治部、解放军总干部部、青年团中央、全国总工会党组、全国妇联党组、人民日报社和新华社。

《关于召开讨论知识分子问题会议的通知》说，中央决定于1956年1月14日在北京召开讨论知识分子问题的会议，参加会议的人员为：各省市自治区党委书记（如果书记不能到会，经中共中央批准后可改为副书记）、组织部长、宣传部长、文教部长、统战部主管知识分子工作的负责人，各省市自治区人民委员会文教办公室的党员负责干部；唐山、太原、沈阳、旅大（今大连）、鞍山、抚顺、长春、哈尔滨、齐齐哈尔、西安、兰州、济南、青岛、南京、无锡、苏州、杭州、福州、郑州、武汉、长沙、南昌、广州、成都、重庆、昆明等26个省辖市的市委书记或副书记、宣传部长、组织部长、文教部长、统战部长、人民委员会文教办公室的党员负责干部。此外，参会的还包括文化部系统的中央戏剧学院等10个单位，高教部系统的中国人民大学等55个单位，教育部系统的北京师范大学等29个单位，卫生部系统的北京医学院等32个单位，中国科学院系统的历史研究所第三所（今中国社会科学院近代史所）等25个单位，体委系统的中央体育学院等4个单位，以及工业交通系统、农林水电系统、军队系统等总共363个单位的党员负责人。对于那些高级知识分子比较集中的单位，如中国人民大学、北京大学、南京大学、武汉大学、清华大学、交通大学、北京农业大学、北京师范大学、东北人民大学、历史研究所第三所等，通知明确规定应有两名负责人参加会议。

四、知识分子问题会议的召开

1956年1月14日,中共中央关于知识分子问题的会议,在中南海的怀仁堂隆重举行。出席会议的有毛泽东、刘少奇、周恩来、陈云、林伯渠、董必武、彭德怀、彭真、张闻天、邓小平、陈毅、罗荣桓、李富春、徐向前、贺龙、蔡畅、李先念、薄一波、王稼祥等57位在京的中央委员和候补中央委员;中央各部门、中央国家机关各部门负责人,全国性的群众团体党组负责人,各省市自治区党委及下属的组织部、宣传部、文教部、统战部负责人,各省市自治区人民委员会文教办公室的党员负责人,全国重要的高等院校、科研单位、设计院、厂矿企业、医疗卫生单位、军事机关的党组织负责人,总共1279人。

大会由刘少奇担任执行主席。刘少奇宣布大会开幕后,由周恩来代表中共中央作题为《关于知识分子问题的报告》。

报告一开始就讲到了知识分子问题的重要性。周恩来说:我们所以要建设社会主义经济,归根结底,是为了最大限度地满足整个社会经常增长的物质和文化的需要,而为了达到这个目的,就必须不断地发展社会生产力,不断地提高劳动生产率,就必须在高度技术的基础上,使社会主义生产不断地增长,不断地改善。"因此,在社会主义时代,比以前任何时代都更加需要充分地提高生产技术,更加需要充分地发展科学和利用科学知识。因此,我们要又多、又快、又好、又省地发展社会主义建设,除了必须依靠工人阶级和广大农民的积极劳动以外,还必须依靠知识分子的积极劳动,也就是说,必须依靠体力劳动和脑力劳动的密切合作,依靠工人、农民、知识分子的兄弟联盟。

我们现在所进行的各项建设,正在愈来愈多地需要知识分子的参加。"[1]

为了说明这个问题的重要性,周恩来举例说,我们要找矿,就得有一批地质专家,带上大批大学毕业生和中学毕业生,到各处的荒山僻野去进行测量、普查、详查和钻探。要建设矿山、工厂、铁路和水利工程,就得有一批工程师和一大批技术员来勘测、设计、建筑和安装。工厂要生产,生产中从产品设计到成品检验的每一个环节,都需要一定数量和一定水平的技术力量。工业和商业的管理,愈来愈需要各种专门的知识。要建设现代化的国防,就需要各种科学专家。没有教师和医生,就不能有学校和医院。没有文化艺术工作者,就不能有文化生活。在农村里,实现农业机械化和电气化以后,需要有大批的农业机器工程师、电站工程师、农学家、会计师等等。因此,知识分子已经成为我们国家的各方面生活中的重要因素。而正确地解决知识分子问题,更充分地动员和发挥他们的力量,为伟大的社会主义建设服务,也就成为努力完成过渡时期总任务的一个重要条件。

周恩来指出,当前的根本问题,就是知识分子的力量,无论在数量方面、业务水平方面、政治觉悟方面,都不足以适应社会主义建设急速发展的需要;而目前对于知识分子的使用和待遇中的某些不合理现象,特别是一部分同志对于党外知识分子的某些宗派主义情绪,更在相当程度上妨碍了知识分子现有力量的充分发挥。

报告认为,通过组织知识分子参加土地改革、镇压反革命、

---

[1]《关于知识分子问题的报告》,《人民日报》1956年1月30日。

抗美援朝和"三反""五反"运动，参观工厂和农村，访问苏联，参加各种国际活动，领导他们学习马克思列宁主义的基本知识，批判唯心主义观点，并且在学习的基础上展开批评和自我批评。同时，通过帮助知识分子掌握理论和实际相联系的原则，学习苏联先进经验，改进工作方法，提高业务能力。这样，知识分子"中间的绝大部分已经成为国家工作人员，已经为社会主义服务，已经是工人阶级的一部分。在团结、教育、改造旧知识分子的同时，党又用了很大的力量来培养大量的新的知识分子，其中已经有相当数量的劳动阶级出身的知识分子。由于这一切，我国的知识界的面貌在过去六年来已经发生了根本的变化"[1]。

周恩来在肯定新中国成立几年来知识分子工作取得巨大成绩的同时，尖锐地指出，在知识分子工作上"还有不少的缺点"，其主要表现是："低估了知识界在政治上和业务上的巨大进步，低估了他们在我国社会主义事业中的重大作用，不认识他们是工人阶级的一部分，认为反正生产依靠工人，技术依靠苏联专家，因而不认真执行党的知识分子政策，不认真研究和解决有关知识分子方面的问题；对于怎样充分地动员和发挥知识分子的力量，怎样进一步改造知识分子、扩大知识分子的队伍、提高知识分子的业务能力等迫切问题，漠不关心。"周恩来告诫与会的各级干部：如果这种倾向不加以纠正，就会"都妨碍着我们正确地解决知识分子问题和科学文化问题，都妨碍着我国社会主义事业的发展"[2]。

---

[1]《关于知识分子问题的报告》，《人民日报》1956 年 1 月 30 日。
[2]《关于知识分子问题的报告》，《人民日报》1956 年 1 月 30 日。

就怎样最充分地动员和发挥知识分子的现有力量，周恩来提出了三项措施：第一，应该改善对于知识分子的使用和安排，使他们能够发挥他们对于国家有益的专长。第二，应该对于所使用的知识分子有充分的了解，给他们以应得的信任和支持，使他们能够积极地进行工作。第三，应该给知识分子以必要的工作条件和适当的待遇。

报告中，周恩来提出，更好地解决知识分子的生活待遇问题，需要从三方面着手：第一，应该教育各有关单位的行政管理人员从思想上重视知识分子的生活条件，特别是要打破那种只注意行政负责人的生活，而对于知识分子就觉得"你有什么值得照顾，我为什么要侍候你"一类的错误观念。第二，应该教育各有关单位的工会组织和消费合作社组织努力扩大为本单位的知识分子服务。第三，应该根据按劳取酬的原则，适当地调整知识分子的工资，使他们所得的工资多少同他们对于国家所作的贡献大小相适应，消除工资制度中的平均主义倾向和其他不合理现象。他还提出，要迅速修改目前的知识分子升级制度，加速拟定和公布关于学位、学衔、知识界的荣誉称号、发明创造和优秀著作奖励等的制度，以鼓励知识分子上进和刺激科学文化进步。

报告还对如何继续帮助知识分子进行自我改造提出具体意见。周恩来指出，我国正处在最深刻的社会改造的时期。几千年的生产资料私有制，要一变而成为社会主义的公有制；几千年的剥削制度，要从此永远消灭；所有的人们，都要变成为不同类型的劳动者。这种翻天覆地的变化，不能不在我国社会生活和思想领域的各个方面，引起激烈的反应。因而不可避免地使一部分知识分子对于社会主义采取了保留态度，甚至反对态度。因此，要

"使落后分子减少到最低限度,使中间分子尽可能地变为进步分子,使进步分子成为完全社会主义的知识分子"[1],就必须继续改造知识分子。

报告中认为,知识分子的改造通常需要经过三条道路:一是经过社会生活的观察和实践;二是经过他们自己的业务实践;三是经过一般的理论学习。这三个方面是互相联系的,一个人思想的转变常常由于在三方面都受了影响。因此,要通过组织知识分子参观社会主义建设,按照自愿和联系业务的原则,学习马克思列宁主义的基本课程等方式,帮助知识分子进步。

报告中周恩来着重谈了"向现代科学进军"的问题。这时的周恩来,敏锐地认识到,"世界科学在最近二三十年中,有了特别巨大和迅速的进步,这些进步,把我们抛在科学发展的后面很远",强烈地感受到中国"必须赶上这个世界先进科学水平"。他指出:"只有掌握了最先进的科学,我们才能有巩固的国防,才能有强大的先进的经济力量,才能有充分的条件同苏联和其他人民民主国家在一起,无论在和平的竞赛中或者在敌人所发动的侵略战争中,战胜帝国主义国家。"因此,"我们现在就必须提出这样一个任务,就是要在第三个五年计划期末,使我国最急需的科学部门接近世界先进水平,使外国的最新成就,经过我们自己的努力很快地就可以达到。有了这个基础,我们就可以进一步解决赶上世界水平的问题"[2]。

为了赶上世界先进水平,报告要求首先打破那种缺乏民族自

---

[1]《关于知识分子问题的报告》,《人民日报》1956 年 1 月 30 日。
[2]《关于知识分子问题的报告》,《人民日报》1956 年 1 月 30 日。

信心的依赖思想，作出全面规划，分清缓急本末，有系统地利用苏联科学的最新成果，尽可能迅速地赶上苏联水平。其次必须打破近视的倾向，在理论工作和技术工作之间，在长远需要和目前需要之间，分配的力量应该保持适当的比例，并且形成正确的分工和合作，以免有所偏废。再就是必须按照可能和需要，把世界科学的最先进的成就，尽可能迅速地介绍到我国的科学部门、国防部门、生产部门和教育部门中来，把我国科学界所最短缺而又是国家建设所最急需的门类尽可能迅速地补足起来，使12年后，我国这些门类的科学和技术水平，可以接近苏联和其他世界大国。

周恩来强调，为了实现向科学进军的计划，必须为发展科学研究准备一切必要的条件。要使科学家得到必要的图书、档案资料、技术资料和其他工作条件；必须增加各个研究机关和高等学校的图书费并加以合理地使用；加强图书馆、档案馆、博物馆的工作，极大地改善外国书刊的进口，并且使现有的书刊得到合理的分配；必须扩大外国语的教学，并且扩大外国重要书籍的翻译。

报告的最后，周恩来满怀信心地表示："我们相信，经过我们的工作，知识分子将更进一步地团结在党的周围，并且在伟大的社会主义事业中更积极地贡献他们的力量。全国工人、农民、知识分子在社会主义事业中所形成的联盟，将随着我们的工作的发展，而一天比一天更巩固，更强大。依靠这个联盟，我们一定可以在不很长的时间内，把我们的国家建设成为一个完全现代化的、富强的社会主义工业大国，一定可以在不很长的时间内，实现毛泽东同志的伟大号召——'我们将以一个有高度文化的民族出现于世界'"。[1]

1月16日至20日，知识分子问题会议进入小组讨论和大会发言阶段。会上，国务院副总理李富春作了《为提早完成过渡时期总任务而奋斗》的发言，国务院第二办公室副主任范长江作了《关于学位、学衔和知识分子待遇问题》的发言，劳动部副部长毛齐华作了《关于工程技术人员工资待遇情况和意见》的发言，国务院第二办公室副主任钱俊瑞作了《十二年科学文教工作的初步规划》的发言，中共中央农村工作部副部长廖鲁言作了《关于1956年到1967年全国农业发展纲要（草案初稿）》的发言，手工业管理局局长白如冰作了《关于手工业社会主义改造》的发言。在会上作口头和书面发言的还有中共中央统战部副部长平杰三、国务院第六办公室主任王首道等30名中央机关、中央国家机关、全国性群众团体负责人，内蒙古自治区党委副书记王铎、河南省委副书记吴芝圃等32名各省、市、自治区党委负责人，中国人民大学副校长胡锡奎、北京大学副校长江隆基等16名高等学校负责人，中国科学院林业土壤研究所党总支书记朱济藩、中国科学院副院长张稼夫等7名中国科学院系统负责人，开滦矿务局党委书记曹维屏、甘肃玉门油矿党委第三书记焦万海等4名企业负责人，铁道兵司令员王震、解放军总政治部副主任萧华和甘泗淇也在会上发了言。

在这些发言中，铁道兵司令员王震的发言给人留下深刻的印象。他说，我们正处在大转变的年代里，无论是经济建设还是国防建设各部门，都迫切需要各种精通科学技术的人才，没有科学

---

[1]《关于知识分子问题的报告》，《人民日报》1956年1月30日。

和技术的指导，要进行现代化的建设是不可能的。但是，对待知识分子，特别是对待高级知识分子——科学家、教授、工程师等科学技术人才，还存在不少缺点，对他们的作用和进步都估计不足，信任不够，待遇上存在平均主义。王震说，我们社会主义的劳动生产运动和现代化的军队建设，都迫切需要经过科学训练的专家和技术人员，在和平建设中需要科学家、工程师、技术人才，就如同军队作战需要团长、师长、军长一样。

王震接着说，我们这个时代必然出现许多卓越的学者、科学家和工程师。我们所进行的突飞猛进的社会主义建设是能激发出知识分子的爱国心的，现在的知识界绝大部分都愿意跟共产党毛主席走，他们都想在科学、文化、艺术工作岗位上作出一番成绩来贡献给劳动人民的国家。他们是人民的宝贵财富，我们需要他们把科学技术、艺术成就贡献给社会主义国家的建设，也需要他们热心培养、教导我们青年一代，帮助他们攀登上世界科学的高峰。

王震出生于湖南浏阳一个贫苦农民家庭，幼年时只读过几年私塾和小学，13岁就从乡下到省城长沙打工，当过码头工人、人力车夫，后来当了铁路工人。王震是真正工农出身的干部，但他却对知识分子格外体贴和关怀。他在发言中以若干知识分子发挥作用的事例，证明广大知识分子是愿意用自己掌握的科学技术为社会主义服务的。在过去腐败政府统治的时代，他们的才能被埋没；而今天，他们愿在社会主义建设中一显身手，在国家建设中充分发挥他们的科学技术才能和积极作用。

在一些人看来，知识分子因为他们的出身和所受教育的限制，思想觉悟普遍不高，世界观需要长期改造，才能适应新的时代的需要。然而，王震却有另外的看法。他在发言中列举了几位专家，有的是本来就在新疆工作的，有的则是新疆解放后去的，他们分别在工农业生产中发挥了自己的专长，解决了许多实际问题。王震说，这些知识分子不远千里到新疆参加边疆建设并作出了成绩的事实，充分说明知识分子是有爱国主义思想的。与此形成对比的是，一些老干部在调他们去边疆工作时却认为这是"罚他的苦工"。同这种老干部比起来，对这些已作出贡献的专家，如果还不给以应有的信任，这不是很不公平吗？

在讲到知识分子的待遇时，王震说，我国劳动人民有革命的传统，也有尊重读书人的优良传统，因而也就不会吝啬对科学家的优厚待遇。通过我们党的宣传教育和社会主义建设事业的发展，广大人民将会深深了解，为了建设自己的物质文化的幸福生活是迫切需要科学技术人才的。

中宣部部长陆定一在发言中说，为了使我国成为先进国家，就必须以最大的努力发展我国的科学研究工作。因此，必须把最有学问的人放在科学研究工作的岗位上，并使他们有很好的工作条件。陆定一认为，对于纯学术性质的、纯艺术性质的、纯技术性质的问题，应该放手发动党内外知识分子进行讨论，放手让知识分子发表自己的意见，发挥个人的才能，采取自己的风格。应该允许不同学派的存在和新的学派的创立，他们之间可以互相批评，但批评时绝不要戴大帽子。只有这样，才能有利于提高我国学术、艺术、技术的水平。

国务院副总理李富春在发言中说，必须有计划地组织现有的科学技术人才，充分地使用他们，提高他们，并发扬他们工作的积极性和创造性。几年来，我们对三种人的使用教育都是有缺点的：首先是对旧有的科学技术人才的使用、帮助、教育和提高做得不够。其次是对新毕业的高等学校和中等技术学校学生使用也不够合理，有的长期摆在机关中，有的用非所学，而一般的毛病是，等级过多，提拔过慢。再次是对转业的老干部没有给予充分的业务学习机会，没有制定有计划的业务学习和轮训制度，使他们的业务技术水平不能逐步提高。

公安部部长罗瑞卿在发言中说，一些地方和部门在肃清反革命工作中，出现了扩大化的倾向，对此必须迅速加以纠正，否则就可能夸大反革命分子的力量，就可能伤害好人，就会使我们在肃反斗争中犯错误，也会使我们在对待知识分子问题上犯错误。

国务院第二办公室副主任范长江作关于学位、学衔问题的发言。范长江全面阐述了建立学位、学衔制度的必要性和重要意义，建立学位制对培养科技干部、迅速改变我国科学技术落后状态的作用。对于中国学位的名称问题，他说曾考虑过翰林、进士、秀才等，但经过讨论，打算将学位分为二级，一级称为博士，二级为学士。讲到这里，引起了全场哄堂大笑。坐在主席台上的毛泽东、周恩来等中央领导人也无不大笑起来。

北京大学副校长江隆基（北大校长马寅初是党外人士，江是党员）在发言中说，北大讲师以上教师的情况，是思想上的进步赶不上政治上的进步。就其政治情况看，大多数人（80%以上）的政治方向是明确的，敌我界限是清楚的。他们愿意接受共产党的领导，走社会主义道路，愿意学习马克思列宁主义的理论，搞好自己的工作。他们当中按思想觉悟程度又可分两种情况：一种是思想觉悟较高，自我改造要求较强，在以往的学术思想批判中表现积极，接受党的领导，参加社会主义建设，虽然在教学和科研中有时不自觉地流露出一些资产阶级的、唯心主义的观点，但他们主观上是在力求掌握马克思列宁主义的世界观，这种人在讲师以上的教师中占35%。另一种思想比较保守，对新鲜事物缺乏敏感性，在学术思想批判中表现不够积极，不够主动，他们的学术观点和治学方法颇有问题。一方面愿意接受新思想和新观念，另一方面又不肯坚决抛弃旧思想和旧观念，在教学、科研工作和日常生活中自觉不自觉地表现出浓厚的资产阶级思想的影响，这种人在讲师以上教师中占45%。

江隆基通过这个分析得出的结论是：北大教师的情况可以证明党外高级知识分子队伍从政治状态看，已经发生了根本的变化。他们在政治上是可以信赖的，在工作上是可以依靠的，应该把他们看作劳动人民的一部分，在工作上和他们建立起"互相信任、互相接近、互相商量、互相学习"的同志关系，以便充分发挥他们在社会主义建设中的作用。

1月20日，是会议的最后一天，毛泽东发表讲话。他说："会议开得很好。听了各位同志讲话，很高兴，可以看出同志们的水平很不低，很高，许多讲话是很好的。"毛泽东的讲话是漫谈性质的。他讲到了领导方法的问题，强调要反对右倾保守思想，要努力使事业办得更快些，更好些，又多，又快，又好，又省，也讲到在反保守思想的时候，要注意不要搞那些没有根据行不通的事情，也讲到了文字改革及社会主义一定要比资本主义好的问题。毛泽东说，现在我们的主动一天一天多了，如农业，对资本主义工商业改造等。知识分子问题现在还没有主动，还要经过一些时候才能主动。在工业方面也没有主动，大批机器还要靠外国，大的，小的（精密的），我们都不能制造，只有造中等的。"两头不行，中间可以。"我们吹牛皮吹不起来，工业上没有独立，科学上没有独立，重要的工业装备和精密机器都不能制造。地大、人多，但是自制的汽车、坦克、飞机有多少，一辆汽车，一架飞机，未免太少吧？有什么值得翘尾巴的！有的同志说些不聪明的话，说什么"不要他们也行"，"老子是革命的"，这话不对。

毛泽东接着说，现在叫技术革命，文化革命，革愚蠢无知的命，没有他们是不行的，单靠我们老粗是不行的。这些话是聪明的话，要向广大干部讲清楚，现在打仗，飞机要飞到一万八千公尺的高空，超音速，不是过去骑着马了，没有高级知识分子是不行的。现在我们看出这件事，就可以开始主动，要有大批的高级知识分子，以后要使每人都有华罗庚那样的数学，都要能看《资本论》，这是可能的，二十年不行，就三十年，最多一百年就差不多了，否则叫什么共产主义？同志们回去要向各方面说清楚这件事情。中国应该有大批知识分子，先接近世界水平。我国地方大，人口多，位置也不错，海岸线很长（就是没有轮船），应该成为世界上第一个文化、科学、技术、工业发达的国家。我们有社会主义制度，再加努力，是能够办到的。否则，六亿人口，又是"勤劳勇敢"，干什么呢？几十年以后，如果还不是世界上第一个大国，是不应该的。现在美国只有十几颗氢弹，一万万吨钢，我看不算什么了不起，中国应该搞他几百万万吨钢。

毛泽东讲完话后，由周恩来作总结报告，他着重回答了与会代表提出的脑力劳动与体力劳动、知识分子的数量与质量、理论与实践、教育与研究、提高与普及、发挥祖国的文化遗产等问题。他再次强调，要又多、又快、又好、又省地发展社会主义建设，除了必须依靠工人阶级和广大农民的积极劳动外，还必须依靠知识分子的积极劳动，依靠体力劳动与脑力劳动的密切合作，依靠工人、农民和知识分子的兄弟联盟。

五、知识分子问题会议的反响

知识分子问题会议结束不久，即1月30日，政协第二届全国委员会第二次会议在北京举行，作为政协全国委员会主席的周恩来，在会上作了政治报告。报告中，他再次讲到了知识分子问题，并要求会议对这个问题进行重点讨论。周恩来重申："在过去六年来，我国知识界的面貌，已经发生了根本的变化。现有知识分子的绝大多数已经成为国家工作人员，已经为社会主义服务，已经是工人阶级的一部分。"他再次强调，人类正面临着一个新的工业革命的前夕，知识分子已经到了向现代科学大进军的时候。必须制定科学发展的全面规划，加强和扩大科学研究机构，大量培养科学研究人才，为发展科学事业准备一切必要的条件。[1]

会上，全国政协副主席郭沫若作了《在社会主义革命高潮中知识分子的使命》的专题报告，他表示："社会主义革命锣鼓敲得这样响，我们相信，我们全体知识分子一定不会允许自己充耳不闻，无动于衷。凡是具有爱国热忱的知识分子，处在社会主义革命这样的大时代里，一定愿意在祖国各项建设事业中，发挥出自己的一切力量。中国知识分子的科学文化水平一般地不能算

---

[1] 周恩来：《政治报告》，《人民日报》1956年1月31日。

高,但是,我们如果能够群策群力,老老实实、全心全意地为人民服务,那么,我们就会做出一定的成绩出来。"[1]

在这次会议上,与会人员纷纷发表自己对于知识分子问题的看法。

农工民主党负责人黄琪翔说:"只有工人阶级领导的国家,才能真正重视劳动人民所创造的科学和文化遗产,才能真正重视掌握这些科学和文化遗产的知识分子。当我们看到了周恩来主席在中共中央会议上所作的关于知识分子问题的报告后,每个人都不能不为党对知识分子的重视和深切关怀而受到深深的感动。"

南京师范学院院长、著名教育家陈鹤琴说:"最近我看到了周总理在中共中央召开的会议上所作的关于知识分子问题的报告,心中有说不出的高兴,使我更进一步体会到党对我们知识分子的深切关怀和亲密爱护。"

广西师范学院中文系教授林焕平说:"听了周总理在党中央会议上所作关于知识分子问题的报告,进一步体会到党和毛主席对知识分子的关怀和爱护,无微不至,使我非常的兴奋,非常的感动,也使我感到责任的重大和进一步改造自己的必要。我完全拥护这些报告,并决心为贯彻它们而努力。"[2]

知识分子问题会议在新中国成立后的知识分子政策史上,的确有着重要的地位。周恩来在会议的报告中明确宣布:六年来中国知识界的面貌"已经发生了根本的变化",承认知识分子中间的"绝大多数已经成为国家工作人员,已经为社会主义服务,已

---

[1] 郭沫若:《在社会主义革命高潮中知识分子的使命》,《人民日报》1956年2月1日。
[2] 黄琪翔、陈鹤琴、林焕平的发言,见1956年2月5日的《人民日报》。

经是工人阶级的一部分"。这实际上对知识分子的阶级属性作了明确的界定。

知识分子自然不是一个独立的阶级,在新中国成立之初的阶级成分划定中,规定知识分子的阶级出身依其家庭成分决定;其本人阶级成分,依本人取得主要生活来源的方式决定。知识分子特别是高级知识分子,解放前一般是自由职业者,也就是属于小资产阶级范畴。但由于1949年之后过分地强调知识分子的思想改造,又因为高级知识分子的生活条件优于一般的工人农民,甚至优于靠供给制生活的干部,加之他们大多出生于剥削阶级家庭,受的又是所谓资产阶级教育,还有不少人在资本主义国家留过学,或多或少地留有西方生活方式的痕迹。因此,一些干部在执行政策时,总是自觉不自觉地将他们同资产阶级等同起来,实际上人为地在知识分子与工农大众之间划了一条鸿沟,也就不可能对他们产生信任之感。周恩来宣布知识分子已经是工人阶级的一部分,就是说,知识分子经过几年的思想改造,他们的阶级成分已经改变。这对于广大知识分子来说,也就意味着他们思想改造的努力已得到了承认。

知识分子问题会议的另一个重大成果,就是使全党和全社会对知识和知识分子的重要作用有了重新认识。中国知识分子曾是革命的先锋,可以说,如果没有中国先进的知识分子对马克思主义的探求,马克思主义的理论要在中国开花结果是难以想象的。毛泽东说过:"没有革命知识分子,革命就不会胜利。"[1]中国共产党最初的党员和党的重要干部,也多是知识分子。但是,由于

---

[1]《毛泽东选集》第3卷,人民出版社1991年版,第815页。

中国革命是以武装斗争的形式取得成功的，革命的主要力量是工农，特别是农民，革命队伍里知识分子的数量很少，而且这些知识分子大多实现了工农化（至少其本人不再认为自己仍是知识分子），因而在执掌全国政权特别是进入建设时期后，党内一些干部容易对知识和知识分子的作用认识不足，特别是对旧社会过来的知识分子带有某种偏见，认为他们过去没有参加革命斗争，没有拿过枪打过仗，反而过着相对优越的生活，因而对知识分子产生成见，与知识分子的隔膜也就由此产生。

客观地说，旧社会过来的知识分子是在努力适应新的时代的。知识分子最初的思想改造运动实际上是他们自发进行的，从某种程度上也是自愿的。但是，随着政权的巩固和建设任务的展开，党内一些人却对知识分子的这种努力视而不见，对知识分子的不信任感反而在一定程度上还有所增加。这其中，固然与一些人认为反正中国的建设有苏联专家的帮助，自己又能逐渐培养出红色专家，有没有旧社会过来的知识分子无关大局的错误认识有关。但更主要的是，随着思想改造的深入，知识分子自我解剖的加深，他们的所谓缺点和不足似乎也更多暴露出来，反而进一步增加了对他们的不信任。这次会议对这种现象作了纠正，使党的广大干部提高了对发挥知识分子积极性、做好知识分子工作重要性的认识。

之所以当时要召开知识分子问题会议，一个重要的背景是社会主义改造的加速完成已是大势所趋，繁重的建设任务即将展开。如果说，过去的革命主要依靠群众运动来推动的话，那么，搞建设、实现国家工业化就涉及许多专门的知识和技术，工业化建设中的科技问题并非运用群众运动的方式所能解决的，客观的形势需要更多的科学技术人才。这也是促使中共中央下决心解决知识分子问题的动因。因此，不论是在《中共中央关于知识分子问题的指示草案》中，还是在《关于知识分子问题的报告》中，都一再强调知识分子在建设中的重要作用。这对于澄清广大干部在知识分子问题上的许多错误认识，无疑是有重要意义的。这次会议之后，知识分子的生活待遇和工作条件得到了很大改善，他们的社会地位有了很大提高，尊重知识、尊重知识人才的社会风气正在形成。也正因为如此，广大老一代知识分子对1956年是十分怀念的。

对于这次会议的意义，自然还可以总结出若干条。但是，我们也应看到，由于历史条件的限制，知识分子问题会议在今天看来也不是没有遗憾。例如，会议对知识分子的估计是：在高级知识分子中间，积极拥护共产党和人民政府，积极拥护社会主义，积极为人民服务的进步分子占40%左右；拥护共产党和人民政府，一般能够完成任务，但是在政治上不够积极的中间分子也占40%左右；以上两部分合占80%左右。在这80%以外，缺乏政治觉悟或者在思想上反对社会主义的落后分子约占百分之十几，反革命分子和其他坏分子约占百分之几。这个估计既同知识分子绝大部分"已成为工人阶级的一部分"、知识界的面貌"已经发生了根本的变化"的估计难以吻合，也与当时知识界的现状存在距离。

新中国成立后，有关部门一直对知识分子按照进步、中间、落后三种情况进行政治思想上的排队，这种排队自然是知识分子本人所不知的。何况在进行排队时，衡量一个知识分子在政治思想上属于哪一种类型，并无具体的标准，而主要是靠有关部门的有关人员去把握。比如,当时那些被认为是中间分子的高级知识分子,特征是拥护共产党和人民政府,但政治上不够积极。那么,什么是政治上积极呢,当时一条重要的标准是看其是否热心政治活动,热衷政治学习,积极参加各种政治运动。其实,热心于政治运动者未必政治上就进步,不热心政治运动者也未必政治上落后。只要一个知识分子拥护党和人民政府,愿意把自己的知识和智慧贡献给社会,就应当是政治上进步的。所以对40%的中间分子的估计,显然没有对知识分子几年来的进步给予充分肯定。实际上,对知识分子进行政治思想的排队,本身就是不科学的,因为这种做法随意性很大,且总是不问情况的变化而将其分为左、中、右即进步、中间、落后三种。这种做法很容易伤害知识分子的感情。

从严格的标准来说,要使每一个人真正确立共产主义的信仰,树立无产阶级的世界观,思想改造无疑是必要的。可是,如果用这个标准去要求的话,需要进行思想改造的并非只有知识分子这一阶层,就算是无产阶级的成员,也同样存在提高思想认识的问题,因为任何人都不可能天生就具有科学的世界观和方法论。可为什么就单单强调对知识分子的思想改造呢?主要的原因是认为个体农民、个体手工业者和民族资产阶级,都有将私人所有制改造为公有制的任务,对他们而言,主要是所有制的改造,将他们的生产资料公有化了,其思想也就自然改造了。可是,知识分子除了知识和技术外,并无私有的生产资料,从物的方面没有改造的任务,也就只能进行思想改造了。这样做,对知识分子显然是有失公允的。思想改造自然不能像生产资料的改造那样看得见,摸得着,而且也不可能一个政策一声令下就可以完成,所以知识分子虽然经过了几年的努力,仍被认为需要继续进行思想改造。

会议的主题报告在讲到一部分知识分子与党之间还存在某种隔膜时,分析了两方面的原因:一方面是"由于我们的同志没有去接近他们,了解他们",另一方面是"由于一部分知识分子对于社会主义采取了保留态度甚至反对态度"。报告随后列举了在企业、学校、机关里和在社会上这样的知识分子的九种表现:在共产党和国民党之间、中国人民和帝国主义之间不分敌我;不满意党和人民政府的政策和措施,留恋资本主义甚至留恋封建主义;反对苏联,不愿意学习苏联;拒绝学习马克思列宁主义,并且诋毁马克思列宁主义;轻视劳动,轻视劳动人民,轻视劳动人民出身的干部,不愿意同工人、农民和工农干部接近;等等。并且认为,所有这些错误一应俱全的知识分子虽然很少,但有一种或几种错误的人,就不是很少数。就是一部分中间分子,也常有以上的某一条或某几条错误观点。就是进步分子中,胸怀狭小、高傲自大、看问题从个人利益出发的毛病也不少。这样给人的感觉是,这种隔膜的产生,更主要的是知识分子的责任。

实际上,出现这种隔膜,不但与"我们的同志"不去接近和了解知识分子有关,而且更重要的是"我们的同志"中的一部分人对知识分子采取不信任的态度,动辄以领导者自居,总认为自己一贯正确,接二连三的运动使不少知识分子受到严重的伤害,这才是问题的关键所在。正是由于主观上仍认为知识分子不论是进步者、中间者,还是落后者,都或多或少地存在着若干毛病与错误观点,因此知识分子必须继续进行自我改造。这就并未从根本上认同知识分子"已经是工人阶级的一部分"。因为当时,不论是媒体宣传还是人们的主观认识中,都没有认为工人阶级也需要自我改造。

知识分子问题会议虽然对此前知识分子工作中存在的一些缺点和不足进行了暴露,并提出了若干改进的方法,但对于最关键的"信任不够"以及由此引起的后果,没有引起特别的重视。新中国成立以来,在知识界开展了一系列旨在推进知识分子进行思想改造的运动,包括1951年对电影《武训传》的批判,1954年由对《红楼梦》的讨论引发的对胡适派唯心主义思想的批判,1955年对胡风文艺思想的批判。这些批判运动虽然收到了一定的效果,但其负面效果在今天看来也是比较严重的。在当时的历史条件下,这次会议自然不可能对这些运动的是非功过进行客观的评价和总结,而只能是一味地加以肯定。例如,中共中央某部门一位负责人在讲话中,就对一年多来开展的"对胡风反革命集团的斗争""对丁玲陈企霞反党集团的斗争""对俞平伯的资产阶级思想的批判""对胡适、杜威实用主义、反动的政治思想和反动的教育理论的斗争""对梁漱溟的反动的政治思想的斗争""对反动的植物学家胡先骕的思想斗争""对梁思成的复古主义形式主义的思想批判",作了充分的肯定,认为经过这些斗争,"文化教育和科学事业是欣欣向荣而不是枯萎下去了,团结是增强了而不是瓦解了,新生力量是生长了而不是被压制了"。这位负责人由此总结出了开展知识分子工作的一条重要经验,就是在科学、文艺、卫生、教育和工程技术等工作中,"必须要抓政治问题、思想问题。这里包括教育,也包括斗争。斗争的目的不是为了别的,也是为了教育","非政治化,言不及义,不抓政治问题和思想问题,这就是右倾保守思想的表现"。这里所说的"抓政治问题、思想问题",实际上就是认为必须继续抓紧对知识分子进行思想改造,言下之意,知识分子并没有改造好。

在知识分子问题会议召开前后,《人民日报》特地刊发了几个著名的高级知识分子的文章,有意无意地透露出知识分子对自身政治思想状况的看法。

北京大学东方语文系主任季羡林教授说:"多数的旧知识分子都是爱国的,他们渴望自己的国家强盛起来。""我觉得这一点是中国旧知识分子自觉自愿地进行自我改造的一个起点和基础。有了这样一个基础,其余的事情就好办了。""就我直接见闻所及,我周围的人基本上都能勤勤恳恳地工作,想努力完成党和人民交给他们的任务。他们现在对党有无限的信任,无限的敬仰。谁也愿意在伟大的社会主义建设事业中加上一把力,不愿意成为懒汉,坐享其成。"[1]

北京大学哲学系教授冯友兰说:"解放以后,至于现在,我们绝大多数的知识分子,都接受了党的团结、教育和改造,得到了很大的进步。我们本是脑力劳动者,现在跟其他劳动人民一起,建设我们的伟大的祖国。""毛主席在《关于农业合作化问题》的报告中说:'这些同志还对于共产党在农村中的领导力量和广大农民对于共产党的热忱拥护这样一种情况,估计不足。'对于共产党在知识分子中的领导力量和广大知识分子对于共产党的热情拥护这样一种情况,也不可估计不足。""我敢说:绝大多数知

---

[1] 季羡林:《我对知识分子问题的一些看法》,《人民日报》1956 年 1 月 13 日。

识分子都以接受党的领导为莫大的光荣。"[1]

铁道部铁道研究所所长茅以升说:"我是个年老的知识分子,我时常和同辈的知识分子在一起,了解到他们的一些情况。他们都毫无例外地信任党,拥护党。他们天天学习,都在逐步地提高政治觉悟和业务水平。他们都感到比以前年轻了,而且,很奇怪,身体也比以前好多了。有几位退休的工程师都说他们虽然年更富但是力也更强,很愿意重新参加工作。这一切都说明了,年老的知识分子都在进步,都想成为劳动知识分子,在伟大的社会主义建设中,贡献出一切力量。"[2]

对于所谓"隔膜"的问题,他们也提出了自己的见解。

同济大学副教务长吴之翰说:"有些党员干部对教学工作一知半解,或者强不知以为知,处理问题不同系主任磋商,贸然决定。结果事后纠正,不仅事倍功半,而且酿成各方面的意见。也有些党员干部对于教学情况不了解,也不学习,反而自以为胸有成竹,遇到同系主任的看法不一致的时候,不能很好地商讨,产生了隔阂。"[3]

北京师范大学校长陈垣说:"党内外的高级知识分子必须彼此主动地密切合作。要在实际工作、学术思想、科学研究上建立起真诚的感情上的联系,逐渐成为知心朋友。""两方面都应当增加主动性,以改变以往的情况,做到更紧密的团结。"[4]

知识分子问题之所以产生,今天看来,最根本的是对知识

---

[1] 冯友兰:《发挥知识分子的潜在力》,《人民日报》1956年1月15日。
[2] 茅以升:《我们年老的科学家的愿望》,《人民日报》1956年1月22日。
[3] 吴之翰:《要团结得更好一些》,《人民日报》1956年1月16日。
[4] 陈垣:《我对知识分子问题的意见》,《人民日报》1956年1月20日。

分子的信任不足，对他们对党和人民的认可程度估计不足。其实，绝大多数的高级知识分子对共产党的领导和中国社会主义的前途是欣欣然接受的，因为他们在新政权建立前对此做了认真的选择。

季羡林的一番话，也许具有代表性。他说："解放前，中国是一个半封建半殖民地的社会。这样社会里的知识分子，不管他们出身的阶级，所受的教育，以及思想意识是多么复杂，多么不同，因为或多或少都受过帝国主义侵略者的气，所以一般都非常爱国。他们希望自己的祖国能强起来，自己也可以扬一下眉，吐一口气。""中国的旧知识分子就在这样的情况下迎接了中国人民的解放。尽管当时对解放的意义还不能说是有全面的深刻的了解，但是他们却感觉到这是一件极其重要的事情，因而很兴奋。我现在还能清晰地回忆起来，在人民解放军进北京的那一天，许多教授冒着大风到大街上去欢迎，表现出高度的热情。"[1]

由此看来，对于新政权，对于党的领导和社会主义制度，知识分子在态度上和情感上，与工人、农民等群体并无二致。至于世界观上存在的唯心主义和个人主义，知识分子以外的社会阶层也会同样存在。因此，当年将知识分子这一阶层另眼相看，尤其是经过多年的考验之后仍然不给他们足够的信任，这是造成知识分子问题得以出现的重要原因。

不可否认，在一段时间里，知识分子的确在一定程度上存在某种对新社会的不适应感。这种不适应并非他们对党和国家的领导，对国家将走社会主义道路的抵触（当然，极少数的抵触者

---

[1] 季羡林：《我对知识分子问题的一些看法》，《人民日报》1956年1月13日。

是有的，这种情况在其他阶层中也存在），而是在于当时一些具体的领导方式和工作方法他们有一个接受的过程。正如季羡林所分析的："接受新鲜事物，特别是像这样天翻地覆的伟大的变革，对一个旧知识分子来说，是并不简单的。就拿教授来说罢，在解放前，他们愿意开什么课，就开什么课；愿意怎样讲，就怎样讲。在大学里，他们是教授；在社会上，他们是名流。许多人是高视阔步，唯我独尊，自由散漫，逍遥自在。但是今天不同了：知识分子同其他劳动者一样，都为着人民的集体的利益而工作。工作要有计划，要有组织；教授讲课，要有教学计划，要有教学大纲；工作中的缺点，又是批评，又是自我批评。辛辛苦苦地用了半天力，结果召来一大堆意见。这些都比以前合理，这没有人能否认，但是对一个旧知识分子来说，你能说这是轻而易举的事情吗？"[1]加之一部分党员干部，动辄以先进自居，觉得自己比知识分子高人一等，如同济大学副教务长吴之翰所言："但某些党员在言行小节上注意不够，尤其是个别党龄较短的党员干部，或者过于矜持，或者过露锋芒，致党员和非党员之间，还不能毫无隔阂。"[2]由此看来，所谓"隔膜"的产生，领导上的责任恐怕是更主要的。

但是，不论是在知识分子问题会议前各地对知识分子工作的检查中，还是这次会议本身，对这种领导上的责任似乎分析得不够，而是采取各打五十大板的方式，甚至认为更主要的还是知识分子的责任。这就很难从根本上解决知识分子问题。

---

[1] 季羡林：《我对知识分子问题的一些看法》，《人民日报》1956年1月13日。
[2] 吴之翰：《要团结得更好一些》，《人民日报》1956年1月16日。

人们常常把 1957 年夏的反右派斗争看成是知识分子政策的重大转折，但为什么出现这种转折？为何在 1956 年的时候如何发挥知识分子的积极性成为全党关注的一个问题，反右派运动一来，知识分子又被宣布为仍没有改造好，而且被冠以"资产阶级知识分子"的称呼，甚至被视为剥削阶级的一部分？

这其中自然有多种原因，但也应该看到，知识分子问题会议虽然提出知识分子是工人阶级的一部分，但对这个问题会上和会后在党内党外都没有展开深入讨论。从会上的发言看，更多是谈及如何改善知识分子的工作条件和待遇、减少兼职、保证科研时间、在积极分子中发展党员等具体问题。当然，这些问题都很重要，而且从会后落实的情况看，总体状况是不错的。但是，由于知识分子阶级属性的认识这个最根本的问题，在党内并未得到普遍认同，而且在随后正式发出的《中共中央关于知识分子问题的指示》中，不再使用知识分子是"工人阶级的一部分"的提法，而是提"知识分子的基本队伍已经成了劳动人民的一部分"。虽然劳动人民中包含了工人阶级，但劳动人民中也包括了小资产阶级和农民阶级。这个提法的改变，至少说明党内对于知识分子的阶级属性的认识是不统一的，也表明党内有一部分人是不能认可知识分子作为工人阶级的一部分的。尽管如此，对于知识分子问题会议还是应该充分肯定的。它对于全党重视知识分子的作用，对于改善知识分子的工作条件和生活待遇都产生了积极的影响。

六、知识分子工作生活条件的初步改善

这次会议之后,知识分子政策的变化还是切实的。很快,若干相关政策相继出台了。1956年2月24日,中共中央政治局会议通过《中共中央关于知识分子问题的指示》(以下简称《指示》)。这个《指示》是在年前下发的《中共中央关于知识分子问题的指示草案》的基础上修订而成的。经过各地征求意见与知识分子问题会议的讨论,它的内容与原草案自然有了很大的变化。《指示》没有像草案那样具体列举党内在知识分子工作上存在的各种问题,而只是概括地说,党内的主要问题是存在两种错误倾向:一种是宗派主义的,这主要是只看到知识分子的缺点和错误,看不到几年来他们大多数人的变化,并且不了解建成社会主义需要现代科学技术和科学知识,不懂得发挥旧社会遗留下来的知识分子的作用;另一种是迁就麻痹的倾向,看不到知识分子在思想上、政治上、业务上的缺点,对他们不加区别地盲目加以信任,同时缺乏革命的警惕性,对知识分子中的反革命和其他坏分子的危害活动熟视无睹。这两种倾向都是有害于社会主义建设事业的,因此必须坚决地加以纠正。对于这两种倾向,文件基本上用了相同的篇幅进行论述,这也说明当时把这两种倾向是同等看待的。

当然,文件的主题是要求中共各级组织和各级干部重视知识分子工作。《指示》指出,我国社会主义的经济建设和文化建设高潮的到来,日益显现出科学干部、技术干部和一般文化干部的重要性,同时也日益显现出我国知识分子不论在数量上还是质量上,都远远地不足以适应国家的需要。因此,有必要进一步把知

识分子问题,放在全党和国家的各个工作部门的议事日程上,全面规划,加强领导,克服在这方面工作中的缺点和错误,采取一系列的有效措施,充分地动员和发挥现有知识分子的力量,不断地提高他们的政治觉悟和业务能力,并且大规模地培养新生力量来扩大知识分子的队伍,以便尽可能迅速地改变我国的科学和文化的落后状态,力求最急需的科学部门能够在 12 年内(即第三个五年计划期末)接近世界的先进水平,而使我国建设中的很多复杂的自然科学和技术的问题能够逐步地依靠自己的力量加以解决。

《指示》花了很多的篇幅谈怎样充分发挥知识界的现有力量的问题,强调必须注意三个方面:一是对于知识分子的工作和生活作适当的安排;二是经过实践和理论的学习,继续改造知识分子;三是纯洁知识分子的队伍,肃清暗藏在知识界中的反革命分子。

关于工作上和生活上的安排,《指示》提出必须采取如下措施:

(一)改善对于知识分子的使用,使他们能够发挥自己对于国家有益的专长。

(二)给一切爱国的和忠于职务的知识分子以应得的信任和支持,使他们便于积极地进行工作。

(三)给知识分子以必要的工作条件和适当的待遇:

——保证他们进行专业活动的时间;

——按照需要,给他们以应有的资料、图书、试验设备、工作助手和其他的必要条件;

——知识分子特别是高级知识分子的劳动报酬,应该根据按劳取酬的原则，适当地加以提高，他们的居住条件和其他日常生活方面有困难的，行政部门和工会组织应该积极地设法加以改善，对于一部分年老体弱的专家，应该给以特别的照顾；

——迅速地改进工程技术人员的升级制度，迅速地确定学位、学衔和荣誉称号的制度，改进关于发明创造、科学著作和文艺创作的奖励制度；

——知识分子的政治待遇方面，目前有些不合理的情形，也应该迅速地加以改正。

《指示》还要求中央和地方各部门在制订各种计划时，都必须把大力培养知识分子的新生力量，提高知识分子的业务水平这一任务放在重要的地位，并采取有力措施实现这一任务。《指示》还要求全党努力学习科学知识，务必在尽可能短的时间内成为党员专家。《指示》还指出，关于在知识分子特别是高级知识分子中吸收党员的工作，过去有严重的关门主义倾向，今后必须加以彻底的纠正。

4月16日，国务院发出《关于改善高级知识分子的工作条件的通知》。《通知》指出，为了迅速地发展科学和文化事业，争取在今后12年内使中国最急需的科学部门接近和赶上世界先进水平，国家必须尽一切可能为高级知识分子创造有利的工作条件。为此，国务院除责成中央各部门从各方面进行工作外，还要求各省、自治区、直辖市人民委员会对科研机关、高等学校等处的科学家、教授、工程师等的工作条件作一次检查，督促有关单位采取具体措施，改善他们的工作条件。要迅速地和适当地解决缺少助手、辅助人员的困难，积极地解决所缺房屋等问题，切实改善图书、文物、档案和各种资料的收集、保管、整理、利用的状况,并经常关心改善高级知识分子的工作条件。

应当说,各地对于这个《指示》的精神的贯彻还是迅速的。其中见效最快的,是知识分子工作条件和生活待遇的改善。

2月18日至3月9日,中共上海市委召开知识分子问题会议,制定了《上海市1956年到1957年知识分子工作纲要》。《纲要》提出,应该切实建立各级党组织、国家机关工作人员和知识分子互相信任、互相接近的同志关系,经常关心并积极支持知识分子的科学研究和业务活动。为了保证高级知识分子每周至少有六分之五的工作日用于业务,专家、学者的社会兼职不要超过一职,尽可能解除专家、学者兼任的行政职务,必须兼时,也应配备得力的行政副手。为了充分提供科学研究所需的参考资料,从1956年上半年开始先后筹建哲学社会科学图书馆、医学图书馆及中医文献研究馆各一所,在1957年内创办历史博物馆和自然博物馆各一所。为了提高高等学校的科学研究水平,开展学术讨论,高等学校要办好学报,到1957年全市各高等学校都要办好一种学报。1956年上半年还要筹建一所适合高级知识分子进行科学文化活动的俱乐部。《纲要》还对改善知识分子生活待遇和保护专家、学者的健康方面也作了若干规定。[1]

上海市委这个《纲要》的一些内容,很快就得到了落实。《人民日报》在一则报道中说,上海专家学者所最关心的图书资料工作,开始有了改善。上海两所供科学研究用的图书馆正按照规划要求在扩充和改善设备。国际书店供应外文书籍的工作也有所改进,各高等学校和各大工厂的图书设备都有所增加。无业失

---

[1]《中共上海市委制定上海市知识分子工作纲要》,《人民日报》1956年3月13日。

业知识分子的工作安排，也已作出了一定成绩。至3月底，上海已有1万多名无业失业知识分子调往外地参加工作，90多个符合规定条件的旧知识分子参加了文史馆等单位的工作。在生活条件的照顾方面，上海市决定拨出500户住宅供著名专家学者居住，其中270多户住宅已开始分配。3000多名高级知识分子的医疗条件有了改善。[1]

《人民日报》报道的内容是属实的，这从著名翻译家傅雷这年4月14日给其儿子的信中可以得到印证。信中说："上海高级知识分子约有一万人，先照顾其中的三千人，例如调配住房，使知识分子能有一间安静的书室，上海房管局已拨了五百所住房，陆续给一些居住条件特别坏而研究有成就的教授、专家、作家、艺术家。又分发给特别'治疗证'可在指定医院当天预约，当天受到治疗；又分发'副食品（如鱼肉等）供应卡'，向指定的伙食供应站去买，不必排队等候。（这两种卡，我也拿到了。）由此你可以看出，政府现在如何重视知识分子。只因为客观条件不够，暂时只能从高级知识分子做起。另外，二月下旬，上海市委召开了半个月会，召集各机关、学校、团体的党团干部近万人学习这个政策，要他们接近知识分子，做到'相互信任，相互学习'，对研究工作从各方面支持他们。"[2]

据天津市文教办公室的了解，知识分子问题会议后，关于已获解决的问题，大致可分为以下几项：

（一）科学研究的助手及图书资料问题。目前已着手安排助

---

[1] 石西民：《中共上海市委改善了对知识分子的工作》，《人民日报》1956年5月23日。
[2] 《傅雷家书》，生活·读书·新知三联书店1998年版，第103—104页。

手的有南开大学，计划于本学期内配备助手 10 名，实验员 1 名。现已有杨石先教授设了专门的实验室，配备了助手及实验员各 1 名，尚准备崔澂教授等各予助手 1 名，有的则两人合予助手 1 名。

（二）生活福利及文化娱乐问题。有些单位为解决部分知识分子生活困难问题，于春节前后，进行一次临时补助，仅天津师院、文化局所属单位等即补助 70 人。为解决吃饭排队及伙食质量不高问题，不少单位都建立了小灶，由专人盛饭、端菜。天津总医院还准备了饭后休息和娱乐的地方。

（三）房子问题。天津高级知识分子的急需住房问题，通过调拨、租、买，及开辟渤海大楼的部分房屋为公寓等办法，已基本得到解决。其中，可予工业系统解决 7 个人共 14 间，建设系统 50 个人共 143 间，文教系统 81 人共 230 间，总计解决 138 人共 387 间。[1]

中共青岛市委也订出知识分子工作规划，要求对知识分子使用和安排不当的单位，凡本单位可以调整的在这年三季度内调整完毕，须提请市委统战部解决的，也要在年内处理完毕。在此后两年内逐步解决失业知识分子的就业问题，对于失业的高级知识分子，年内就要适当地加以安排。在 1957 年以前，逐步解决高级知识分子的住宅问题。[2]

知识分子问题会议后不久，清华大学就由党委、工会和总务处共同拟出了一个改善高级知识分子条件的办法，决定给教

---

[1] 天津市文教办公室：《关于解决知识分子工作条件及生活福利问题情况的报告》，1956 年 4 月 2 日。
[2]《青岛市订出知识分子工作规划》，《光明日报》1956 年 8 月 21 日。

授、副教授、担任教研室主任或副主任的讲师,以及学校的主要行政干部共 137 人发优待证。凭证在食堂买饭,在合作社买副食品、理发,在校医院治病,在校内看电影,看演出,可以享受优先待遇,其子女可以优先送入保育所。清华大学还新设了一个可容纳 200 人的"教师专用阅览室",室内有各种技术科学书籍和俄、英、德、法、日文的百科全书,供教师们备课和查阅科学文献。此外,学校的合作社对上述人员还实行预购副食、定时送货和电话预约,校医院安排专门的保健大夫,专门负责教授的保健工作。为解决教授们宿舍中小孩吵闹影响备课的问题,学校专门在教授住宅区腾空了一所房子,供教授们备课使用。[1]

知识分子问题会议一结束,河北开滦矿务局党委就由参加了知识分子问题会议的党委书记曹维屏向党内作动员与工作检查报告,并召开高级知识分子及其家属座谈会。为了解决高级知识分子宿舍问题,党委动员科长以下干部全部从暖气房中搬出,腾给住房紧张的高级知识分子居住,并拨款 5000 元作为建立科技图书室的经费,还给高级知识分子专门开设一个俱乐部。[2]

为了贯彻知识分子问题会议精神,中国人民大学由党委统战部、校长办公室、人事处、教务部、行政事业部、校工会和民盟区分部共同组织了一个专门小组,调查研究改善知识分子工作和生活条件问题。专门小组分别访问了 57 位教授、副教授、讲师和助教,征求其意见和要求,然后把意见集中起来,与学校有

---

[1] 中共北京市委知识分子问题五人小组办公室:《知识分子问题参考材料》(三十六),1956 年 3 月 2 日。
[2] 中共河北省委知识分子问题办公室:《关于唐山地区贯彻中央指示的情况向省委的报告》,1956 年 3 月 15 日。

关部门研究解决的办法。为了保证教师教学科研的时间，解决高级知识分子兼职过多的问题，人民大学规定，教师兼职一般不超过两个，但在解除教师兼职时尽量保留他们担任的有关政治、学术职务。系主任、教研室主任每周处理行政工作的时间分别不超过六小时和四小时。减少会议的次数，缩短会议时间，规定校务会议一学期只开三次，系一级学术会议一个月只开一次，每次会议的时间要控制在两小时以内。该校同时还规定，教师中的全国人大代表、全国政协委员、科学院学部委员因公外出可使用小汽车。为解决教师吃饭排队的问题，改由食堂工作人员送饭菜到桌上，没有条件设食堂的教师住宅区，则由公务员把饭菜送到教授、副教授的家中。[1]

东北人民大学在会后很快给一部分住房紧张的教授、副教授和讲师调整了宿舍，规定教师看病可以随到随诊，优先取药，为教师定期检查身体。几年来一直被冷落的冯文炳教授，也很快被任命为中文系主任。冯教授腿有毛病行走不便，学校派人到大连买了一根手杖，并由总务长亲自送到冯家。[2]

广东的中山大学在知识分子问题会议后，立即召开副教授以上高级知识分子座谈会，由中共广东省高等学校委员会书记冯乃超传达周恩来的报告。接着又召开全校员工大会，传达知识分子问题会议精神。3月中旬，中山大学总务处公布改善教师生活条件的具体办法，其中引人注目的，一是讲师以上教师每人每月增

---

[1]《各地高等学校积极改善教师的工作和生活条件》，《光明日报》1956年4月17日。
[2] 吉林省委知识分子问题七人小组办公室：《各地对知识分子政策贯彻执行情况和当前存在问题的报告》，1956年3月10日。

加糖两斤、油一斤的补助,二是副教授以上教师如在食堂用餐可由工友送饭菜到家门口。4月,该校出台贯彻党的知识分子政策的计划,决定:给全校的教师尽快作出历史结论,以解决肃反遗留下来的问题;给予教师出国的机会;制订享受特殊待遇的高级知识分子名单,改善教师的生活条件;为专家学者配备助手等。[1]

在改善生活待遇上,影响面最大的是这一年知识分子普遍加了工资。

1956年2月29日至4月7日,全国工资会议在北京举行。会议初步拟订了全国各系统和各部门新的工资方案,决定适当提高以工资收入为主要生活来源的国营企业的工人、技术人员、职员,教育、科学、卫生、文化工作者和国家机关干部的工资水平,逐步克服过去工资制度中存在的平均主义、不统一和其他不合理的现象。同年6月16日,国务院全体会议举行第三十二次会议,听取了劳动部部长马文瑞关于工资改革方案的说明,原则通过了《国务院关于工资改革的决定》。7月5日,国务院正式发布这个《决定》,确定1956年企业、事业和国家机关职工的平均工资提高14.5%,对于重工业部门、重点建设地区、高级技术工人和高级科学技术人员的工资,提高的幅度则更大一些。

根据国务院工资改革决定的精神,高教部于同月发出《关于1956年全国高等学校教职工工资评定和调整的通知》,对教授、副教授的工资作了较大的提高。工资改革后,教授的工资分

---

[1] 陆键东:《陈寅恪的最后20年》,生活·读书·新知三联书店1995年版,第166—167页。

为四级，分别为207元、241.5元、287元、345元，平均每五年可升一级；副教授也是四级，分别为149.5元、177元、207元、241.5元，平均每三年可升一级；讲师的工资分别为89.5元、106元、126.5元、149.5元，平均每两年可升一级。

这次工资改革后，高级知识分子的工资收入有了较大幅度的增加。据对中国人民大学、北京大学、清华大学、北京医学院、北京钢铁学院和北京地质学院六所院校的统计，教授、副教授的平均工资原为169.74元，调整后为228.79元，平均增长了59元；讲师平均工资原为90.39元，调整后为116.26元，平均增加25.87元。[1]

按照调整后的工资标准，一级教授的工资大体等同于中央国家机关部级干部的工资，副教授最低两级的工资也与国家机关的司、局级干部相当。研究人员的工资等级与高校教师大致相同。根据新工资标准，全国文艺人员的工资共分为16级，其中一级人员最低为290元，最高为377元，二级人员最低为250元，最高为325元。工资调整后高级知识分子的绝对工资虽然仍不是很高，但与一般国家机关工作人员和普通工人相比，这个数字已经是不很低了。根据那时的物价水平，高级知识分子这个时期的生活还是相对优越的。

这次会议后知识分子境遇的另一个变化，就是有相当一批高级知识分子被吸收入党。

据当时的统计，全国共有知识分子384万人，其中有党员17

---

[1] 北京市高校党委办公室：《北京市高等学校调整工资工作的情况报告》，1956年8月23日。

万人，占总数的4.4%。在10万高级知识分子中，有党员7000余人，占总数的7%。虽然高级知识分子中党员的比例不算很小，但其中大多数是从解放区来的党员或解放前的地下党员。以高级知识分子集中的北京市为例，全市高等学校的教授、副教授有1200多人，至1955年底只有党员87人，其中解放后入党的仅29人。

北京大学又是北京高级知识分子最密集的单位，至1955年底，全校共有教授、副教授219人，其中党员17人，占总数的7.7%。解放以来，北大共发展了5名教授入党，其中除1人是院系调整后入党外，其余4人都是1950年以前入的党。

解放6年来，中国科学院上海各研究所68个高级研究人员中，没有发展1个党员，108个中级研究人员中，只发展了1个党员；上海各高等院校877名教授、副教授中仅发展了6个党员；全市公立医院在1955年1年中只接受了15名医生入党；工程技术人员中入党者也很少，全市6个工业设计部门211名工程师中，没有发展1个党员。6年中，全市民营剧团6000多名艺人中，也没有发展1个党员。

几年间知识分子特别是高级知识分子中党员发展工作之所以缓慢，有的单位甚至几年间根本没有发展，中共北京市委宣传部部长杨述在知识分子问题会议上的发言中，认为有三个方面的原因：一是笼统地认为他们的历史、社会关系复杂，而没有积极地进行调查研究；二是有些高级知识分子虽然合乎入党条件，但他们的学术思想中有某些唯心主义观点，就不考虑他们的入党问题；三是还有些符合入党条件的高级知识分子，因他们负责民主党派的工作，所以也没有吸收他们入党。[1]这种情况自然不只是在北京一地存在。

高级知识分子入党难的最根本原因，其实在于当时党内普遍存在的对知识分子的不信任。正如1956年3月中共中央组织部给中共中央的报告中所言："产生这种缺点的原因，是党内有不少的同志对高级知识分子在社会主义建设的伟大事业中的重要作用认识不足，对高级知识分子在解放以后，特别是近几年来的进步估计不足，往往只是或多是看到他们的落后和缺点的方面。"[2]

为了解决这个问题，中共中央在《关于知识分子问题的指示草案》中指出："过去六年中，各地党组织都没有注意吸收甚至拒绝吸收高级知识分子入党，这是不对的，这是一种关门主义的倾向。这种倾向必须纠正。"周恩来在知识分子问题会议上的报告中，更是明确提出，应估计到高级知识分子中进步力量的增大，估计到新生力量不断加入高级知识分子队伍，计划在1962年做到党员占高级知识分子总数的三分之一。

根据中共中央加快高级知识分子中党员发展工作的精神，中共中央组织部提出了在知识分子中发展党员的两年规划，计划1956年和1957年两年中，在全国384万知识分子中吸收21万人入党，占知识分子总数的5.5%，并在10万高级知识分子中吸收10%的人入党，届时高级知识分子中约有党员17000人，占总数的17%。由于众所周知的原因，这个计划自然没有完成。

---

[1]北京市档案馆、中共北京市委党史研究室编：《北京市重要文献选编（1956）》，中国档案出版社2003年版，第80页。
[2]《中共中央组织部关于在知识分子中发展党员的问题的报告》，1956年1月10日。

不过，1956年高级知识分子中党员的发展工作还是顺利的。这年开始，各地不断传来一批批高级知识分子入党的消息。

从1956年1月初至2月底，北京市各高校发展了22名正副教授入党。这22人中，有北京大学生物系主任张龙翔、生物系副教授陈阅增、历史系亚洲关系史教研室主任周一良、数学系副主任程民德、动物生化教研室主任沈同、北京航空学院发动机施工专业教授张耀辰、飞机施工教研室副主任何庆之、北京地质学院副教务长张席禔、矿产地质勘探系教授张炳熹，北京矿业学院采煤系主任汪泰葵、北京石油学院教务长曹木熹、机械系主任蔡伯民、炼制系副教授杨光华等。

各地在高级知识分子中发展党员的步伐都迈得很快。1956年1月以来两个半月的时间里，上海共吸收了110名高级知识分子入党。他们中有桥梁结构专家李国豪，化学家、华东化工学院院长张江树，女高音歌唱家周小燕，作家唐弢，昆虫学家柳支英，生理学家沈霁春，眼科专家周诚浒，上海第二医学院教授聂传贤，越剧演员范瑞娟等。[1]

与此同时，广东省入党的高级知识分子有44人，其中包括中山大学前副教务长吕逸卿、生物系主任戴辛皆等。天津有47名高级知识分子入党，其中有天津医学院院长朱宪彝、天津市文化局副局长李霁野等。重庆则在一个多月的时间里吸收了23名教授、工程师和医师等高级知识分子入党，其中包括著名的土壤学家、中国科学院生物学地学部常务委员、西南农学院教授侯光

---

[1]《北京上海一批高级知识分子入党》，《人民日报》1956年3月20日。

炯、重庆大学采矿系主任姜修尚等。[1]

4月初,各地又传来消息说,南京大学校长潘菽、湖南医学院副院长齐镇垣、重庆大学电机系主任江泽佳、福建林学院老教授林公际、西北农学院教授王振华、天津大学化工系副主任汪家鼎、华东师范大学教务长刘佛年、贵阳师范学院副院长顾光中等一批知名学者被吸收到党的队伍中。[2]到这年6月底,新入党的著名知识分子还有著名植物病理学家戴芳澜,著名古脊椎动物学家杨钟健,内分泌学家朱宪彝,小麦良种"碧玛一号"的培育者、西北农学院教授赵洪璋,著名翻译家曹靖华,著名电影导演蔡楚生、张骏祥,北京市著名中医赵锡武等。[3]著名哲学家冯友兰也为"党正在动员知识分子的一切力量,向科学文化大进军,争取在不太长的时间里,赶上世界的先进的科学文化水平"所鼓舞,在此间向所在的北大哲学系党组织提出入党申请。[4]由于各种原因,冯友兰的入党申请后来并没有被批准。

在1956年这个被称为知识分子的春天的年份里,全国一共有多少高级知识分子入党,笔者目前还没有见到具体的数字。数字并不重要,人们从《人民日报》《光明日报》这些媒体关于高级知识分子入党的公开报道中,感受到知识分子正在日益受到执政党的重视。

---

[1]《甘肃、广东、天津、武汉等省市一批高级知识分子入党》,《人民日报》1956年3月12日。

[2]《各地有大批高级知识分子入党》,《光明日报》1956年4月10日。

[3]《社会主义高潮中党的队伍不断壮大,全国大批高级知识分子入党》,《人民日报》1956年7月1日。

[4] 蔡仲德:《冯友兰先生年谱初编》,河南人民出版社1994年版,第421页。

1956年广大知识分子感受更深的，是知识分子问题会议之后"双百"方针出台营造出的宽松的学术环境。对于这个问题，就只好在另一篇文章中加以介绍了。

"双百"方针提出的背景与经过

1956年是我国进入社会主义的第一年,也是中共第一代中央领导集体思想极为活跃的一年。为了探索出一条适合本国国情的社会主义建设道路,他们提出了许多开创性的设想。旨在繁荣我国文学艺术和推进学术研究的"百花齐放,百家争鸣"方针的提出,就是这种探索的重要内容。

一、学习苏联中存在的教条主义倾向

在中国确立社会主义制度,是中国共产党的既定目标,为了实现这个目标,共产党人苦斗了三十多年。1956年1月起,各地相继宣布完成农业、手工业和资本主义工商业的社会主义改造。社会主义改造的基本完成,标志着中国从此进入了社会主义社会。

社会主义毕竟是一项全新的事业,共产党人不可能先学会怎样搞社会主义才去建设社会主义,而只能在实践中探索。中国共产党在开始社会主义建设的时候,原本对作为社会主义样板的苏联寄予很大希望。当时,"苏联的今天就是中国的明天"这样的话语,在中国颇为流行。今天的我们当然知道搞建设要走自己的路,但在当时,苏联神圣的光环还没有褪去,各国共产党人都在为苏联所取得的成就而骄傲，苏联老大哥也很不客气地把自己的模式输送给甚至强加给社会主义阵营内的各国。就是在当时的中国，也有许多人认为，搞社会主义按照苏联的样子做就是了，不可能而且也用不着别的方式。这也不难理解，苏联是第一个社会主义国家，当年的建设的确也取得了不小的成绩，原来经济文化相对落后，在苏共执政之后不长时间迅速完成了国家工业化，一跃成为当时世界上第二大经济体，并且打败了不可一世的德国法西斯，取得了卫国战争的胜利，在东欧帮助建立了一批社会主义国家，形成了以其为首的社会主义阵营。至于它内部存在的问题，包括农业集体化过程中造成的大饥荒，肃反造成的大量冤假错案，各级官员的特权与腐化，等等，当时并没有暴露出来。因此，在相当长的时间里，中国很少有人怀疑苏联还会有许多问题（至少大多数人是如此），其中有的问题还是致命性的。

就在中国即将完成社会主义改造、开启大规模社会主义建设之际，苏联人自己把问题的盖子揭开了。1956年2月，苏联共产党召开第二十次全国代表大会，在大会即将结束的时候，赫鲁晓夫作了关于斯大林个人崇拜及其后果的秘密报告。赫鲁晓夫在秘密报告中说，斯大林犯了一系列的错误，包括违背民主集中制的原则搞个人崇拜，在卫国战争前夕对德国的进攻丧失警惕，在国内民族问题和南斯拉夫问题上犯了严重错误，等等。

对于斯大林，毛泽东内心一直有着自己的看法。毛泽东是在中国革命的实践中靠自己的奋斗成长起来的，是当时的中共领导集体中唯一在革命胜利之前未踏上过苏联土地的领导人。遵义会议前很长时间，斯大林领导的共产国际更看重有莫斯科学习背景的王明等人，而毛泽东却受到了王明等人的排挤与打压，而王明等人的教条主义几乎使中国革命遭受灭顶之灾,这自然使毛泽东难以对斯大林和共产国际产生亲近感。遵义会议后,毛泽东成为中共主要领导人,开始与共产国际及斯大林有了直接的交往,但苏联在支持中国抗战中表现出来的民族利己主义,在党际关系中表现出的以老子党自居的大国沙文主义,也使有很强个性与自信的毛泽东对苏共和斯大林不可能产生发自内心的信任。毛泽东发动延安整风要肃清教条主义,其实就是要改变党内一部分人对苏共的过于依赖与盲目崇拜。他强调的马克思主义中国化,就是要求全党学会独立自主,走自己的路。毛泽东的强调独立自主,使得斯大林即便在中国革命快要胜利的时候,仍怀疑毛泽东是铁托式的人物,以至于几次婉拒毛泽东秘密访苏的请求,甚至1949年底毛泽东第一次访苏时斯大林还曾给毛泽东以冷遇。现在,赫鲁晓夫揭开了斯大林问题的盖子,毛泽东觉得并不是什么坏事,只是他认为赫鲁晓夫对斯大林采取全盘否定的方式不好。

对于苏共二十大和赫鲁晓夫的秘密报告,毛泽东很快作出了反应。他在1956年3月12日召开的中央政治局扩大会议上说,赫鲁晓夫的报告至少可以指出两点,一是揭开了盖子,一是捅了娄子。说它揭了盖子,就是讲,这个秘密报告表明,苏联、苏共、斯大林并不是一切正确的,这就破除了迷信。说它捅了娄子,就是讲,赫鲁晓夫作的这个秘密报告,无论在内容上还是方法上,都有严重错误。[1]在3月23日召开的中央书记处扩大会议上,他又说,赫鲁晓夫这次揭了盖子,又捅了娄子。他破除了那

---

[1] 吴冷西:《忆毛主席——我亲身经历的若干重大历史事件片断》,新华出版社1995年版,第4—5页。

种认为苏联、苏共和斯大林一切都是正确的迷信,有利于反对教条主义。不要再硬搬苏联的一切了,应该用自己的头脑思索了。应该把马列主义的基本原理同中国社会主义革命和建设的具体实际结合起来,探索在我们国家里建设社会主义的道路了。[1]

新中国成立后头几年,中国不但在经济建设领域,就是在意识形态甚至在自然科学方面,都是全方位向苏联学习的。在学习的过程中难免出现教条主义的倾向,有时甚至教条到滑稽可笑的地步。比如,"过去有人因为苏联是设电影部、文化局,我们是设文化部、电影局,就说我们犯了原则错误。他们没有料到,苏联不久也改设文化部,和我们一样"[2]。

时任中宣部部长的陆定一在一篇回忆文章中讲了这样一件事:"有一位老同志,也是很好的同志,战争中间担任军队的卫生部长,战争后做中央人民政府卫生部的副部长。他知道了苏联的巴甫洛夫学说之后,要改造中国的医学,对我说:'中医是封建医,西医(以细胞病理学者微尔啸的学说为主导)是资本主义医,巴甫洛夫是社会主义医。'我想,在这样的认识指导之下,当然就应该反对中医和西医,取消一切现在的医院,靠巴甫洛夫的药(只有一种药,就是把兴奋剂和抑制剂混合起来,叫'巴甫洛夫液')来包医百病。"[3]当时人们对苏联盲目崇拜的态度由此可见一斑。

苏联的"巴甫洛夫液"自然未能成为主宰中国医药界的神

---

[1]中共中央文献研究室编:《毛泽东年谱(1949—1976)》第2卷,中央文献出版社2013年版,第550页。
[2]《毛泽东文集》第7卷,人民出版社1999年版,第41页。
[3]陆定一:《"百花齐放,百家争鸣"的历史回顾》,《光明日报》1986年5月7日。

药，因为这位老同志提出的观点实在过于荒谬。但是，在生物界，却完全是苏联的"米丘林学派"（实际上是李森科学派）一边倒，而摩尔根学派却一直受到排挤和压制。

李森科是一位政治化的生物学家。他在政治家的支持下，经过政治斗争的方式，采取一系列的手段，在苏联排挤和打击真正符合科学原理的摩尔根学派，给摩尔根学派扣上了"资产阶级""反动""唯心主义""形而上学""伪科学"等帽子，禁止在课堂上讲授摩尔根遗传学，封闭摩尔根学派学者的试验室，解除他们的行政和学术职务。李森科自称属于"米丘林学派"（米丘林是苏联著名的生物学家，李森科不过是打着他的招牌而已），标榜自己是"无产阶级的""辩证唯物主义的""科学的"和"联系实际的"，并长期独霸着苏联生物界的领导地位。

新中国成立之初，由于中国全面学习苏联，不但在社会科学领域以苏联的是非为是非，就是在自然科学领域也不例外。早在 1949 年，李森科在同摩尔根学派取得"斗争的完全胜利"的大会（即全苏 1948 年列宁农业科学院会议）上所作的报告——《论生物科学状况》，就在中国大量印行，成为大学生物系和农业院校师生的必读文件。在我国，生物学的学术思想原本是从西方引进的，生物学界特别是遗传学领域的学者，不少人曾在欧美留过学，有的人甚至在摩尔根的实验室里学习和研究过，直接间接地成为摩尔根的弟子。新中国成立后，在全面学习苏联的过程中，李森科学派的那一套理论也就自然地在中国生物界取得了统治地位。新中国成立之初，北京农业大学的一位负责人，为了推行李森科的那一套理论，竟然停开了摩尔根遗传学，校内的摩尔根学派的教授被迫改教其他课程。有一位从事群体遗传学研究的教授，因为不同意批判摩尔根遗传学，愤而离开学校，经香港去了美国，造成很不好的国际影响。

虽然这位负责人受到了毛泽东的批评，并调离了农业大学，但摩尔根学派的处境并未有所改观。在1952年的知识分子思想改造中，摩尔根学派的学者大多受到了批判。此后，摩尔根学派的遗传学课程基本被停止，以摩尔根理论为指导的研究工作也被迫中断。

对于这种状况，中国生物学界的广大学者很不满意。1955年，我国著名的植物分类学家、中国科学院植物研究所研究员胡先骕，出版了《植物分类学简编》一书，对李森科提出了公开的批评。胡先骕说："李森科关于生物种的新见解，在初发表时由于政治力量的支持，一时颇为风行。""这场争论在近代生物学史上十分重要；中国科学工作者，尤其是植物分类工作者必须有深刻的认识，才不致被引入迷途。"这本书出版后，一位在高等教育部工作的苏联专家曾为此提出"严重抗议"，指责说"这是对苏联在政治上的污蔑"。北京农业大学的六位教师，联名写信给高等教育出版社，认为该书犯了严重的政治错误。1955年10月，中国科学院和中华全国自然科学专业委员会共同举办"纪念米丘林诞辰100周年"纪念活动，对胡先骕的"错误"进行了公开批判。

长期以来，毛泽东对苏共、斯大林的民族利己主义、大国沙文主义和以老子党自居也甚为反感。在学习苏联的问题上，毛泽东是反对全盘照抄苏联的做法的。苏共二十大赫鲁晓夫的秘密报告把斯大林的盖子揭开之后，毛泽东更是坚信不能盲目对待苏联的经验。在随后不久他所作的《论十大关系》的讲话中，明确提出:"我们的方针是,一切民族、一切国家的长处都要学,政治、经济、科学、技术、文学、艺术的一切真正好的东西都要学。但是,必须有分析有批判地学,不能盲目地学,不能一切照抄,机械搬用。他们的短处、缺点,当然不要学。""对于苏联和其他社会主义国家的经验,也应当采取这样的态度。过去我们一些人不清楚,人家的短处也去学。当着学到以为了不起的时候,人家那里已经不要了,结果栽了个筋斗,像孙悟空一样,翻过来了。"

毛泽东还对那种盲目学习苏联的做法作了批评:"有些人对任何事物都不加分析,完全以'风'为准。今天刮北风,他是北风派,明天刮西风,他是西风派,后来又刮北风,他又是北风派。自己毫无主见,往往由一个极端走到另一个极端。"他还说:"党内一些人有一个时期搞过教条主义,那时我们批评了这个东西。但是现在也还是有。学术界也好,经济界也好,都还有教条主义。"[1]

在这个报告中,毛泽东自然不可能对学术界存在的教条主义的具体表现进行列举,但其中也不难看出,他对一段时间以来学术研究领域跟着苏联的屁股走的做法很不满意。

二、毛泽东提出要实行"双百"方针

怎样才能克服学术研究中存在的教条主义?毛泽东给学术界提出的方案是:"百花齐放,百家争鸣"。

在此之前,毛泽东曾在不同的场合提出过要"百花齐放"和

---

[1]《毛泽东文集》第7卷,人民出版社1999年版,第41—42页。

"百家争鸣"。1950年11月至12月，全国戏曲工作会议在北京召开，会上发生了以京剧还是以地方剧为主的争论。1951年4月，中国戏曲研究院在北京成立，著名京剧表演艺术家梅兰芳任院长。毛泽东亲笔为中国戏曲研究院题词祝贺："百花齐放，推陈出新"。毛泽东在1956年4月28日的中共中央政治局扩大会议上说："百花齐放"是群众中间提出来的，不晓得是谁提出来的。当时康生插话说：是周扬提出来的。毛泽东接着说：有人要我写字，我就写了"百花齐放，推陈出新"。1951年5月，政务院发布《关于戏曲改革工作的指示》，根据毛泽东提出的"百花齐放，推陈出新"的方针，提出："中国戏曲种类极为丰富，应普遍地加以采用、改造与发展，鼓励各种戏曲形式的自由竞赛，促成戏曲艺术的'百花齐放'。"[1]

"百家争鸣"最初是毛泽东就中国历史问题的研究而提出的。1953年8月，中共中央批准成立中国历史问题研究、中国文字改革研究和中国语文教学研究三个委员会。中国历史问题研究委员会主任陈伯达向毛泽东请示历史研究工作的方针，毛泽东说要"百家争鸣"。1956年4月28日，陈伯达在中共中央政治局扩大会议上的发言中，讲到了这个问题。他说：后来中央组织了历史研究委员会、文字改革委员会，要我参加委员会的工作。当时请问过主席关于学术界的路线和方针的问题，主席提了一个"百家争鸣"，我在历史研究会传达了这个口号。这是一个方针，即是

---

[1] 中共中央文献研究室编：《建国以来重要文献选编》第2册，中央文献出版社1992年版，第252页。

说容许很多的学派，大家争论，不要马上统一于一尊"[1]。

毛泽东之所以作出这样的表态，是因为当时中国两位受中共领导人器重的大历史学家郭沫若和范文澜，在中国历史的分期上有不同看法，分别提出了春秋战国封建说和西周封建说。郭沫若主张中国奴隶社会和封建社会的分期标志在春秋战国时代，范文澜认为中国封建社会始于西周。郭和范都是中国公认的马克思主义史学家，虽然毛泽东本人在历史分期问题上更倾向于郭沫若一些，但他确实不好作出孰是孰非的结论，便认为解决历史问题还是自由争鸣为好。

又据历史学家黎澍回忆，1956年以前，毛泽东还两次讲过历史研究要"百家争鸣"。一次是1952年或者1953年，中共中央宣传部约请翦伯赞、邵循正、胡华合写一本《中国历史概要》，请示毛泽东如何解决一些有争议的问题，如中国古代史的分期问题等。毛泽东回答说："把稿子印发给全国历史学家讨论，实行百家争鸣。"另一次是1955年9月或10月，陆定一向毛泽东请示关于中共党史编写问题的意见，毛泽东也回答说："百家争鸣"[2]。

虽然在此之前，毛泽东已明确提出要实行"百家争鸣"的方针，但它所涉及的领域仅是历史研究。这大概与毛泽东对中国的历史十分熟悉有关，他熟读过许多中国古代的典籍，对历史很有研究，说他是一位历史学家是不为过的。正因为如此，他也深感

---

[1] 中共中央文献研究室编：《毛泽东传（1949—1976）》（上），中央文献出版社2003年版，第490—491页。

[2] 黎澍：《毛泽东与"百家争鸣"》，转引自文严：《"双百"方针提出和贯彻的历史考察》，《党的文献》1990年第3期。

历史研究"百家争鸣"的必要。

至于毛泽东和中共中央提出在科学研究的各个领域都可以开展"百家争鸣",那是在1956年2月。在这个月毛泽东主持召开的一次会议上,陆定一汇报了当时学术界的情况,并谈到学术研究中存在着抬高某一学派压制另一学派的倾向。在这个会议上,中共中央决定在科学工作中采取"百家争鸣"的方针。对于这次会议的情况,陆定一在他的回忆文章中谈得十分简略,相关的档案材料也未见公布。不过,说毛泽东和中共中央此时作出科学研究应当开展"百家争鸣"的决定,大致是有依据的。因为同一月发生的另一件事,可以与此互为印证。

这年2月1日,中共中央宣传部给中共中央写了一个报告,说他们接到广州中山大学的反映,有一位在中国讲学的苏联学者,在访问孙中山的故居时,向陪同人员谈起,他对毛泽东的《新民主主义论》中关于孙中山先生世界观的论点有不同的看法。中宣部认为,这"有损于我党负责同志的威信",请示中共中央是否有必要将此事向苏联方面反映。2月19日,毛泽东批示说:"我认为这种自由谈论,不应当去禁止。这是对学术思想的不同意见,什么人都可以谈论,无所谓损害威信。因此,不要向尤金(时任苏联驻华大使。——引者注)谈此事。如果国内对此类学术问题和任何领导人有不同意见,也不应加以禁止。如果企图禁止,那是完全错误的。"[1]

这年4月中旬,毛泽东又看到了一份关于学术问题的材料,这是德国统一社会党中央宣传部部长哈格尔3月2日的谈话纪

---

[1]《毛泽东文集》第7卷,人民出版社1999年版,第9页。

要。哈格尔说,过去教条主义的错误,主要在过分强调苏联的先进经验和科学成就。例如,我们宣传苏联农学家李森科的学说一切都好,将德国科学家很有权威的微尔啸一切都否定了,认为奥地利遗传学家孟德尔的一切都是反动的,而在德国的生物学家,绝大多数是孟德尔派。科学可以有各种学派。我们相信久而久之可以使一些真正研究科学的人走上唯物主义。苏联科学有好的我们应该学习,但不能将苏联科学界的每句话都认为是神圣的。这份材料使毛泽东产生了共鸣,他感到中国又何尝没有出现同样的情况。

4月18日,毛泽东给中宣部副部长张际春(部长陆定一外出)写了一封信:"此件值得注意。请中宣部讨论一下这个问题。讨论时,邀请科学院及其他有关机关的负责同志参加。陆定一同志回来,将此件给他一阅。"[1]

4月25日,中共中央政治局召开扩大会议,毛泽东在会上发表了著名的《论十大关系》的讲话。讲话的核心是如何"以苏为鉴",走中国自己的社会主义建设道路的问题。毛泽东在讲话中虽然没有"百花齐放,百家争鸣"的提法,但他强调不可盲目地学习外国,学术研究也不能搞教条主义,资本主义国家的好的东西也应该学习等,实际上已经包含了"双百"方针的内容。

这次政治局扩大会议原本计划讨论农业合作化问题,毛泽东这个讲话后,会议的主题自然发生了变化,就转而讨论讲话的内容。

4月27日,政治局扩大会议继续讨论毛泽东的讲话。陆定一

---

[1]《建国以来毛泽东文稿》第6册,中央文献出版社1992年版,第74页。

在发言时谈到了一个重要的观点,他认为对于学术性质、艺术性质、技术性质的问题要让它自由争鸣,要把政治思想问题同学术性质的、艺术性质的、技术性质的问题区分开来。

陆定一首先介绍了胡先骕的情况。他说:"那时候我们给他加了几句,就是着重他的政治,因为他那个时候骂苏联,所以我们就气了。他讲的问题是生物学界很重要的问题,这个人在生物学界是有威望的。"这时,毛泽东插话说:"不是什么人叫我们跟他斗一斗吗?"陆定一说:"后来我们把那个东西和缓了,报上没有提他的名字,是在一个什么米丘林的纪念会上有几个人讲话讲到了他,我们掌握了这一点,就是报纸上一个名字都不讲,因此没有和他撕破脸。"

毛泽东又问:"胡先骕的那个文章对不对?"陆定一说:"他批评李森科的那个东西很好,那是属于学术性质的问题。我们不要去干涉比较好。"康生说:"我问了一下于光远,他觉得胡先骕还是有道理的。胡先骕是反对李森科的,什么问题呢?李森科说,从松树上长出一棵榆树来,这是辩证法的突变,松树可以变榆树,这是一个突变论。"毛泽东问:"能不能变?"康生答:"怎么能变呢?松树上常常长榆树,那是榆树掉下来的种子长出来的。这一件事情胡先骕反对是对的。但是胡先骕说李森科可以吃得开,是有政治势力支持着的。其实,斯大林死了以后,苏共批评了李森科,没有支持李森科,所以胡先骕这一点没有说对。但是整个地来讲,胡先骕讲得还是对的。他只是讲错了一个例子,我们不应该去抓人家的小辫子,就说他都是错误的。"

陆定一接着说:"那倒不一定去向他承认什么错误。"毛泽东说:"那个人是很顽固的,他是中国生物学界的老祖宗,年纪六七十了。他曾经赞成文言文，反对白话文。"看来毛泽东对胡先骕还是很熟悉的。毛泽东所说的胡先骕反对白话文，那是在20世纪20年代初，胡先骕在东南大学任教时，与梅光迪、吴宓等创办《学衡》杂志，曾与新文化运动的倡导者之间，就怎样对待中国传统文化、对待五四新文化等问题展开了激烈论争。胡先骕与梅光迪、吴宓等人曾表示反对废除文言采用白话，其主要理由就是，文言与白话的区别，"非古今之别，而雅俗之别也"，认为文言是雅，白话为俗，自然没有废雅存俗之理。胡先骕、梅光迪、吴宓等人曾被人们称为"学衡派"。

毛泽东又问："这个人是学部委员吗？"陆定一答："不是，没有给。"毛泽东说："恐怕还是要给，他是中国生物界的老祖宗。"

陆定一接着讲到了医药界的问题，并且表示，不能说巴甫洛夫是社会主义医学，微尔啸是资本主义医学，中医是封建医学，这是根本错误的。在生物学方面，有的说摩尔根、孟德尔是资产阶级的，李森科、米丘林是社会主义的。这根本同社会主义没有关系。在物理学方面，不能说牛顿的物理学是封建的，爱因斯坦的物理学是资本主义，这种说法是没有道理的。把那些资本主义和封建主义的帽子套到自然科学上去是错误的。他还说，中国现在发展科学，向科学进军，如果有人出一个主张，把大帽子一扣，说某某学者或某某学派是资产阶级的，那科学的发展就完蛋了。这样对我们的建设是很不利的。

陆定一又讲到文艺问题，认为这个问题也值得研究。他说，要写新人物，写新人物当然是有道理的，但写一写老人物也可以。如果现在有一个人能把上海30年代社会的变化写出来，那是世界第一的小说,好极了。毛泽东说:"《乌鸦与麻雀》,那是部很好的电影,那是写上海解放军进城的前夜,我们电影局就是不许它演。这两天可以找出来给大家看一看,见识见识,这是中国一篇很好的历史。"《乌鸦与麻雀》是1949年由上海昆仑影业公司拍摄的一部剧情片,讲述了1948年国民党政权即将垮台之时,上海一座楼房里的几户人家不得不同国民党军官侯义伯斗争的故事。

这时,周恩来问陆定一:"最近看《十五贯》没有?"陆定一说:"我看过,很好。"《十五贯》是据清代剧作家朱素臣的同名传奇改编的昆曲,写的是娄阿鼠偷走尤葫芦15贯钱并将其杀死,县令过于执凭熊友兰所有的15贯钱判定其为杀人凶手。知府况钟监斩时发现其中有冤情,重新审理此案,拿获了真凶。过于执也就成了中国戏剧中官僚主义者的典型形象。毛泽东接过话头说:"《十五贯》应该到处演,戏里边的那些形象我们这里也是很多的,那些人现在还活着,比如过于执,在中国可以找出几百个来。"

陆定一接着说:"在文艺问题上有无数的清规戒律,日丹诺夫有几条,马林科夫有几条,这个有几条,那个有几条,很多很多。社会主义现实主义是最进步的文艺方向,但是人家写点自然主义的作品有什么关系?他政治上赞成社会主义,为什么不可以写几篇自然主义的东西?毛主席讲民主党派万岁,因为他们赞成社会主义。我们是以社会主义现实主义为主,其他主义有一点无关大局。"[1]

---

[1] 陆定一:《对于学术性质、艺术性质、技术性质的问题要让它自由》,《党的文献》1990年第3期。

第二天，政治局扩大会议继续进行讨论。会上，陈伯达也讲到科学、文化的相关政策问题。他说，毛主席给文学艺术界"百花齐放"这个口号，现在看起来起了很大的作用。现在我们到国外去，当然还很可怜，搞来搞去还是什么《三岔口》啊，荷花舞、采茶舞啊，《闹天宫》等等。可是这点本钱，还是提出"百花齐放"才搞出来的，要是没有"百花齐放"的号召，还没有这些东西呢！陈伯达还讲到了毛泽东关于历史研究要"百家争鸣"的情况，并说这是一个方针，即是说，在我们中国容许很多的学派，大家争论，不要马上统一于一尊。我觉得在文化上、科学上，恐怕基本上要提出这样两个口号贯彻，就是"百花齐放""百家争鸣"，一个在艺术上，一个在科学上。[1]

4月28日，毛泽东在会上作总结讲话，他第一次明确地宣布要实行"百花齐放，百家争鸣"的方针，指出："艺术问题上的百花齐放，学术问题上的百家争鸣，我看应该成为我们的方针。'百花齐放'是群众中间提出来的，不晓得是谁提出来的。人们要我题词，我就写了'百花齐放，推陈出新'。'百家争鸣'，这是两千年以前就有的事，春秋战国时代，百家争鸣。讲学术，这种学术也可以讲，那种学术也可以讲，不要拿一种学术压倒一切。你讲的如果是真理，信的人势必就会越来越多。"[2]

5月2日，毛泽东在最高国务会议第七次会议上总结讲话时，再次重申了这个方针。他说：我们在中共中央召集的各省、市、

---

[1] 中共中央文献研究室编：《毛泽东传（1949—1976）》（上），中央文献出版社2003年版，第490—491页。
[2]《毛泽东文集》第7卷，人民出版社1999年版，第54—55页。

区委书记会议（即 4 月 25 日至 28 日的政治局扩大会议）上还谈到了这一点，就是百花齐放，百家争鸣。在艺术方面的百花齐放的方针，在学术方面的百家争鸣的方针，是有必要的。这个问题曾经谈过。百花齐放是文艺界提出的，后来有人要我写几个字，我就写了"百花齐放，推陈出新"。现在春天来了嘛，一百种花都让它开放，不要只让几种花开放，还有几种花不让它开放，这就叫百花齐放。百家争鸣，是说春秋战国时代，二千年以前那个时候，有许多学派，诸子百家大家自由争论，现在我们也需要这个。在大的范围内，让杜威来争鸣好不好？那不好嘛。让胡适来争鸣好不好呢？也不好。那么说胡适要回来可以不可以呢？只要他愿意回来，是可以回来的，让我们批评过他以后再回来，就批评不着他了嘛，批评已经过去了嘛。只有反革命议论不让发表，这是人民民主专政。香港报纸、台湾报纸在北京出版是不是许可？应该不许可，不许可有好处。在中华人民共和国宪法范围之内，各种学术思想，正确的、错误的，让他们去说，不去干涉他们。李森科、非李森科，我们也搞不清。有那么多的学说，那么多的自然科学，就是社会科学，这一派，那一派，让他们去说，在刊物上、报纸上可以说各种意见。[1]

一个星期后，即 5 月 9 日，国务院第二办公室副主任钱俊瑞在全国先进生产者代表会议上的讲话中，第一次把中共中央将在学术方面贯彻"百家争鸣"的方针透露了出来。他说："在学术性和技术性的问题上，我们不要害怕而且应该鼓励形成有独创见

---

[1] 毛泽东：《在艺术的百花齐放的方针，学术方面的百家争鸣的方针，是很有必要的》，《党的文献》1990 年第 3 期。

解的学派。应该容许对同一学术问题抱有各种不同的见解，并且要开展这些不同见解之间的实事求是的自由的争论，以便在相互争辩中求得学术的不断发展和前进。"5月11日，《人民日报》以《学术方面应该执行百家争鸣的方针，钱俊瑞在全国先进生产者代表会议上讲话》为题，发表了这个讲话的内容。这是中共中央机关报第一次刊登有关"百家争鸣"的消息，实际上向全社会发出了在学术研究上将实行"百家争鸣"的信号。

三、陆定一代表中共中央诠释"双百"方针

"双百"方针确定之后，有必要通过一定的方式正式向全社会特别是知识界公布，并由此推动我国文艺和科学研究的繁荣。

5月26日，中国科学院和中国文学艺术界联合会，组织了自然科学界、社会科学界、文艺界、医药卫生界的知识分子1000余人聚集在中南海的怀仁堂，邀请陆定一就中国共产党对文艺工作和科学工作的政策作一次报告。陆定一利用这一机会，代表中共中央对"双百"方针作了详尽阐释。

陆定一首先解释了为什么提出这样的政策，及为什么现在才着重提出这样的政策的问题。他说："我国要富强，除了必须巩固人民的政权，必须发展经济，发展教育事业，加强国防以外，还必须使文学艺术和科学工作得到繁荣的发展，缺少这一条是不行的。"

他接着说："要使文学艺术和科学工作得到繁荣的发展，必须采取'百花齐放，百家争鸣'的政策。文艺工作，如果'一花独放'，无论那朵花怎么好，也是不会繁荣的。""在科学工作方

面，我国也有历史经验。我国在两千年前的春秋战国时代，学术方面曾经出现过'百家争鸣'的局面，这成了我国过去历史上学术发展的黄金时代。我国的历史证明，如果没有对独立思考的鼓励，没有自由讨论，那末，学术的发展就会停滞。反过来说，有了对独立思考的鼓励，有了自由讨论，学术就能迅速发展。"

对于自然科学有没有阶级性这个问题，当时有不同看法，在座的知识界人士也是十分关心的。对此，陆定一予以明确的回答："自然科学本身没有阶级性。"他说："文学艺术和科学研究，虽然同阶级斗争密切有关，可是它和政治终究不是完全相同的。政治斗争，是阶级斗争的直接的表现形式，文艺和社会科学，可以直接地表现阶级斗争，也可以比较曲折地表现阶级斗争。以为文艺和科学同政治无关，可以'为艺术而艺术'，'为科学而科学'，这是一种右的片面性的看法，是错误的。反之，把文艺和科学同政治完全等同起来，就会发生另一种片面性的看法，就会犯'左'的简单化的错误。"

关于如何理解文学艺术实行"百花齐放"，科学研究实行"百家争鸣"方针，陆定一解释说："我们所主张的'百花齐放，百家争鸣'是提倡在文学艺术工作和科学研究工作中有独立思考的自由，有辩论的自由，有创作和批评的自由，有发表自己的意见、坚持自己的意见和保留自己的意见的自由。""我们所主张的'百花齐放，百家争鸣'，是人民内部的自由。我们主张随着人民政权的巩固而扩大这种自由。"

陆定一认为，随着社会主义改造在全国基本地区内已在各方面取得决定性的胜利，剥削制度将在今后几年内在这些地区被消灭，我国即将成为没有剥削阶级的社会主义国家。与此同时，知识界的政治思想状况已经有了根本的变化,并且正在发生更进一步的根本变化。因此,现在已经完全有条件来实行"百花齐放,百家争鸣"的政策了。

陆定一强调,在贯彻"双百"方针时,必须坚持这样的原则:在学术批评和讨论中,任何人都不能有什么特权;以"权威"自居,压制批评,或者对资产阶级错误思想熟视无睹,采取自由主义甚至投降主义的态度,都是不对的。学术批评和讨论,应当是说理的,实事求是的。这就是说,应当提倡建立在科学基础上的尖锐的学术论争。批评和讨论应当以研究工作为基础,反对采取简单、粗暴的态度。应当采取自由讨论的方法,反对采取行政命令的方法。应当容许被批评者进行反批评,而不是压制这种反批评。应当容许持有不同意见的少数人保留自己的意见,而不是实行少数服从多数的原则。对于在学术问题上犯了错误的人,经过批评和讨论后,如果不愿意发表文章检讨自己的错误,不一定要他写检讨的文章。在学术界,对于某一学术问题已经作了结论之后,如果又发生不同的意见,仍然容许讨论。

对于此前开展的反对资产阶级唯心主义思想的批判,陆定一一方面认为"这个斗争基本上是做得对的,在分寸的掌握上也大体是对的",但另一方面也承认"错误和缺点还是有的",并肯定俞平伯"政治上是好人",一些批判文章"缺乏充分的说服力量,语调也过分激烈了一些"。

陆定一接着讲到如何加强团结的问题。他说,自然科学包括医学在内是没有阶级性的,它们有自己的发展规律。它们同社会制度的关系,仅仅在于:在不好的社会制度之下,这些科学要发展得慢些,在较好的社会制度下就能发展得快些。因此,在某一种医学学说上，生物学或其他自然科学的学说上，贴上什么"封建""资本主义""社会主义""无产阶级""资产阶级"之类的阶级标签，就是错误的。

陆定一还就文艺题材的问题发表了看法，认为在为工农兵服务的前提下，任何作家可以用任何自己认为最好的方法来创作，互相竞赛。只许写工农兵题材，只许写新社会，只许写新人物，等等，这种限制是不对的。题材问题的清规戒律，只会把文艺工作窒息，使公式主义和低级趣味发展起来，是有害无益的。

报告的最后，陆定一讲到了如何对待批评的问题。他说："百花齐放，百家争鸣"，对批评工作来说，就是批评的自由和反批评的自由。批评有两种。一种是对敌人的批评，所谓"一棍子打死"的批评，或打击式的批评。另外一种是对好人的批评，这是善意的同志式的批评，是由团结出发，经过斗争，来达到团结的目的的。这种批评，必须顾全大局，采取多说道理，与人为善的态度，而不能用《阿Q正传》中假洋鬼子的"不准革命"的态度。

陆定一表示："我们应该给科学家和艺术家以充分的支持。凡是老老实实做工作的科学家和文艺家，在我们这个社会制度之下，是只应受到支持，不应受到打击的。""好人犯错误的事是常有的。完全不犯错误的人在世界上是没有的。应该把这种错误同反革命的言论严格区别开来。对这种错误的批评只应该是与人为善的，只应该是平心静气来说道理的，只应该是顾全大局，从团结出发达到团结的目的的。对于犯了错误的人，应该积极帮助他改正错误。受到批评的人也根本不用害怕。"[1]

---

[1] 陆定一：《百花齐放，百家争鸣——1956年5月26日在怀仁堂的讲话》，《人民日报》1956年6月13日。

陆定一的这个报告，在更大的范围内宣布中国共产党将执行"双百"方针。随后，陆定一对报告作了一些修改，于6月7日送给毛泽东审阅。毛泽东对个别地方作了改动，并在第二天作出批示："此件很好，可以发表。"6月13日，《人民日报》正式发表了这个报告。

四、知识界关于"百家争鸣"的争鸣

6月11日至13日，国务院科学规划委员会组织了600多位哲学和社会科学工作者，开展关于贯彻"百家争鸣"的讨论。这次讨论按哲学、经济学、法学、历史学、教育学、语言学和文学艺术等十几个学科，分组举行座谈会。科学规划委员会在会后又陆续征求了有关研究人员和高等学校教师的意见。与此同时，中国民主同盟、九三学社等以知识分子为主要对象的民主党派，各高等学校和科研单位也相继召开各种形式的座谈会，就如何贯彻"双百"方针展开讨论。

虽然这年1月知识分子问题会议以来，知识分子的际遇的确发生了很大变化，他们的工作和生活条件有了很大改善，如何发挥他们的作用，也成为各级干部的一个重要话题，但对于在学术研究方面实行"百家争鸣"，他们感到欣喜的同时，也不免产生一些疑惑，如"百家争鸣"怎么争？有没有限制的范围？实行"百家争鸣"还要不要以马克思主义为指导？高等学校的教学中能不能也搞"百家争鸣"？唯心主义属不属"百家"中的一家？如此等等。"双百"方针提出之后，围绕如何开展"百家争鸣"的问题，知识界展开了热烈的讨论。

1956年6月19日,《人民日报》发表了知识界的领军人物郭沫若在一届全国人大三次会议上的发言。发言在讲到"百家争鸣"问题时,郭沫若说:"我们的'百家争鸣'不仅要鸣,而且要鸣得好;不仅要争,而且要争得好。"7月1日,《人民日报》又发表了郭沫若一篇题为《演奏出雄壮的交响曲》的文章,其中提出:"今天的'百家争鸣'是以建设社会主义,更进而建设共产主义作为我们的母题(Motive),我们是要围绕着这个母题来组织我们的管弦乐队,演奏出史无前例的雄壮的交响曲。万种乐器齐奏或叠奏,但总要按照着一定的乐谱。我们要'争鸣',而不是要'乱鸣'",强调"我们不是光'争鸣',而是要'争鸣'得好,鸣得可以促进社会主义建设。如果一阵乱叫或乱打响器,别人便只好蒙着耳朵,或甚至请你退出乐厅"。

郭沫若的文章见报后,立即引起知识界的不同意见。7月5日,民盟中央文教委员会召集盟员中的全国人大代表和各地文教界的著名人士40余人,座谈关于"百家争鸣"的问题,结果许多人不同意郭沫若提出的"鸣得好,争得好"和"譬如是一个交响乐队"的提法。

上海《新闻日报》总编辑刘思慕说:"争要争得好,鸣要鸣得好。这种提法,会使人意识为:'争得不好的不能争','鸣得不好的就不能鸣'。交响乐队的譬如也不恰当,交响乐队乐齐鸣,听起来是和谐的。学术上的争鸣,总有相反的意见,调子不一定会和谐。郭院长的意见,有消极限制的一面,我是不敢苟同的。"

四川大学校长彭迪先说:"对'百家争鸣'有如'交响乐'的譬如,是很不好理解的。我体会,交响乐是要和谐的。要是要求'争鸣'中'和谐',实在是办不到的事。"

中南财经学院院长马哲民说:"我很反对郭沫若院长的说法。他认为'百家争鸣'不要乱鸣。事实上'百家争鸣'开始的时候,不可能没有一些乱的。"

法学家钱端升说:"这两个月里,有不少人对百家争鸣提出不少限制性的意见,对所有限制性的意见,我是一概反对。我们要充分信任争鸣之士,不要有任何限制。"

经济学家沈志远说:"应该从百家争鸣的这个方针的主要精神去理解它,不应该事先限定一个框子。"[1]

历史学家宋云彬更是在《人民日报》上撰文,明确表示:"我不同意在号召'百家争鸣'的同时定出过多的清规戒律来。"文章说:"例如'要争得好,鸣得好'啦,'要加强马克思列宁主义的学习'啦,'要用马克思列宁主义作百家争鸣的指导思想'啦,等等。这些全是废话。我们今天既不采取汉武帝'独尊儒术,罢黜百家'的办法,而马克思列宁主义之应该作为指导思想早已不成问题,那又何必在号召'百家争鸣'的同时加上过多的限制呢?要求大家'争得好,鸣得好','好'的标准究竟是怎么样的呢?争得不好、鸣得不好又怎么办呢?"文章强调:凡是"持之有故,言之成理"的,都可以承认它是一家之言,让它有宣传和辩论之自由。[2] 不过,这个问题能够在报刊上公开讨论,表明当时的环境是比较宽松的。

知识分子对"百家争鸣"无不拥护,但是,他们也隐隐约约

---

[1]《民盟中央文教委会召开关于"百家争鸣"问题座谈会,对贯彻"百家争鸣"展开热烈争论》,《光明日报》1956年7月9日。

[2] 宋云彬:《"持之有故,言之成理"——对"百家争鸣"的一点体会》,《人民日报》1956年7月14日。

地表露出某些担忧,比如担心被乱扣帽子,担心将学术问题引申到政治上去。

雕塑家刘开渠说:"我认为在学术性的讨论上,批评别人,要讲道理,要指出别人所以错的道理,最好也能讲出自己的正面意见。乱扣空洞帽子的批评,有害于'百家争鸣'的。"

社会学家费孝通说:"据我所了解,很多人对学术上的批评,是不怕的;怕的是有些批评,不是以理服人,硬扣帽子,这就使人口里无言,心内不服。批评一顿也没有什么关系,怕的就是有些人强拉硬牵,引申到政治问题上去,这就麻烦了,尤其是社会科学,争到终了,不可能不涉及政治。目前有些人写历史问题,越古越有人写,越近代越没有人写,原因就在此。"[1]

建筑学家林克明说:"我们建筑工作者来讲,过去很多人怕我们某些领导同志或某些积极分子扣帽子,以为自己是旧知识分子,政治水平不高,受到某些人批评打击以后,那就更有自卑感。以为少讲话,就可以少犯错误,于是'三缄其口',对任何人不敢发表个人意见,而学术上也很少发表个人意见,同样地怕在言论上犯错误。"[2]

费孝通等人的担心是有道理的。电影《武训传》、俞平伯的《红楼红》研究、胡风的文艺思想,本来都是学术问题,结果无一不被引申到政治上去。

"百家争鸣"要不要以马克思主义为指导,也是这场讨论的

---

[1]《民盟中央文教委会召开关于"百家争鸣"问题座谈会,对贯彻"百家争鸣"展开热烈争论》,《光明日报》1956年7月9日。
[2] 林克明:《我对展开"百家争鸣"的几点意见》,《建筑学报》1956年第6期。

一个热点问题。这个问题在"百家争鸣"的方针刚出台时就提出来了。国务院科学规划委员会组织的哲学和社会科学工作者座谈会上,"讨论中首先接触到的是在学术研究中,要不要马克思列宁主义为指导思想的问题"。历史学家范文澜等认为,马克思列宁主义应该成为"百家争鸣"的指导思想,不能作为一家之言看待。中国科学院历史研究所第三所研究员金毓黻说,在这个指导思想下进行争鸣,就能收到殊途同归的效果,最后归结到一个客观真理。"但也有的科学家认为,争鸣不一定要以马克思列宁主义为指导思想,应该自由发表各家学说。"[1]

美学家朱光潜、经济学家王亚南也认为"百家争鸣"离不开马克思主义的指导。

朱光潜说:"党在我们大力向科学进军的时候,提出了'百家争鸣'的方针,为的是要纠正过去一些主观教条主义和庸俗社会学的偏差,建立学术自由争论的健康风气,使科学可以蓬勃地发展起来。这是社会主义文化建设的光明大道,也是马克思列宁主义的正确的运用。有些人看到了要破除'清规戒律',不免误认为这是放宽马克思列宁主义的尺度,甚至于私自庆幸,以为这符合自己的马克思列宁主义不适用于文艺和自然科学的看法。这些人仿佛以为我们过去犯了一些主观教条主义和庸俗社会学的偏差,原因就在于要到处推行马克思主义。其实主观教条主义和庸俗社会学恰恰都是反马克思主义的。过去固然不免有人有时打着马克思主义的招牌,做着反马克思主义的勾当,但是这宗罪过决

---

[1]《科学规划委员会组织六百多位科学家讨论"百家争鸣"问题》,《人民日报》1956年7月2日。

不能记在马克思主义的账上。相反地,百家争鸣,要想达到定于一是的目的,我们就非学会正确地运用马克思主义不可。"[1]

王亚南认为,人们在学术上强调"百家争鸣"的时候,常常以为这个"争鸣"会和把马克思列宁主义作为指导思想的方针发生矛盾。这种想法,其实就是把马克思主义和非马克思主义各家的学说同等看待,因而就以为所谓马克思主义派是同时并存的种种学派之一,是百家中之一家,把百家中之一家的学说作为指导思想,就感到显然和"百家争鸣"的方针相抵触。其实,这样立论,在逻辑上是二重的混淆。马克思主义和马克思主义者根据这种原则创建的个别社会经济学说,不是一个东西。在特定的场合,我们可以把马克思主义的某种学说,例如工资学说,拿来和其他非马克思主义的乃至反马克思主义的有关学说加以比较说明。可是,作为马克思主义的整个思想体系,就不能这么说,那是极其根本,极其概括的。我们如果不把马克思主义的原则和马克思主义者的个别学说加以区别,就极容易把一般所谓马克思主义派和种种狭隘的、入主出奴的学术派别混为一谈。王亚南强调:只有在马克思主义原则的指导下,百家争鸣的目的才能很好达成;也只有采取"百家争鸣"的方式,马克思列宁主义才能得到更好发扬。[2]

在讨论中有相当多的人认为,如果提出以马克思主义作为"百家争鸣"的指导思想,就会使人感到限制,就会使人不敢鸣

---

[1] 朱光潜:《百家争鸣,定于一是》,《人民日报》1956年7月1日。
[2] 王亚南:《试论我国的指导思想和百家争鸣方针的统一》,《人民日报》1956年8月23日。

了。有人说:"学术思想上的争论,可以是在马克思主义原则下的对某些问题的不同认识的争论,也可以是和马克思主义针锋相对的争论。在我们的社会里,这两种类型的争论都应该容许其存在。有唯心主义的不对,才显示出唯物主义的正确。如果在我们的社会里只能读到马克思主义的著作,而不能读到唯心主义的著作,那么,人们不但不能深刻认识唯心主义的错误,就是对马克思主义也会理解得片面、肤浅,谈不上真知深解。"[1]

对于这个问题,《人民日报》发表了题为《略论"百家争鸣"》的评论员文章,表明了自己的态度。文章说:有些人认为,"争鸣要以马克思主义为基础","要以辩证唯物主义为衡量是非的标准","要用马克思主义作为指导思想",等等。马克思主义是我们国家活动和文化科学的指导思想,这是已经确定的。但是,在学术问题上,在科学研究中,如果有人不采取辩证唯物主义的方法,或达到了和马克思主义不一致的结论,他仍然有权发表自己的见解。因此,是不是要以马克思主义为基础或评判是非的标准,那也要看各人自愿。……争论可以发生在马克思主义者相互之间,也可以发生在马克思主义者和马克思主义的友人之间,还可以发生在马克思主义者和唯心主义者之间,这些不同的争论都各有不同的基础,不能强求一律。[2]

这篇文章的观点,在当时可以说是很大胆的,即使现在,恐怕也不能不说是一篇思想相当解放的文章。从中也可以看出,中共中央贯彻"百家争鸣"的决心很大。

---

[1]《读者对百家争鸣的意见——该不该划圈子?》,《人民日报》1956年7月21日。
[2]本报评论员:《略论"百家争鸣"》,《人民日报》7月21日。

与上述问题相关联的，是唯心主义有没有"争鸣"的资格的问题。

新中国成立以来，在意识形态领域一直是进行唯物主义的宣传教育，开展反对唯心主义的斗争，一再要求广大知识分子放弃旧有的唯心主义观点，树立辩证唯物主义和历史唯物主义思想。在1956年"双百"方针的贯彻中，却给了唯心主义前所未有的宽容。在陆定一关于"双百"方针的报告中说："唯物主义和唯心主义之间，是有斗争的，而且这种斗争将是长期的。共产党人是辩证唯物主义者，当然主张宣传唯物主义，反对唯心主义，这是不可动摇的。但是，正因为是辩证唯物主义者，正因为了解了社会发展的规律，所以共产党人主张必须把人民内部的思想斗争同对反革命分子的斗争严格地区别开来。在人民内部，不但有宣传唯物主义的自由，也有宣传唯心主义的自由。只要不是反革命分子，不管是宣传唯物主义或者是宣传唯心主义，都是有自由的。两者之间的辩论，也是自由的。"[1]

对于这一点，知识界并无不同意见，基本上是赞成的声音。北京地质学院教授冯景兰说："在展开争论以后，会不会有唯心的东西出现呢？肯定是有的。这是不可避免的，也是不足虑的。""如果先作肯定，在我们的争论中，完全没有唯心主义置喙的余地，那将是不对的，也是不符合实际情况的。"[2]

这年7月初，全国31个哲学、社会科学学术刊物的负责人

---

[1] 陆定一：《百花齐放，百家争鸣——1956年5月26日在怀仁堂的讲话》，《人民日报》1956年6月13日。
[2]《科学家、教授谈"百家争鸣"》，《光明日报》1956年5月25日。

在北京座谈"百家争鸣"问题时,也一致表示学术刊物可以发表唯心主义的文章,应当采取学术讨论方法开展唯物主义对唯心主义思想的批判,有批评和反批评的自由。《人民日报》的评论员文章也明确表态:"我们是主张辩证唯物主义的,是提倡大家来学习和运用辩证唯物主义的观点和方法的,但是我们也主张别人有怀疑和批评辩证唯物主义的自由,正像我们也有权利批评非辩证唯物主义的思想一样。如果规定必须以唯物主义为基础或标准,那实际上是取消唯心主义者争鸣的资格。"[1]

在关于"百家争鸣"的讨论中,争论较多的,还有高等学校的教学中可不可以搞"百家争鸣"的问题。"双百"方针提出后,高等教育部召开了一系列的会议,并邀请北京的一些高等院校校长、院长、教授和部分参加工作一年左右的高等学校毕业生举行座谈会,讨论当时高等学校教学改革中存在的若干重大问题。讨论中许多人认为,在高校的教学中争鸣是可以的,不仅在拟订教学大纲以前可以争鸣,而且在施教时,也可以介绍其他学说或提出自己的见解。在7月初高教部召开的部分高校全国人大代表座谈会上,天津大学副校长张国藩认为,现在常说学生的独立思考能力差,这与教师在教学中没有很好做到独立思考不无关系,因此,"百家争鸣"可以体现在课堂上。但东北地质学院院长喻德渊、东北工学院院长靳树梁则提出不同看法,认为"百家争鸣"是学术上的事,不应该搬到课堂上来,如果同一教研组的老师,在课堂上各讲一套,那就把学生弄糊涂了。[2]随后,各地高校围

---

[1] 本报评论员:《略论"百家争鸣"》,《人民日报》1956年7月21日。
[2] 《全国人民代表大会部分来自高等学校的代表谈"百家争鸣"和高等学校工作》,《光明日报》1956年7月10日。

绕这个问题展开了广泛讨论,最后是多数教师认为课堂教学中也可以"百家争鸣"[1]。这些问题提出来讨论,本身就是"百家争鸣"的表现。

五、知识界的一缕春风

"双百"方针的提出,给我国的文学艺术和科学研究带来了新的生机,用"兴奋"和"激动"这样的词语来形容当时知识界的心情,应该是不过分的。清华大学教授钱伟长说:"我们科学界所以衷心地欢迎'百家争鸣'这个方针,是因为'百家争鸣'是科学发展的客观规律,是科学发展的必然道路。"[2]北京大学教授傅鹰说:"我们搞科学工作的人,百分之百赞同'百家争鸣'的学术方针。要科学发展,就应该做到自由论争,'百家争鸣'。不这样,思想就会僵化,科学还哪里会发展。"中国科学院数学所所长华罗庚说:"随着党提出'百家争鸣'的方针,我们学术工作者的责任也大大地加重了。我们学术界必须加紧努力,出现许多的'家'。"[3]

1956年9月,中共八大在北京召开,刘少奇代表中共中央所作的政治报告中重申:"为了繁荣我国的科学和艺术,使它们为社会主义建设服务,党中央提出了'百花齐放,百家争鸣'的方针。科学上的真理是愈辩愈明的,艺术上的风格是必须兼容并包

---

[1] 参见于风政:《改造:1949—1957年的知识分子》,河南人民出版社2001年版,第456—462页。
[2]《科学家、教授谈"百家争鸣"》,《光明日报》1956年5月25日。
[3]《科学家、教授谈"百家争鸣"》,《光明日报》1956年5月28日。

的。党对于学术性质和艺术性质的问题,不应当依靠行政命令来实现自己的领导,而要提倡自由讨论和自由竞赛来推动科学和艺术的发展。"[1]

这次大会通过的《关于政治报告的决议》中也强调:"为了保证科学和艺术的繁荣,必须坚持'百花齐放、百家争鸣'的方针。用行政的方法对于科学和艺术实行强制和专断,是错误的。对于封建主义和资本主义的思想,必须继续进行批判。但是,对于中国过去的和外国的一切有益的文化知识,必须加以继承和吸收,并且必须利用现代的科学文化来整理我国优秀的文化遗产,努力创造社会主义的民族的新文化。"[2]

10月20日,中共中央宣传部邀请党内外科学家和文艺工作者60余人举行座谈会。会上,陆定一就如何进一步贯彻"双百"方针,赶上世界先进水平的问题,提出了五点意见。

(一)除了继续进行马克思主义的课程教育外,有准备有步骤地在高等学校高年级逐步开设资产阶级学说课程。唯心主义的、唯物主义的,近代的、古代的,外国的、中国的,凡是重要的学说,有人教,又有书的,都可以逐步地开课。开课的步骤是:一是请到教员,二是把书编出来或译出来,三是组织教研室,商定提纲和教法,然后开课。不要无准备地一股风开课。开课中,能批判的就批判,不能批判的就介绍。

(二)请各国(包括社会主义国家和资本主义国家)第一流

---

[1] 中共中央文献研究室编:《建国以来重要文献选编》第9册,中央文献出版社1994年版,第78页。
[2] 《中国共产党第八次全国代表大会关于政治报告的决议》,《人民日报》1956年9月28日。

的学者来我国讲学。自然科学和社会科学都可以讲。马克思主义的学者当然要请,唯心主义的或反动的也可以请。不要一下子都请,要分批地请,讲几个月、半年、一年都可以。

(三)尽可能地出席各种国际学术会议,对于想在政治上搞两个中国的国际学术会议就不参加,同时也请中国科学院考虑是否中国也召集一些国际学术会议。

(四)关于讲授马克思主义课程问题,既要讲正面,也要讲反面。社会主义运动经常有两条路线的斗争,只讲正确路线,不讲不正确路线,就没有对比,就不容易了解,就会陷入背诵教条的情况。

(五)讲历史,也要讲正面和反面。不仅要出版孙中山选集和孙中山全集,还要出版蒋介石选集和蒋介石全集。讲太平天国,要讲曾国藩。讲国际问题,也要讲希特勒。反动的书,不公开卖,可以放在图书馆里供人研究。

陆定一认为,采取这些办法,可以反对教条主义,刺激学术的发展,使中国能在12年左右赶上世界先进水平。

在"双百"方针的鼓舞下,在文艺界,一大批传统剧目被发掘、整理和上演,仅北京市就先后开放了京剧传统剧目20余出,同时收到名老艺人献出和收集的京剧剧目1000多个本子,1060余出戏。在文学创作上,"题材和主题的范围扩大了,体裁和风格多样了。无论是小说、诗歌、散文、戏剧还是电影,数量和品种都显著地增加了。特写、抒情诗得到了发展,特别是抒情诗中爱情诗这一枯枝重新开出了花朵。最能反映思想活跃的杂文这片荒芜已久的园地，也开始繁盛起来。"[1]王蒙的小说《组织部新来的青年人》、陆文夫的小说《小巷深处》等一批思想性、艺术性均属上乘的作品，秦兆阳的《现实主义——广阔的道路》、周勃的《论现实主义及其在社会主义时代的发展》、陈涌的《关于社会主义的现实主义》、钱谷融的《论"文学是人学"》、巴人的《论人情》、钟惦棐的《电影的锣鼓》等有创见、有思想的理论文章，都是这个时期发表的。

为了贯彻"双百"方针，1956年底，中国作协还作出了一个大胆的决定：从 1957 年起，文学期刊一律取消"机关"刊物的说法，而以某某社或编委会代替，以示各文学期刊地位平等，没有指导与领导的关系。

学术界也空前地活跃起来。据 1956 年 12 月 21 日新华社报道，1956 年一年中举行的比较重要的全国性学术会议，据初步统计有 50 多次，多于过去任何一年。科学工作者提出的学术论文和报告共有 2000 篇以上，也超过了以往任何一年。

这年 8 月，由中国科学院和高教部共同主持，100 多名中国的生物学家参加在青岛举行的遗传学座谈会。中国遗传学的摩尔根学派和米丘林学派的主要学者都参加了会议，两派学者第一次坐在一起，就几十年来国际上两个遗传学派争论不休的理论问题进行了缜密的探讨。会议上大家各抒己见，两派学者互相学到了长处，互相了解了情况，打破了长期以来遗传学界米丘林学派一家独鸣的局面，收到了取长补短、共同提高、增强团结的效果。其他如中国地理学会代表大会关于自然地理和经济地理能否组成

---

[1] 朱寨主编：《中国当代文学思潮史》，人民文学出版社 1987 年版，第 247 页。

一个综合性的地理学以及经济地理学的研究对象两个问题的争论，动物学会关于麻雀是不是害鸟的争论，中国自然科学史讨论会关于中国数学史和天文学史方面的争论，语法座谈会关于语法的讨论，电影界关于电影问题的讨论，教育界关于尊师重道的讨论，以及哲学界关于真理的阶级性、真理的标准的讨论，史学界关于中国历史分期的讨论等，都体现了百家争鸣的精神。学术界这种热烈争鸣的局面，是几年来未曾有过的。

根据唯心主义也有资格参与争鸣的精神，北京大学和中国人民大学作出决定，开设唯心主义课程。北京大学请金岳霖教授给四年级的学生和研究生介绍罗素哲学，中国人民大学则从北京大学请来了贺麟教授和郑昕教授，由他们分别讲授黑格尔哲学和康德哲学。1957年上半年，北京大学经济系还正式开设了凯恩斯经济学，由著名的经济学家徐毓楠教授主讲。北京政法学院则以"资产阶级国家法的批判"名义开设相关课程，介绍资本主义国家的法律体系。

"双百"方针的提出，给我国的文学艺术和学术研究带来新的气象。1957年4月，中宣部副部长周扬以答记者问的形式，对"双百"方针提出以来学术界、文艺界的重要收获作了这样的总结："学术界自由讨论的风气浓厚起来了。一年来，关于遗传学，关于中国历史、中国哲学史，关于美学，关于文学艺术中的现实主义等等问题，都展开了不同意见的争辩。学术和文艺刊物大为增多，颇有'雨后春笋'之势。由于提倡'百花齐放、百家争鸣'的方针，由于提倡'向科学进军'，去年出版的学术著作比从1950到1955六年内所出版的全部加起来还要多。剧目开放是戏曲界的一件大事。去年全国各地挖掘出了大量的传统剧目，其中不少剧目经过整理加工在舞台上重新取得了生命。文艺创作的取材范围比以前广阔得多了，体裁和风格也更多样化了。尖锐地揭露和批评生活中的消极现象的作品，愈来愈引起了人们的注目。所有这些，基本上都是好的，正常的，健康的现象。这是一种活跃和兴旺的气象。"[1]

更重要的是，随着"双百"方针的提出，科学家、艺术家的积极性大大提高，许多人感觉到他们的眼界开阔起来了，思想活泼起来了，心情也舒畅起来了。

六、毛泽东再论"双百"问题

"双百"方针提出来后，在广大知识界获得了一片欢呼声。但是，对于这一政策的看法，在党的干部队伍中，情况就有些不同了，其中有不少人对此心存怀疑、忧虑，甚至是反感的。毛泽东曾多次讲过，我看"百花齐放，百家争鸣"在高级干部中赞成的是少数。[2]

这种反对的意见终于表露出来了。1957年1月7日，《人民日报》发表了解放军总政治部文化部四个干部陈其通、陈亚丁、马寒冰、鲁勒的文章《我们对目前文艺工作的几点意见》。文章讲了三个方面的内容：

（一）在过去的一年中，为工农兵服务的文艺方向和社会主

---

[1]《就"百花齐放、百家争鸣"问题周扬同志答文汇报记者问》，《人民日报》1957年4月11日。

[2] 参见黎之：《文坛风云录》，河南人民出版社1998年版，第70页。

义现实主义的创作方法，越来越少有人提倡了。有些人认为国家已进入社会主义建设的新时期，只需要强调"百花齐放，百家争鸣"，为工农兵服务的方向就可以不必强调了。

（二）过去的一年中一直在大张旗鼓地反对"公式化、概念化"，但在反对的中间却有些界限不清的地方，被一些人误认为或者利用来作为反对艺术应为政治服务、艺术要有高度思想性、艺术应作为教育广大人民的武器的借口。真正反映当前重大政治斗争的主题有些作家不敢写了，也很少有人再提倡了，大量的家务事、儿女情、惊险故事等等，代替了描写翻天覆地的社会变革、惊天动地的解放斗争、令人尊敬和效法的英雄人物的足以教育人民和鼓舞人心的小说、戏剧、诗歌。因此，使文学艺术的战斗性减弱了，时代的面貌模糊了，时代的声音低沉了，社会主义建设的光辉在文学艺术这面镜子里光彩暗淡了。

（三）自从提出"百花齐放"以后，有许多人只热衷于翻老箱底，热衷于走捷径去改编旧的，甚至有个别人把老祖宗留下的宝贵遗产稍加整理就冠上自己的名字去图名求利。

这篇文章发表后，立即引起了很大的反响。1月17日，《青岛日报》发表《对〈我们对目前文艺工作的几点意见〉的意见》。2月19日，《天津日报》发表《天津作家座谈当前文艺情况》的报道。沈阳《处女地》文学月刊在这年2月号发表《关于〈我们对目前文艺工作的几点意见〉的座谈》的报道。2月17日，《辽宁日报》发表《警钟——读陈其通马寒冰等〈我们对目前文艺工作的几点意见〉》。2月24日，《吉林日报》发表《省市文艺工作者座谈当前文艺工作情况》的报道，同时发表《必须坚持文艺为工农兵服务的方针》《我的不同看法》等。这些文章有的赞成陈其通等人的观点，也有人表示不同的看法。

尤其引人注目的是，2月28日《旅大日报》转载了陈其通等人的文章，编辑部还在按语中说："这篇文章提出了当前在文学艺术战线上贯彻党中央提出的'百花齐放，百家争鸣'方针中几个原则性的问题，引起了文艺界及有关方面的广泛注意。在我省，日前中共辽宁省委文教部召开的文艺编辑座谈会曾经讨论了这篇文章。与会者一致认为这篇文章是很重要的，也是及时的，文章中提出的几点意见，都是正确的。"这些事实表明，对"双百"方针持怀疑甚至反对态度的人不在少数。

与此同时，王蒙的小说《组织部新来的青年人》也遭到一些人的围攻，被指责为是一篇"严重歪曲现实"的小说。他们认为小说"在典型环境的描写上，由于作者过分地'偏激'，竟至漫不经心地以我们现实中某些落后现象，堆积成影响这些人物性格的典型环境，而歪曲了现实社会的真实"。作者"把我们党的工作，党内斗争生活，描写成一片黑暗、庸俗的现象，从艺术和政治的效果看，它已经超过了批评的范围，而形成了夸大和歪曲"[1]。

陈其通等人的文章和王蒙小说受到的批判，使本来对时局十分敏感的知识分子产生了乍暖还寒的感觉。费孝通的《知识分子的早春天气》可以说反映出了知识分子的共同心态。费孝通说，在知识分子问题会议之前，老知识分子曾是"笑渐不闻声渐悄，多情却被无情恼"，然而"去年1月，周总理关于知识分子问题的报告，像春雷般起了惊蛰作用，接着"百家争鸣"的和风一

---

[1] 李希凡：《评〈组织部新来的青年人〉》，《文汇报》1957年2月9日。

吹，知识分子的积极因素应时而动了起来"。"但是对一般老知识分子来说，现在好像还是早春天气。他们的生气正在冒头，但还有一点腼腆，自信力不那么强，顾虑似乎不少。早春天气，未免乍寒乍暖，这原是最难将息的时节。"在费孝通看来，当前"双百"方针贯彻情况，可以说还是"草色遥看近却无"。他进一步说："知识分子的早春天气意味着他们的积极性是动起来了，特别表现在提高业务的要求上，但是消极因素还是很多的。他们对百家争鸣还是顾虑重重，不敢鸣，不敢争；至于和实际政治关系比较密切的问题上，大多更是守口如瓶，有点事不关己，高高挂起的神气。"[1]

对于"双百"方针的贯彻情况，毛泽东一直十分关注。他认为，当前要解决的主要问题，是继续克服教条主义、宗派主义的倾向。就在陈其通等人的文章发表的当天，毛泽东就写出了一份指示给中央书记处候补书记、中央办公厅主任杨尚昆："请将此文印发政治局、书记处及月中到会（指1957年1月18日至27日北京召开的各省市自治区党委书记会议。——引者注）各同志"，并注明"此文见一九五七年一月七日《人民日报》"[2]。

2月16日，毛泽东召集中央报刊、中国作家协会、中国科学院和青年团的负责人开会，谈文艺思想问题。参加会议的还有周恩来、邓小平等中央负责人。毛泽东一开头就说：王蒙最近写出了一篇《组织部新来的青年人》。这篇小说有缺点，需要帮助他。对待起义将领也要帮助，为什么对青年人不采取帮助的态度

---

[1] 费孝通：《知识分子的早春天气》，《人民日报》1957年3月24日。
[2]《建国以来毛泽东文稿》第6册，中央文献出版社1992年版，第294页。

呢？王蒙写正面人物无力，写反面人物比较生动，原因是生活不丰富，也有观点的原因。有些同志批评王蒙，说他写得不真实，中央附近不该有官僚主义。我认为这个观点不对。我要反过来问，为什么中央附近就不会产生官僚主义呢？中央内部也产生坏人嘛！用教条主义来批评人家的文章，是没有力量的。

毛泽东又反复强调对人民内部矛盾要处理好，要团结一切可以团结的力量，对于属于精神世界的问题，属于意识形态领域的斗争，只能用说理的办法和争鸣的办法来解决，决不能用压制的办法来解决。他还讲到了对胡适的批判问题，认为开始批的时候很好，但后来有点片面性了，把胡适的一切全部抹杀掉了，以后要写一两篇文章补救一下。对康有为、梁启超也不能抹杀。他还说：对思想有严重错误的人，有敌对思想的人，也要团结他们，改造他们，只有这样，我们才能贯彻"统筹兼顾，各得其所"。片面地打，不能锻炼出真正好的文学艺术。只允许香花，不允许毒草，这种观念是不对的。香花与毒草齐放，"落霞与孤鹜齐飞"。斯大林的教条主义不是两点论，而是一点论。我们的同志看事物应该有两点论。同时，一点里面又有两点。[1]

这期间，毛泽东花了很大的精力思考如何处理人民内部矛盾的问题。在1957年2月27日召开的最高国务会议第十一次扩大会议上，他发表了《如何处理人民内部的矛盾》（后来正式发表时改为《关于正确处理人民内部矛盾的问题》）的讲话。其中，毛泽东专门讲到了知识分子问题和"百花齐放，百家争鸣"的问

---

[1] 中共中央文献研究室编：《毛泽东年谱（1949—1976）》第3卷，中央文献出版社2013年版，第76—77页。

题。他再次强调:"百花齐放、百家争鸣的方针,是促进艺术发展和科学进步的方针,是促进我国的社会主义文化繁荣的方针。艺术上不同的形式和风格可以自由发展,科学上不同的学派可以自由争论。利用行政力量,强制推行一种风格,一种学派,禁止另一种风格,另一种学派,我们认为会有害于艺术和科学的发展。艺术和科学中的是非问题,应当通过艺术界科学界的自由讨论去解决,通过艺术和科学的实践去解决,而不应当采取简单的方法去解决。"[1]

毛泽东认为:"为了判断正确的东西和错误的东西,常常需要有考验的时间。历史上新的正确的东西,在开始的时候常常得不到多数人承认,只能在斗争中曲折地发展。正确的东西,好的东西,人们一开始常常不承认它们是香花,反而把它们看作毒草。哥白尼关于太阳系的学说,达尔文的进化论,都曾经被看作是错误的东西,都曾经经历艰苦的斗争。我国历史上也有许多这样的事例。同旧社会比较起来,在社会主义社会中,新生事物的成长条件,和过去根本不同了,好得多了。但是压抑新生力量,压抑合理的意见,仍然是常有的事。不是由于有意压抑,只是由于鉴别不清,也会妨碍新生事物的成长。因此,对于科学上、艺术上的是非,应当保持慎重的态度,提倡自由讨论,不要轻率地作结论。"[2]

3月1日,在最高国务会议结束的时候,毛泽东再次提到了"百花齐放,百家争鸣"的方针,回答了马克思主义能不能批评

---

[1]《毛泽东文集》第7卷,人民出版社1999年版,第229页。
[2]《毛泽东文集》第7卷,人民出版社1999年版,第229—230页。

的提问,认为精神上的东西不能强迫人相信,也不能强迫人不相信。强迫人相信马克思主义的世界观,也是不行的。但是,事实上相信马克思主义世界观的人一天天多起来。马克思主义能不能批评?马克思主义是不怕批评的,马克思主义如果能够批评倒,能够证明马克思主义不是真理,那么这个东西就不行了。所以,不发生马克思主义可不可以批评的问题。[1]他还表示赞成出蒋介石的全集,供研究历史的人参考。

为了解决意识形态领域存在的问题,贯彻"双百"方针,统一全党的思想,经毛泽东提议,中共中央决定于这年3月上旬召开全国宣传工作会议。参加会议的知识分子代表同有关方面负责人共800人,其中约有五分之一的人为教育、科学、文艺、新闻出版等方面的党外人士。

3月6日,全国宣传工作会议正式召开,首先听毛泽东在第十一次最高国务会议的讲话的录音,然后分组讨论讲话。3月8日,毛泽东邀请茅盾、老舍、巴金、周信芳等文艺界代表进行座谈,听取他们对"双百"方针的意见,同时回答了代表们所关心的问题。

有人问,作家对官僚主义者恨得不得了,能不能把他们的结局写成失败,写成死?毛泽东说:官僚主义当然应该批评。有个电影叫《荣誉属于谁》,里面有一个铁路局长,是个官僚主义者,可是他的局长还照样当,这样的干部应该撤职。为了治病救人,可以送他去学习。这部电影里那样写这个局长,叫作不彻底,缺

---

[1] 中共中央文献研究室编:《毛泽东年谱(1949—1976)》第3卷,中央文献出版社2013年版,第87—88页。

乏彻底性，反官僚主义应该彻底。他还说，陈其通等人发表文章，无非是来阻止"百花齐放，百家争鸣"。我们主张百花齐放，有的人很怕百花，现在百花齐放的环境还没有造成。

对于作家的世界观问题，毛泽东说：要求所有的作家接受马克思主义世界观是不可能的。大多数作家接受马克思主义世界观大概需要几十年才有可能。在还没有接受马克思主义世界观的时间内，只要不搞秘密小团体，可以你写你的，各有各的真实。他又说：知识分子大概有10%相信马克思主义，也有10%对马克思主义世界观有抵触，其中有些人对社会主义制度有敌对情绪，去掉两头，剩下中间还有80%左右，是大多数。大多数人是拥护社会主义制度的，但不一定相信马克思主义，用它来指导创作的就更少了。所以，社会主义现实主义也不能强制人家接受。

对于有人提出的文艺要不要目的的问题，毛泽东说：我看，不要目的的文艺作品，也可以出一些吧。出两种，一种要目的的，一种不要目的的，行不行？总之，对人民的教育是一个长期的过程。解决思想问题，不能用专制、武断、压制的办法，要人服，就要说服，而不能压服。文学艺术家恐怕也要经过一个锻炼的过程，有些人还是不自觉的，没有经过锻炼。

毛泽东还说，苏联十月革命后开头几年还可以唱反调，有些言论自由，以后就只许讲党和政府的好话，不许讲坏话，不能批评，搞个人崇拜。斯大林常常把两种矛盾混淆起来了。我们的文化教育政策不采取他们的办法，我们采取有领导的百花齐放、百家争鸣。现在还没有造成放的环境，还是放得不够，是百花想放而不敢放，是百家想鸣而不敢鸣。

对于代表们所关心的文艺批评，毛泽东说，这也要看到知识分子是两头小、中间大这个基本状况，这就是为什么要采取"百花齐放，百家争鸣"政策的缘故。为什么有人怕放呢？就是没有看到大多数知识分子是要走社会主义道路，希望国家富强、人民生活好、文化提高，要经过他们去教育中国几亿人民。文艺批评问题，这方面的文章我读得不多，读了一点，感觉恰当的批评不多，经过研究的，有分析的，事前跟作家谈过的，真正是对作家有所帮助的，不是骂一顿的，不很多，有些批评粗暴得很。对待这类批评，鲁迅有个办法，就是不理。现在文艺批评可以说有三类：一类是抓到痒处，不是教条的，有帮助的；一类是隔靴搔痒，空空泛泛，从中得不到帮助的，写了等于不写；一类是教条的，粗暴的，一棍子打死人，妨碍文艺批评开展的。

他还特地提到了王蒙，并且说："我看到文艺批评方面围剿王蒙，所以我要开这个宣传工作会议。从批评王蒙这件事情看来，写文章的人也不去调查研究王蒙这个人有多高多大，他就住在北京，要写批评文章，也不跟他商量一下，你批评他，还是为着帮助他嘛！要批评一个人的文章，最好跟被批评人谈一谈，把文章给他看一看，批评的目的，是要帮助被批评的人。"[1]他又问参加座谈会的电影演员赵丹的安排情况。赵丹和导演孙瑜因为电影《武训传》曾受到批评，毛泽东用轻松的语气对赵丹说："那没有什么，一个作品写得不好，就再写嘛，总该写好它。"[2]

3月10日，毛泽东又邀请邓拓、金仲华、徐铸成、赵超构等新闻界人士座谈，气氛仍是十分轻松。这次谈话的主题自然是

---

[1]《毛泽东文集》第7卷，人民出版社1999年版，第255页。
[2]《毛泽东文集》第7卷，人民出版社1999年版，第257页。

如何办报,他要求把报纸搞得活泼,登些琴棋书画之类,群众来信可以登一些出来。政府和有关的业务部门有不同意见,报馆可以和他们研究商量一下,在报上加以解释,再看结果如何。

有人问,鲁迅现在活着会怎么样?毛泽东说,我看鲁迅活着,他敢写也不敢写。在不正常的空气下面,他也会不写的,但更多的可能是会写。现在有些作家不敢写,有两种情况:一种情况,是我们没有为他们创造敢写的环境,他们怕挨整;还有一种情况,就是他们本身唯物论没有学通。他还说,自己也想替报纸写些文章,但是要把主席这个职务辞了才成。文章要尖锐,刀利才能裁纸,但是尖锐得要帮了人而不是伤了人。关于"百家争鸣"问题,毛泽东说,这是完全学术性的,在报上争来争去不会有影响。至于政策性的,恐怕要分别一下情况。[1]在这里,毛泽东十分明确地讲到百家争鸣的边界,就是在学术问题上应当允许甚至鼓励百家争鸣,但对于路线、方针、政策问题是否可以"百家争鸣"要根据不同的情况,并不是事事都可以、都必要争鸣。

3月12日,毛泽东在全国宣传工作会议上发表讲话。他用了相当的篇幅讲了知识分子和"双百"方针的问题。在讲到知识分子问题时,毛泽东一方面肯定绝大多数人都是爱国的,愿意为人民服务,为社会主义的国家服务。即使有少数知识分子对于社会主义制度是不那么欢迎、不那么高兴的,他们对社会主义还有怀疑,但是在帝国主义面前,他们还是爱国的。对于我们的国家抱

---

[1] 中共中央文献研究室编:《毛泽东年谱(1949—1976)》第3卷,中央文献出版社2013年版,第105—106页。

着敌对情绪的知识分子,是极少数。另一方面,他着重讲了知识分子的改造问题。他说:我们的科学技术人员,我们的教授、教员,都在教人民,教学生。因为他们是教育者,是当先生的,他们就有一个先受教育的任务。在这个社会制度大变动的时期,尤其要先受教育。

关于"双百"方针,毛泽东说:百花齐放是一种发展艺术的方法,百家争鸣是一种发展科学的方法。"百花齐放,百家争鸣"这个方针不但是使科学和艺术发展的好方法,而且推而广之,也是我们进行一切工作的好方法。这个方法可以使我们少犯错误。他又说:我们主张放的方针,现在还是放得不够,不是放得过多。不要怕放,不要怕批评,也不要怕毒草。马克思主义是科学真理,不怕批评,它是批评不倒的。共产党、人民政府也是这样,也不怕批评,也批评不倒。

对于毛泽东的这个讲话,与会者报之以一次又一次热烈的掌声。这掌声可以说是发自内心的。参加了这次会议的翻译家傅雷在他的家书中曾这样写道:"毛主席的讲话,那种口吻、音调,特别亲切平易,极富于幽默感,而且没有教训口气,速度恰当,间以适当的 pause[停顿],笔记无法传达。他的马克思主义是到了化境的,随手拈来,都成妙谛,出之以极自然的态度,无形中渗透听众的心。讲话的逻辑都是隐而不露,真是艺术高手。沪上文艺界半年来有些苦闷,地方领导抓得紧,仿佛一批评机关缺点,便会煽动群众;报纸上越来越强调'肯定',老谈一套'成绩是主要的,缺点是次要的'等等。(这话并不错,可是老挂在嘴上,就成了八股。)毛主席大概早已嗅到了这股味儿,所以从一月十八日至二十七日就在全国省市委书记大会上提到"百家争鸣"

问题,二月底的最高国务会议更明确地提出,这次三月十二日对我们的讲话,更为具体,可见他的思考也在逐渐往深处发展。"[1]

按照毛泽东上述讲话的精神,《人民日报》这年 4 月 10 日发表题为《继续放手,贯彻"百花齐放、百家争鸣"的方针》的社论,强调"百花齐放、百家争鸣"并不是一时的、权宜的手段,而是为发展文化和科学所必要的长时期的方针。党的任务是要继续放手,坚持贯彻"百花齐放、百家争鸣"的方针。社论说:到现在为止,党内还有不少同志对于"百花齐放、百家争鸣"的方针实际上是不同意的,因此他们就片面地收集了一些消极的现象,加以渲染和夸大,企图由此来证明这一方针的"危害",由此来"劝告"党赶快改变自己的方针。但是,党不能接受他们的这种"劝告",因为他们的方针并不是马克思主义,而是反马克思主义的教条主义和宗派主义。

受毛泽东的讲话和《人民日报》社论的鼓舞,"百家争鸣"再度成为知识界的热门话题。4 月 14 日,天津的教授们就"百家争鸣"问题进行座谈。座谈会上,南开大学教授兼副教务长滕维藻说:"听了毛主席的报告后,对百家争鸣方针的一些问题进一步明确了。对于百家争鸣的长期性,过去认识的比较肤浅。毛主席这次报告是从怎样正确处理人民内部矛盾问题来谈百家争鸣的,这使我们对百家争鸣方针的认识有很大的提高。在承认人民内部矛盾永远存在的基础上提出百家争鸣的方针,这就是说,它是一个长期的方针。因此我认为不存在'收'或'放'的问题,问题就在于怎样来争鸣。"南开大学教授王赣愚说:"百家争鸣方

---

[1]《傅雷家书》,生活·读书·新知三联书店 1998 年版,第 122 页。

针的提出，在国际上也有重要的意义。帝国主义者常说我们没有学术自由，知识分子不能自由讲话、写文章，企图阻挠我国留学生回国，尤其研究社会科学的留学生更容易受他们欺骗。百家争鸣的方针一方面可以启发知识分子的积极性和创造性，另一方面又可说明只有在社会主义制度下，知识分子的作用才得到充分的发挥。从我们政权的性质来说，采用这种方针也是必然的。"[1]

但是，尽管党的机关报公开承诺"百花齐放，百家争鸣"是"长时期的方针"，而且对"双百"方针有抵触情绪的陈其通等人受到了公开的批评，但知识分子仍隐隐约约地感到某种担忧。河北天津师范学院院长胡毅说："百家争鸣是执行'团结—批评—团结'的方针的一种手段。我相信今后大家对百家争鸣的顾虑会减少，但不见得会很快就全没有。"南开大学教授兼历史系主任郑天挺说："一年来，可以说历史科学界已经争鸣起来了。好多文章和人民日报的社论都提到这一点。但照我们的看法，鸣是鸣了，而比起哲学、文艺方面来说，鸣得还不够，差得很多。可以说还有顾虑。"[2]复旦大学图书馆馆长潘世兹则更是坦言："今天我把什么话都讲出来，过一个时期，一年或许两年，我讲过的话是不是要算账？不光我一个人有这种想法，我所接触的一部分人也有这种想法。有的朋友谈起整风，不知道我们是否要弄在里头？还有人怀疑现在整风是整党内，过一个时期，是否要轮到我们？"[3]知识界的这种担忧并非没有理由。

---

[1]《天津的教授们关于"百家争鸣"的座谈》，《人民日报》1957年4月21、22日。
[2]《天津的教授们关于"百家争鸣"的座谈》，《人民日报》1957年4月21、22日。
[3]《正确处理人民内部矛盾改善党群关系》，《光明日报》1957年5月10日。

七、历史的遗憾

为了克服党内存在的官僚主义、宗派主义和主观主义,中共中央决定进行一次全党范围的整风运动。1957年4月27日,中共中央发出《关于整风运动的指示》。《指示》指出,为了适应我们的国家已经从革命的时期进入了社会主义建设时期的新形势,为了克服近几年来党内新滋长的脱离群众和脱离实际的官僚主义、宗派主义和主观主义以及特权思想,必须按照"从团结的愿望出发,经过批评和自我批评,在新的基础上达到新的团结"的方针,在全党进行一次普遍的、深入的反官僚主义、反宗派主义和反主观主义的整风运动。以此为发端,整风运动正式启动。

为了搞好此次整风,中共中央认为应该放手鼓励批评,坚决实行"知无不言,言无不尽,言者无罪,闻者足戒,有则改之,无则加勉"的原则,欢迎非党员参加,但必须完全出于自愿,并且允许随时自由退出。根据这一指示的精神,各地实行开门整风,以座谈会等形式邀请党外人士(主要是知识分子)谈问题,讲意见,提建议。应该说,当时中共中央对于通过动员党外人士提意见与建议,以改进自己的工作是真心实意的,因为中央领导层认为,波匈事件之所以发生,一个重要原因,就是波匈党内在对待人民群众的问题上存在严重的官僚主义,在党与非党的关系上存在宗派主义,因而被国内外一些别有用心的人所利用。因此,要巩固党的领导地位和社会主义制度,就必须密切党同人民群众的联系,改善党与非党的关系,这就要求党的各级干部必须努力改正自身存在的各种问题。

在开门整风的过程中,党外人士对改进党和政府的工作,改善干部的工作作风,提出大量中肯的建议和意见。也有一些意见涉及新中国成立以来历次政治运动等敏感问题,有的甚至关乎要不要坚持党的领导、要不要走社会主义道路等根本问题,实质上反映出一些人对社会主义制度的不适应、不认同甚至敌视。作为在社会主义条件下长期执政的党,坚持党的领导、坚持社会主义制度,无疑是不可动摇的基本原则。在这种情况下,中共中央决定发动一场大规模的反右派斗争。反右派斗争在当时无疑是必要的。但由于对当时的形势作了过于严重的估计,未能将那些不当言论与错误言论区分,更未能将错误言论与反党反社会主义的言论区分,加之反右派斗争采取群众运动的方式等一系列复杂的原因,导致反右派斗争严重扩大化。1957年6月8日,正式宣布反右派斗争开始。众所周知,反右派斗争后,对国内主要矛盾的判断发生重大改变,阶级斗争观念也日渐被强化。这样一来,"百花齐放,百家争鸣"的方针虽然没有被放弃,但其内涵已经发生了很大变化。

从1956年夏"双百"方针的提出,至1957年夏反右派斗争的启动,这一方针在执行中出现了很大的变化,给历史留下了深深的遗憾。之所以出现这种情况,笔者认为,至少有如下原因:

第一,党内对于"双百"方针的贯彻始终有强大的阻力,这种阻力随着形势的变化必然影响党的决策。

自从"双百"方针提出之后,党内对这个问题的认识并不完全统一,陈其通等四人的文章及不少省市党委机关报在转载时发表的赞成性按语,就是对"双百"方针持怀疑、否定态度的公开表示。毛泽东也一再说过,高级干部中不赞成"双百"方针的是多数,赞成的是少数。只是毛泽东一再强调要实行这一方针,当年的报刊上才出现了对"双百"方针较多的赞美声。而这赞美声,毫无疑问,基本上都是一直向往学术自由的知识分子发出的。也正是因为党的最高领导人对"双百"方针的推行,反对者们才不能公开对此提出异议,即使是陈其通等人的文章,也只是表露出他们对实行"双百"方针的某种忧虑,并非直言不讳地公开与"双百"方针对抗。但是,它却反映了党内普遍存在的对"双百"方针的不赞成情绪。

1956年底1957年初,有人给中宣部部长陆定一写信,认为"百家争鸣"的方针鼓励了资产阶级思想的反攻,说什么1955年是无产阶级思想向资产阶级思想总攻击的一年,1956年是资产阶级思想反攻的一年。资产阶级思想获得了苏共二十大的援军,取得了不小的胜利。其具体表现是唯心主义解放了。此人认为,陆定一关于"双百"方针的报告,除了鼓励争鸣外,没有能解决唯心主义长期存在对人类的祸害问题,因此思想界很混乱,什么人的主观意见都说是"百家争鸣"。当时,有此种想法的人恐怕不在少数。在1957年1月的省市自治区党委书记会议上,上海的一位负责人说,"百家争鸣"缺了共产党一家;北京的一位负责人也持同样的观点,认为1956年是唯心论抬头,唯物论的鸣声不高,向科学进军后,知识分子开始钻研业务了,但尾巴也翘起来了。[1]

在那些不赞成"百家争鸣"的人看来,"百家争鸣"中,无产阶级思想即马克思主义只是百家中的一家,而其他九十九家都是非马克思主义的。如果让这九十九比一,"鸣"的结果,很可

---

[1]《杨尚昆日记》(上),中央文献出版社2001年版,第252、259页。

能是非马克思主义的东西，甚至是资产阶级思想占了上风。要是"鸣"出这样的结果，那就太可怕了，几十年的革命等于白搞了。他们还认为，多少年来，我们提倡唯物主义，批判唯心主义，可是，"百家争鸣"一来，唯心主义也获得了"争鸣"的资格，而他们又认为，知识分子的世界观本来就是唯心主义的。因此，"百家争鸣"将会使唯心主义呈日益泛滥之势，知识分子的思想改造也将变为一句空话，而且随着各种乱七八糟的东西鸣放出来，局面将不可收拾。正由于持此种想法的人不在少数，因而"双百"方针提出之后一段时间，"百家争鸣"的局面并未真正出现，这也是毛泽东在1957年上半年一再重申要坚持"百家争鸣"的原因。

1957年4月，中共中央决定开展整风运动后，"百家争鸣"虽然再度受到人们的重视，但"鸣"的重点已不是学术思想问题，而是鼓励党外人士"鸣放"党和政府工作中存在的缺点。这种"争鸣"已非学术而是政治了，也离开了当时提出"双百"方针的本意。

其实，对于一些政治性很强的重大问题，内部可以有不同意见，但公开进行争鸣未必有好的效果，例如统购统销问题、农业合作化问题，甚至如何发展中苏关系的问题。今天时过境迁，这些都成为历史，对其是是非非可以从不同的角度进行评判，但在当时，如果对这类问题也进行争鸣辩论，甚至对其提出否定性的意见，结果可想而知。这样一来，"鸣"的结果是"放"出了大量与中共中央的决策相异的意见即所谓"右派"言论。对这些言论显然不能听之任之，否则只能放弃统购统销制度，不实行农业合作化，岂不是对现行重大方针政策的否定？那一定会引发重大的思想混乱甚至社会震荡，在当时显然是不可行的。毛泽东决定发动反右派斗争，无疑与他对形势的判断有关，但种种"右派言论"的收集，各方"鸣放"之后严峻形势的反映，不能不说是造成他对形势判断失误的一个重要原因。于是，人们就自觉不自觉地将"右派言论"的出笼与"百家争鸣"联系起来，认为都是"百家争鸣"闯的祸，所以反右派斗争后，"百家争鸣"作为一句口号还在使用，但实际上许多问题已很难开展争鸣。

第二，对"百家争鸣"结果的复杂性估计不足，同时对"百家争鸣"的理解出现偏差。

1956年大力倡导"双百"方针一个重要的背景，是苏共二十大暴露出苏联体制的许多弊端，其中包括针对文艺和科学工作的种种清规戒律，造成的对知识界积极性和创造性的挫伤。党的领导人在试图走出一条与苏联有所不同的社会主义建设道路的探索中，除了在经济建设上提出要走自己的工业化道路外，在思想文化建设上的一个重要举措，就是提出在文学艺术上实行"百花齐放"，在学术研究上提倡"百家争鸣"。这一政策不但与苏联在斯大林时期对文艺的粗暴干涉和对科学研究随意贴上政治标签相比，是一个巨大的进步，就是与此前片面强调学习苏联，一味强调知识分子的思想改造相比，也是一个不小的变化。其初衷毫无疑问在于繁荣我国的文学艺术，促进我国学术研究发展，为全面建设社会主义提供精神动力和智力支援。

但是，应该看到，"百花齐放""百家争鸣"的提法，虽然在新中国成立之初就已出现，但把它作为意识形态的指导方针，是1956年5、6月间才正式提出的。而这个方针的提出，党内并没有进行充分的思想酝酿和深入的学习讨论，因而也没有在党内形成广泛共识。1955年，在意识形态领域曾开展了声势浩大的清查"胡风反革命集团"的运动，大张旗鼓地开展对唯心主义的批判，但仅过了半年，"双百"方针便提出来了。这不但使相当多的党员、干部一时难以转过弯来，就是因思想改造和各种批判运动而战战兢兢、谨小慎微的知识分子，也对此心存疑虑而不敢大胆"争鸣"。这种情况出现后，由于急于想改变人们不敢"鸣""放"的局面，到了1957年4、5月间，就变成了千方百计动员和劝导知识分子参与"争鸣"，并且将这种"争鸣"转变为组织知识分子参加整风运动的一种方式。这不能不说是对"百家争鸣"的理解出现了偏差。

"双百"方针提出的时候，毛泽东说得很清楚，是"艺术方面的百花齐放"，"学术方面的百家争鸣"，这对"百家争鸣"限定的范围是十分清楚的。至于在学术之外的领域特别是关于重大政治问题，事实上是不能"百家争鸣"的。对于要不要坚持马克思主义指导思想地位，采取什么样的政治制度，走什么样的社会发展道路，甚至要不要实行农业合作化，要不要实行粮食的统购统销等重大政治问题，是不可能进行"百家争鸣"的。可是，1957年整风运动开始之后，却将"百家争鸣"在一定程度上变成了向执政党的工作和执政党的干部提意见，这已经不是就学术问题而是就政治问题开展"争鸣"了，从而也就在很大程度上偏离了"百家争鸣"的本意。

第三，匈牙利事件的发生，与"双百"方针在1957年夏命运的改变，亦存在着内在的关联。

1956年10月，社会主义阵营的匈牙利发生大规模的群众性示威游行，提出反政府的口号，随后又演变为大规模的骚乱和流血冲突，后来由于苏军进驻匈牙利首都布达佩斯，事态才得以平息。对于匈牙利事件的发生毛泽东甚为震惊，同时也使他产生了一种高度警惕，即如何避免匈牙利事件在中国的重演。当时，毛泽东一方面曾自信地说："我们的农村政策是正确的，我们的城市政策也是正确的。所以，像匈牙利事件那样的全国性大乱子闹不起来。"[1]但另一方面，他也不能不担心中国会不会出现类似情况，而且要设法避免匈牙利这类事件在中国发生。尤其是在1956年下半年，我国也出现了一些不稳定的现象，城市有少数工人罢工和学生罢课，农村也发生了一些农业合作社的社员闹退社的事件，更是增加了毛泽东的这种担心。

在1957年1月18日召开的省市自治区党委书记会议上，在陈云作完关于财政经济工作的报告后，毛泽东着重讲到思想动向问题。他说："思想动向问题，我们应当抓住。这里当作第一个问题提出来。现在，党内的思想动向，社会上的思想动向，出现了很多值得注意的问题。""在知识分子问题上，现在有这样一个偏向，叫做重安排不重改造。百花齐放、百家争鸣一来，不敢去改造知识分子了。我们敢于改造资本家，为什么对知识分子和民主人士不敢改造呢？百花齐放，我看还是要放。有些同志认为，只能放香花，不能放毒草。这就有问题了。田里头长着两种东西，一种叫粮食，一种叫杂草。农民需要年年跟田里的杂草作斗争，我们党的作家、艺术家、评论家、教授，也需要年年跟思

---

[1] 中共中央文献研究室编：《毛泽东年谱（1949—1976）》第3卷，中央文献出版社2013年版，第67页。

想领域的杂草作斗争。"[1]

在1月27日省市自治区党委书记会议的最后一次会议上，毛泽东又说："在放香花的同时，也必然会有毒草放出来。这并不可怕，在一定条件下还有益。发行《参考消息》以及出版其他反面教材，就是'种牛痘'，增强干部和群众在政治上的免疫力。对于一些有害的言论，要及时给予有力的反驳。社会上的歪风一定要打下去。打的办法就是说理。只要有说服力，就可以把歪风打下去。对于重大问题，要作好充分准备，在有把握的时候，发表有充分说服力的反驳文章。书记要亲自管报纸，亲自写文章。无论在党内，还是在思想界、文艺界，主要的和占统治地位的，必须力争是香花，是马克思主义。毒草，非马克思主义和反马克思主义的东西，只能处在被统治的地位。从这样的观点看来，百花齐放，百家争鸣，就是有益无害的了。"[2]

由此不难看出，毛泽东此时强调"百花齐放，百家争鸣"，与半年前他对"双百"方针的提倡，用意上是有所不同的。半年前，他的主旨是繁荣文学艺术和推进学术研究。匈牙利事件后，虽然他仍有同样的用意，但还有一层用意，就是让那些"毒草"长出来，让谬误放出来，让"牛鬼蛇神"跳出来，以利于对比鉴别。他还说："至于梁漱溟、彭一湖、章乃器那一类人，他们有屁就让他们放，放出来有利，让大家闻一闻，是香的还是臭的，经过讨论，争取多数，使他们孤立起来。他们要闹，就让他们

---

[1] 中共中央文献研究室编：《毛泽东年谱（1949—1976）》第3卷，中央文献出版社2013年版，第66、68页。

[2] 中共中央文献研究室编：《毛泽东年谱（1949—1976）》第3卷，中央文献出版社2013年版，第70页。

闹够。多行不义必自毙。他们讲的话越错越好，犯的错误越大越好，这样他们就越孤立，就越能从反面教育人民。"[1]

有人曾提出："毛主席引蛇出洞的决策，应该是在十月份的波、匈事件以后开始考虑的，而一旦形成，他就亲自执行，全力以赴做'引'的工作。"[2] 不过笔者认为，1956年10月开始的"引"的策略，与1957年5月正式作出反右派斗争的决策，在本质上还是有所不同的。此前的"引"更多的是树立对立面，使"香花"与"毒草"进行比较，从而使人们能够辨明什么是"毒草"，并最终自觉地与"毒草"划清界限，使"香花"更好地生长。整风运动之前，在毛泽东看来，我们的社会里，虽然存在着"毒草"，虽然有人不赞成社会主义，但这是少数，通过"双百"方针，让他们跳出来，使人民认清他们的真实面貌，从而孤立他们。毛泽东认为，不让"毒草"长出，也就难以辨别什么是"香花"。即便有那么一些"毒草"也并不可怕，到时把它锄掉就是了。

在毛泽东的亲自推动下，农业、手工业、资本主义工商业的社会主义改造1955年下半年出现高潮，并在1956年基本上完成了社会主义改造，在中国建立了人们长期为之而奋斗的社会主义制度。社会主义改造取得了巨大胜利，毛泽东的心情自然是十分兴奋。匈牙利事件发生之时，正值中共八大刚刚闭幕，他并没有把社会上还存在一些"毒草"看成有多么严重，甚至认为没有

---

[1]《毛泽东著作选读》(战士读本)，中国人民解放军战士出版社1978年版，第1107—1108页。
[2] 段跃编：《鸟"昼"啼——1957年"鸣放"期间杂文小品文选》，中国电影出版社1998年版，第8页。

什么大不了的，也值不得大惊小怪。不然的话，他就没有必要在1957年春一再号召并大力提倡"双百"方针了。如果说，1956年夏他提出"双百"方针，主要还在于繁荣中国的文学艺术和科学事业的话，那么，1957年春他一再强调要坚持"双百"方针，则更多是出于巩固新的社会制度的考虑，或者说是要让"香花"更好地茁壮成长。

可是，1957年5月整风开始后，鼓励"大鸣大放"的结果是，放出来的"毒草"却大大超过了人们的预料。这才使毛泽东感觉到"事情正在起变化"，需要来一场大规模的锄"毒草"运动，才能将问题解决。为了将"毒草"除尽，尤其是将那些隐藏较深的"毒草"也除掉，他一面在党内布置反击，一面指示继续"鸣放"，让"毒草"尽可能地暴露在世人面前。如果说，1956年他是将"百花齐放，百家争鸣"作为一种政策来提倡，那么1957年春恐怕就有政策与策略并重的意味了，甚至后者更主要一些。至于在作出反右派斗争的决策后，继续鼓励"鸣放"，则毫无疑问仅是一种策略了。

第四，对知识分子的变化估计不够，最终导致在反右派斗争中将知识分子作为无产阶级的对立面，因而面向知识界的"百家争鸣"自然也难以真正开展。

在1956年1月的知识分子问题会议上，周恩来曾代表中共中央宣布：知识分子的面貌已发生根本变化，知识分子已是工人阶级的一部分。但是，在随后《中共中央关于知识分子问题的指示》中，就变成了知识分子是"劳动人民的一部分"这样的提法。

一年后，情况发生了更大的变化，知识分子又变成了"资产阶级知识分子"。反右派斗争前,毛泽东一方面不断地强调要坚持"双百"方针,另一方面又一再使用"资产阶级知识分子"这样的提法。1956年9月,他在谈到党的历史经验时,这样说:"在整个反对帝国主义和封建主义的历史时期内,我们要争取和团结民族资产阶级,使他们站在人民的方面,反对帝国主义。在反帝反封建的任务基本完成以后,在一定时期还要和他们保持联盟。这样做,有利于对付帝国主义的侵略,有利于发展生产、稳定市场,有利于争取和改造资产阶级知识分子。"[1]1957年3月,毛泽东在和文艺界代表谈话时,又说:"资产阶级和小资产阶级在经济上属于一个范畴。若论出身,小资产阶级出身的人反动起来,也很厉害。资产阶级出身的知识分子,接受了马克思主义,也蛮革命,我也是算在这个范畴之内的。对资产阶级知识分子,不光看出身,我指的是他们接受的是资产阶级学校教育,而资产阶级是按照它的利益来教育人的,有的人后来又接受了马克思主义。"[2]

毛泽东同时认为,全国500万知识分子中,比较熟悉马克思主义,并且站稳了脚跟,站稳了无产阶级立场的大概只占百分之十几,大多数知识分子,还是处在一种中间的状态。他在全国宣传工作会议上的讲话中,反复强调教育和改造知识分子的重要性,说知识分子中的多数人,用无产阶级世界观完全代替资产阶级世界观,还相差很远。有些人读了一些马克思主义的书,自以为有学问了,但是并没有读进去,并没有在头脑里生根,不会应

---

[1]《毛泽东文集》第7卷,人民出版社1999年版,第135页。
[2]《毛泽东文集》第7卷,人民出版社1999年版,第252页。

用，阶级感情还是旧的。还有一些人很骄傲，读了几句书，自以为了不起，尾巴翘到天上去了，可是一遇风浪，他们的立场，比起工人和大多数劳动农民来，就显得大不相同。因此，如果认为教人者不需要再受教育了，不需要再学习了，如果认为社会主义改造只是要改造别人，改造地主、资本家，改造个体生产者，不要改造知识分子，那就错误了。[1]

这种估计，不但与知识分子问题会议和《中共中央关于知识分子问题的指示》不一致，而且也不符合知识界的实际情况。由于认为知识分子的世界观还是资产阶级的，他们的政治立场还没有站到无产阶级这一边，因此，需要继续加强对他们的改造。对知识分子的状态的过低估计，必然导致对知识分子的不信任。在整风运动中，一开始采取大鸣、大放、大字报、大辩论的方式，其中大鸣、大放是要求，大字报、大辩论是方式。显然，在当时全社会文化水平比较低的情况下，能写大字报、能进行大辩论的无疑主要是文化人，能参加各种鸣放座谈会的更是有一定社会影响的知识分子。由于动员鸣放之初并没有确定鸣放内容的边界，导致各地所鸣放的内容已经不是学术问题，所展开的也不是学术讨论，而是对现行重大方针政策的质疑甚至否定，这已与"百家争鸣"的本意相距甚远。在这种情况下，反右派斗争之后，领导层不但对知识分子的认知与此前发生很大的改变，而且"百花齐放，百家争鸣"的方针与此前相比出现了曲折也就不难理解了。

---

[1]《毛泽东文集》第7卷，人民出版社1999年版，第271页。

第一个科学技术发展远景规划的制定

1956年,在周恩来的亲自主持下,经过几百位科学家的共同努力,制定了新中国的第一个科学技术发展远景规划。实践证明,制定这样一个长远规划,对于推动我国科技事业的快速发展,是起了重要作用的。

一、制定科学技术发展远景规划的背景

1953年,我国开始实施第一个五年计划,从此拉开了大规模经济建设的序幕。经过三年时间的努力,"一五"计划取得了重大进展,工农业生产的总产值,1953年比1952年增长14.4%,1954年又比1953年增长9.4%。1955年,全国的工业总产值为548.7亿元,比上年增长5.6%,超额1%完成了这一年的计划。其中重工业生产比1954年增长了14.5%。这一年农业也获得了丰收,农业产值达到了555亿元,比1954年增长了7.6%,完成了计划的102.1%。粮食总产量比上年增加了8.9%。到1955年底,第一个五年计划将提早完成和超额完成,已是一个不争的事实。

1955年下半年,我国的农业社会主义改造也进入了高潮。"一五"计划原来规定,到1957年底,参加初级形式的农业生产合作社的农户将占全国农户总数(1.1亿户)的三分之一左右。

实际情况是这个准备用五年时间完成的任务，在三年内就超额完成了。根据 1955 年 11 月底的统计，全国加入农业生产合作社的农户已经达到 4940 多万户，比 1954 年的 229.7 万户增加了 20 倍多，入社农户占全国农户总数的 40% 以上。到这年 12 月，已有相当多的省市宣布实现了初级形式的农业合作化。农业合作化速度的迅猛加快，又促进了手工业和资本主义工商业社会主义改造的进程。到 1956 年 1 月，北京率先宣布完成了工商业社会主义改造，已经进入了社会主义。紧接着，其他省市也相继宣布自己进入社会主义。因此，原定需要三个五年计划的时间才能完成的社会主义改造，已大大提前。

　　社会主义改造进程的大大加快，使中共中央感到："这就给予了可能，也提出了要求，使以发展重工业为中心的社会主义工业化的工作提早完成和超额完成五年计划。"[1]中共中央认为，农业生产的大发展又对交通运输、重工业和轻工业的发展提出了新的要求。这些部门如果没有相应的发展，大量的农产品就会运不出来，农民所需要的生产资料和生活资料就会运不进去；就不能向农民提供拖拉机、汽车、汽油、电力、机器等等以便实现农业生产的技术改革，推动农业生产更进一步向前发展，也就不能向农民供给更多更好的生活资料。而工农业生产的发展，又"要求文化、教育、卫生工作的发展，要求在最短期间扫除全国文盲，要求科学和技术水平的大大提高，在不太长的期间接近和赶

---

[1] 中共中央文献研究室编：《建国以来重要文献选编》第 8 册，中央文献出版社 1994 年版，第 4 页。

上世界先进水平"。[1]

那么,当时我国的科学技术水平怎么样呢?据统计,新中国成立之时,我国总共有知识分子 200 万人,其中高级知识分子(大体是指高校讲师、研究机关助理研究员、工程技术部门助理工程师、医疗卫生单位主治医生以上职称的人员)约 6 万人。新中国成立后的 6 年中,知识分子的队伍在数量上有了很快的扩大。到 1956 年初,全国在科学研究、教育、工程技术、卫生、文化艺术和其他方面的高级知识分子估计约有 10 万人,其中在解放以后增加的人数,约占三分之一左右。

知识分子在数量上得到了较大发展的同时,业务水平也有了较大提高。周恩来在 1956 年召开的知识分子问题会议上的报告中,对此作了这样的概括:"全国的科学技术界在地质勘探方面、基本建设设计和施工方面、新产品设计和试制方面,都进行了巨大的工作,得到了显著的成就。由于努力向苏联学习的结果,我国工程界现在已经学会了许多现代化的工厂、矿井、桥梁、水利建设的设计和施工,在设计大型机械、机车、轮船方面的能力也有很大的提高。从一九五二年到一九五五年试制成功的新的机械产品,已经有三千五百种左右,少数已经达到世界水平。在冶金方面,我国能够冶炼的优质钢和合金钢,已经有二百四十多种;我国高炉和平炉的利用系数已经达到苏联一九五二年的水平。在理论科学方面,我国在数学、物理学、有机化学、生物学的若干部门中的成就,也受到了世界科学界的重视,其中一部

---

[1] 中共中央文献研究室编:《建国以来重要文献选编》第 8 册,中央文献出版社 1994 年版,第 4—5 页。

分已经对生产的实践有了贡献。"[1]

但是,从总体上说,当时我国的科学技术水平仍十分落后,科学基础薄弱、发展不平衡、人数少的状况没有从根本上得到改变。虽然知识分子的总数有了很大的增加,高级知识分子也有了10万人,但与中国6亿人口相比极不相称。作为全国科研力量最强的中国科学院,到1956年初,共有研究机构44个,全院总人数8068人,其中研究人员2496人,副研究员以上职称者400人。这虽然与建院初期22个研究机构、212名研究人员、79名技术人员相比,有了很大的发展,但与国家经济建设的需要相比,在数量与质量上都有很大差距。当时中国的整体科学技术可以说是相当落后,"不但世界科学的很多最新成就,我们还没有能够掌握和利用,而且就是目前我国建设中的许多复杂的技术问题,我们也还不能离开苏联专家而独立解决"[2]。至于原子核物理、空气动力学、半导体物理学等新兴学科和门类,则几乎还是空白点。

时任中国科学院副院长的张稼夫回忆说:"我国过去大都是些轻工业、机械工业和化学工业等,化学、生物学、医学、工程力学也有一点基础,但很落后。重工业方面问题更多。有些新技术,如半导体我们根本不知道,只知道锗是从烟囱里弄出来,却不知道怎么用。电子学根本没有,高分子也很缺乏,搞植物学的人最多,但都是搞分类学的,连研究真菌的都没有。地质学方面有点基础,李四光同志抓得很紧,但是比起一五六项建设项目

---

[1] 中共中央文献研究室编:《建国以来重要文献选编》第8册,中央文献出版社1994年版,第19页。

[2] 中共中央文献研究室编:《建国以来重要文献选编》第8册,中央文献出版社1994年版,第19页。

的要求，相差甚远。第一个五年计划建设所需要的许多地质资料都远远不能满足。总之，我们好多门学科没有，有些学科有点基础，也是少这缺那，很不完全。"[1]

可是，当时世界科学技术的发展却异常迅速。在西方发达的资本主义国家，"生产过程正在逐步地实现全盘机械化、全盘自动化和远距离操纵，从而使劳动生产率提高到空前未有的水平。各种高温、高压、高速和超高温、超高压、超高速的机器正在设计和生产出来。陆上、水上和空中的运输机器的航程和速率日益提高，高速飞机已经超过音速"[2]。技术上的这些进步，又推动了各种新材料的发明和生产，改变生产部门的生产技术和工艺规程，推进资源的有效利用和产品质量的不断提高。特别是原子能的利用和电子技术的发展，使人类开始了一场新的科学技术和工业革命。

面对世界科技革命的浪潮，只有急起直追，掌握了最先进的科学技术，才能有巩固的国防，才能有强大的先进的经济力量，才能有充分的条件在同帝国主义的较量中立于不败之地。要发展中国的科学技术，一方面必须调动广大知识分子的积极性，另一方面必须根据现有的力量，制定科学的规划和明确的奋斗目标。为此，中共中央在召开知识分子问题会议，出台一系列的政策和措施，改善知识分子的政治、生活待遇和工作条件的同时，组织了大批的科学家编制我国科学技术发展远景规划。

---

[1] 张稼夫：《庚申忆逝》，山西人民出版社1984年版，第128页。
[2] 中共中央文献研究室编：《建国以来重要文献选编》第8册，中央文献出版社1994年版，第36页。

二、规划的制定经过

早在 1954 年，中国科学院就着手搜集有关科学长远发展的资料。在 1955 年 6 月中国科学院第一次学部大会上，院长郭沫若在大会的报告中，又将加强科学工作的计划性、研究并制定我国科学发展的远景规划，列为中国科学院和各学部今后的一项重要任务。同年 9 月 15 日，科学院院务常务会议讨论并通过学术秘书处起草的《关于制订中国科学院 15 年发展远景计划的指示》，决定自 1955 年 10 月起开始进行科学院第一个至第三个五年计划期间发展远景计划的讨论与制定。并指出，远景计划的内容，包括重大科学问题的研究、学科发展、机构设置、重要的调查和考察工作、重要的科学著作和图书资料的编纂、干部的培养以及基本建设和财务概算。

1955 年下半年，毛泽东在几次旨在加快我国农业合作化运动速度的讲话中，一再讲到"全面规划，加强领导"的问题，认为这是做好各项工作的基本方针。根据这一精神，各部门都开始制定远景规划。

1955 年秋，国务院副总理兼国家计划委员会主任李富春，给中国科学院副院长张稼夫写信，要求中国科学院将全国科学发展远景规划抓起来。当时，中国科学院对全国的科学力量了解不够，领导全国的科学规划工作有一定的困难。张稼夫将这一情况向国务院第二办公室（主管全国科教文卫）主任林枫作了汇报，并请国务院二办主持这一工作，林枫乃决定由副主任范长江具体负责。[1]

---

[1] 武衡：《科技战线五十年》，科学技术文献出版社 1992 年版，第 160 页。

1956年1月5日，李富春就科学规划问题致信国务院各有关办公室和各部中共党组书记。信中提出，为了保证我国科学事业的高速发展，使科学研究工作能满足工农业生产和国防建设的迫切需要，必须对科学研究的规划采取根本性的措施。这个规划必须是向科学和科技大进军的规划，必须是"迎头赶上"世界先进科学技术水平的规划。因此，必须采取有效措施，争取在第三个五年计划左右接近和赶上世界的科学技术水平。必须像规划工业建设中的156项重点建设项目一样，来确定迅速发展我国主要学科和重大专题的科学技术研究项目。

当时，中共中央、国务院对科学规划工作十分重视。1956年1月21日，科学院副院长兼数理化部主任吴有训、副院长兼生物地学部主任竺可桢、办公厅主任兼技术科学部主任严济慈等科学家，在中南海怀仁堂给毛泽东、刘少奇、周恩来、陈云、彭真等中央领导人和参加知识分子问题会议的一千多名各级领导干部，作关于科学工作的报告，从而使中央领导人进一步了解到我国科技工作现状，及我国的科技与世界先进科技水平的差距。竺可桢在当天的日记中写道："今天大会极为庄严，料不到人民政府看科学如此重要。"[1]

在1956年1月25日召开的最高国务会议第六次会议上，毛泽东指出："我国人民应该有一个远大的规划，要在几十年内，努力改变我国在经济上和科学文化上的落后状况，迅速达到世界上的先进水平。"[2]在随后召开的全国政协二届二次全体会议上，

---

[1]《竺可桢日记》(Ⅲ)，科学出版社1989年版，第641页。
[2]《毛泽东文集》第7卷，人民出版社1999年版，第2页。

周恩来发出"向现代科学技术大进军"的号召,认为"必须制订科学发展的全面规划,加强和扩大科学研究机构,大量培养科学研究人才,为发展科学事业准备一切必要的条件"。他要求国家计划委员会会同科学院和国务院各部门拟制1956年到1967年我国科学发展的远景计划。并且明确指出:"这个远景计划的出发点,是要按照需要和可能,把世界科学的最先进成就尽可能迅速地介绍到我国来,把我国科学事业方面最短缺而又最急需的门类尽可能迅速地补足起来,根据世界科学已有的成就来安排和规划我国的科学研究工作,争取在第三个五年计划期末使我国最急需的科学部门能够接近世界先进水平。"[1]这就为制定十二年科学技术发展远景规划明确了方向。

1月31日,科学规划委员会召开有中国科学院、国务院各有关部门、高等学校领导人和科技人员参加的动员大会。李富春在会上作了《关于制订科学技术远景规划问题的报告》。李富春说:"革命胜利以后,生产力的发展必须依靠科学水平的提高,依靠我们能够掌握现代的科学技术。""为了配合国家建设的要求,我们必须努力提高科学技术,争取迅速赶上世界先进水平。"报告中,李富春提出了科学规划的基本内容和要求:(一)建立重要的、急需的、空白的和薄弱的学科;(二)确立需要进行综合性研究的重大问题;(三)确立在国民经济方面和科学技术发展方面需要研究的中心问题;(四)确立各部门在当前和不久的将来在实际生产中和基本建设中需要解决的较大的科学技术问题。

陈毅在会上讲了话。他要求各"部门的党委及行政负责人和

---

[1] 周恩来:《政治报告》,《人民日报》1956年1月30日。

科学家建立同志式的感情，找彼此间共同的语言，打破隔阂，发挥科学家的积极性"。他还说："科学家是有知识、有专长、热爱祖国的，绝大多数的科学家对国家有贡献。五年来，国民经济的恢复，也是和科学家的努力分不开的，在此我表示感谢。"陈毅还要求各部门的负责人亲自动手，不要积压人才，不要变成在制定规划时思想上的"障碍人"[1]。

这次会议还宣布成立以范长江为组长的科学规划十人小组，成员有张劲夫、刘杰、周光春、张国坚、李登瀛、薛暮桥、刘皑风、于光远、武衡等。

制定这样的大型科学发展远景规划，在中国还是第一次。在当时的历史条件下，自然需要苏联的帮助。这年2月1日，周恩来致电苏联部长会议主席布尔加宁："为了使我国的科学研究工作能够满足社会主义建设的要求，并且使某些重要的学科尽快地接近世界上先进的科学水平，我们科学家正在积极进行拟制发展中国科学事业的长期规划的工作。"中国科学家"希望苏联科学家在这个工作中给予他们直接的帮助"。周恩来表示，中国方面拟请机械数学、电子学、半导体物理、自动控制等16门学科的苏联科学家来华短期讲学，并帮助我国科学家拟制发展科学事业的长期规划。[2]3月22日，苏联驻华大使尤金通知周恩来，苏联方面同意派出以苏联科学技术情报研究所所长柯夫达通讯院士为首的16位科学家来华帮助工作。这些苏联科学家来华后，有的

---

[1] 转引自武衡：《科技战线五十年》，科学技术文献出版社1992年版，第161页。
[2] 中共中央文献研究室编：《周恩来年谱（1949—1976）》上卷，中央文献出版社1997年版，第547—548页。

作了学科国际现状和发展前景的报告，有的对我国的科学规划及某些新兴的尖端科学技术如何发展提出了中肯的意见。

这年3月，国务院决定成立科学规划委员会。委员会以陈毅为主任，李富春、郭沫若、薄一波、李四光为副主任，张劲夫为秘书长兼委员会办公室主任，范长江和杜润生为办公室副主任，由35人组成。3月14日，科学规划委员会举行成立大会，陈毅在会上发表讲话。参加了成立大会的竺可桢在日记中这样写道："陈副总（理）讲毛主席对委员会的期望很大。说共产党不轻理论，甚至如熊十力讲孔子之道，共产党也给予资助，予以助手。中国科学家的水平并不低，如人造血清已可应用。劝大家吸收人家之长，去掉自己成见，有一分力要发一分光。郭院长说，过去缺乏长远规划，参加长远规划是光荣任务，要通力合作，发挥力量，如此办法是科学民主。……李副总理报告规划有两个任务：一是于12年内做到接近国际水平；二是做［得］又快、又多、又好、又便宜。"[1]

从这年3月起，科学规划十人小组以中国科学院物理学数学化学部、生物学地学部和技术科学部为基础，集中全国600多位科学家，其中包括全部自然科学的学部委员，进行科学规划的拟制工作。可以说，这次规划集中了当时中国最优秀的科技人才。这些科学家将科学规划看成是"我国今后十二年内科学研究的宪章"，为能参加这项工作感到十分自豪，同时他们也以加速我国科技发展，尽快使中国的科技工作赶上世界先进水平的强烈责任感，夜以继日地进行规划的拟制工作。聂荣臻回忆说："他们真

---

[1]《竺可桢日记》（Ⅲ），科学出版社1989年版，第657页。

可以说是做到了废寝忘食的程度,大家吃在一起,住在一起,谈论的都是怎样使国家进步强盛起来。"[1]

党和国家领导人也十分关注科学规划的拟制工作。周恩来多次听取十人小组的汇报,并要求在制定规划时要尽量采取世界先进技术,瞄准当时的新兴科学、新兴技术,不失时机地迎头赶上;同时又要根据解放不久、国力有限的客观实际,做到重点发展,避免分散力量,拖延时日。[2] 5月26日,周恩来在中南海怀仁堂举行盛大酒会,招待参加全国科学规划工作的科学家,勉励科学家们努力开展科学研究工作,学习苏联和其他一切先进国家的科学技术,争取在12年内使我国重要的和急需的科学技术部门接近和赶上世界先进水平。6月14日,毛泽东、朱德、陈云、邓小平、林伯渠等中央领导人又接见了参加规划工作的全部科学家。

规划开始时,参与规划制定的科学家各自就比较熟悉的科学领域,提出大批课题。十人小组根据周恩来在知识分子问题会议上提出的"在制定这个远景计划的时候,必须按照可能和需要,把世界科学的最先进的成就尽可能迅速地介绍到我国的科学部门、国防部门、生产部门和教育部门中来,把我国科学界所最短缺而又是国家建设所最急需的门类尽可能迅速地补足起来,使十二年后,我国的这些门类的科学和技术水平可以接近苏联和其他世界大国"的要求[3],提出以"重点发展,迎头赶上"作为12

---

[1]《聂荣臻回忆录》(下),解放军出版社1984年版,第772页。
[2] 中共中央文献研究室编:《周恩来传(1949—1976)》(上),中央文献出版社1998年版,第252页。
[3] 周恩来:《关于知识分子问题的报告》,《人民日报》1956年1月30日。

年科学规划的发展战略。这个方针的内涵,一是要赶上世界先进科学水平,为社会主义建设服务;二是要在现有国力的基础上选择重点项目,调动现有科技人员的积极性,加快培育新的人才,集中人力物力,限期完成规划目标。

当时,有人对"重点发展"表示赞成,但对于"迎头赶上"认为脱离中国实际,不太现实,从而主张从打基础开始。但是,参加规划的科学家,看到我国同世界先进水平的差距已拉得很大,认为不加快速度赶上去不行,我国大规模的经济建设和国防建设,也需要科学技术的支持,由此产生了强烈的历史责任感。同时,1954年日内瓦会议后有数百位在西方国家留学或工作的科学家、留学生回国,成为填补空白学科和加强薄弱环节的生力军。因此,大家认为"迎头赶上"不但是完全必要的,而且也是可能的。[1]

集中起来的几百名科学家来自不同的部门,从事不同学科的研究,所以在讨论规划原则时,有人提出按任务来规划,即根据国民经济和国防建设对于科学技术所提出的任务来进行规划,也有人认为应按学科来规划。科学规划委员会考虑到,如果按学科来规划,虽然可以取得一批单项的科研成果,但由于有相当多的科学家不很了解国家对科学技术的需要,在规划中就难以使理论与实际很好地结合起来,而且还会使一些现在无人研究或研究力量薄弱的学科和环节得不到填补和加强。经过充分讨论,科学规划委员会最后确定了"任务带学科"的规划基本原则。[2]

---

[1] 张劲夫:《怀念集》,中共中央党校出版社1994年版,第31—32页。
[2] 参见《聂荣臻回忆录》(下),解放军出版社1984年版,第771页。

规划委员会将"任务带学科"的原则向周恩来汇报后,周恩来提出了一个问题:那些任务带不动的学科怎么办?他建议补充一个基础科学的规划。根据周恩来的意见,规划中增加了"若干重要基本理论的研究"一项任务,其中包括数学、力学、天文学、物理学、化学、生物学、地质学及地理学等八个基础学科的规划。[1]

在规划的制定中,"任务"主要是由中国科学院的苏联顾问扎连科列出的,其办法是按建设需要提出一个个科技课题作为项目任务,每一个项目都要求掌握现有的,创造新的。"任务"提出后进行分组讨论,把任务讨论清楚,将需要相关学科解决什么问题定出来。然后按照定出来的57项重要任务,组成一个个小组,组织起草文件。"每一项任务,都确定一个负责单位、多个参加单位,还写明有些什么课题,要求派多少学生出去留学,要求国家多少财政支持,设什么机构,预定工作时限。"[2]

经过六个月的努力,23个单位的757名科学家和技术专家初步完成了《1956—1967年科学技术发展远景规划纲要(草案)》和四个附件的起草。这四个附件是《任务说明书和中心问题说明书》《基础科学学科规划说明书》《任务和中心问题名称一览》《1956年紧急措施和1957年研究计划要点》,共600余万字。

1956年8月和10月,国务院科学规划委员会两次举行扩大会议,对《1956—1967年科学技术发展远景规划纲要(草案)》进行讨论和修改,着重讨论了《规划纲要(草案)》中一些主要

---

[1] 武衡:《科技战线五十年》,科学技术文献出版社1992年版,第164页。
[2] 刘振坤:《春风秋雨二十年——杜润生访谈录》,《百年潮》1999年第6期。

的有争论的问题，如规划重点的确定、科研体制等。

整个规划共提出任务 57 项，并从中提出 12 项重点。在讨论中，有的科学家不同意将"危害我国人民健康最大的几种主要疾病的防治和消灭"和"自然科学中若干重要的基本理论问题"列为重点。规划委员会经过认真讨论，认为我国有几种疾病（如血吸虫病）严重地危害着几千万人民的生命，不是一件小事，理论问题也绝对不能忽视，因此将这两个问题列为重点是必要的。

对于科学研究工作体制的讨论，主要是两个问题。一个是要不要成立常设的高级协调机构；一个是科学院的技术科学部应否继续存在。经过讨论，就这两个问题也取得了一致意见，认为应当建立一个常设的高级协调机构，以协调和监督科学院、高等学校、产业部门等系统对规划的执行情况，并建议把科学规划委员会保留下来，设一精干办公机构担负这一任务。同时大多数人认为科学院技术科学部要多负责理论性的研究，它对发展技术科学关系重大，是绝对不能取消的。但科学院的技术科学部应该注意主动地加强和产业部门的联系，适当分工协作，摊子不要铺得过大。

1956 年 10 月 29 日，陈毅、李富春和聂荣臻将科学规划的进展情况向周恩来并转中共中央作了汇报，同时建议将草案发给各部门、各省市讨论以提出修改意见，其中某些紧急工作，各部门可暂先参照执行，并建议保留科学规划委员会作为高级协调机构，其主要任务是：（一）监督科学规划的实施，特别是监督重点任务的实施；（二）初步汇总平衡各个系统年度的和长期的科学研究计划，作为国家计划的一部分；（三）解决各个系统在科学研究工作中的重大的协调问题；（四）研究和组织解决科学研究工作中重要的工作条件问题（如图书、资料、仪器、基建等）；（五）统一安排科学研究工作的国际合作问题。同时报送的还有《1956—1967年科学技术发展远景规划纲要（草案）》和四个附件。

随后，陈毅的工作主要转向外交方面。为此，中共中央和国务院于1956年11月任命聂荣臻为国务院副总理，主管科技工作，同时兼科学规划委员会主任、党组书记。

随后，科学规划委员会又组织科学家对《规划纲要（草案）》进行修正，形成了《1956—1967年科学技术发展远景规划纲要（修正草案）》（以下简称《规划纲要（修正草案）》），于1956年12月20日报送给了中共中央。12月22日，中共中央将《规划纲要（修正草案）》转发各省、市、自治区党委和国家机关各党组，认为这是"国家的重要规划文件"，要求各地"注意研究"，并将意见和各方面的反映告诉国家科学规划委员会党组。[1]至此，新中国第一个科学技术发展远景规划基本形成。

三、《规划纲要（修正草案）》的主要内容及执行效果

《规划纲要（修正草案）》首先确定了未来12年我国科学技术工作的基本任务，这就是："迅速壮大我国的科学技术力量，力求某些重要的和急需的部门在十二年内接近或赶上世界先进水

---

[1] 中共中央文献研究室编：《建国以来重要文献选编》第9册，中央文献出版社1994年版，第425页。

平，使我国建设中许多复杂的科学和技术问题能够逐步地依靠自己的力量加以解决，作到更好更快地进行社会主义建设。"[1]

《规划纲要（修正草案）》确立了"重点发展，迎头赶上"的科学发展方针，并提出要实现这一方针，必须注意以下三点：

一是应该根据国民经济发展的需要和科学发展的方向，确定国家的重要科学技术任务，把各个科学部门的力量汇合在统一的目标下。所有确定的各项重要任务中应挑选出更重要的和更急需的任务作为重点，集中必要的力量，大力开展研究，并带动其他有关部门的发展。

二是在进行科学研究时，应该首先掌握世界现有的先进科学成就，尽量避免重复研究国外早已解决了的问题。在学习、掌握和利用国外成就时，应该特别注意中国资源情况和技术要求，总结经验，取长补短，发挥创造性和实事求是精神，防止简单的抄袭和盲目的模仿。

三是必须及时地积极地积累自己的科学储备，大力加强和充实理论研究的力量，克服忽视理论研究的近视的倾向。[2]

《规划纲要（修正草案）》从13个方面提出了57项重要的科学技术任务。这13个方面是：自然条件及自然资源，矿冶，燃料和动力，机械制造，化学工业，建筑，运输和通讯，新技术，国防，农、林、牧，医药卫生，仪器、计量和国家标准，若干基本理论问题和科学情报。每一个方面有一项或几项任务。每一

---

[1] 中共中央文献研究室编：《建国以来重要文献选编》第9册，中央文献出版社1994年版，第436页。

[2] 参见武衡、杨浚主编：《当代中国的科学技术事业》，当代中国出版社1992年版，第91页。

项任务又包括若干个中心问题。每一个中心问题都参照国际先进水平，结合我国情况，提出了解决问题的科学途径和最近两年的研究题目。这57项任务中总共包括616个中心问题。

在这57项任务中，又有12项重点任务，即：（一）原子能的和平利用；（二）无线电电子学中的新技术；（三）喷气技术；（四）生产过程自动化和精密仪器；（五）石油及其他特别缺乏的资源的勘探，矿物原料基地的探寻和确定；（六）结合我国资源情况建立合金系统并寻求新的冶金过程；（七）综合利用燃料，发展重有机合成；（八）新型动力机械和大型机械；（九）黄河、长江综合开发的重大科学技术问题；（十）农业的化学化、机械化、电气化的重大科学问题；（十一）危害我国人民健康最大的几种主要疾病的防治和消灭；（十二）自然科学中若干重要的基本理论问题。此外，由航空工业委员会、总参装备计划部、国防工业部共同拟定的武器装备发展计划，也是《规划纲要（修正草案）》的组成部分。

在《规划纲要（修正草案）》中还对全国科学研究工作的体制（主要是科学院、产业部门和高等学校三个方面之间的分工合作与协调原则）、现有人才的使用方针、培养干部的大体计划和分配比例、科学研究机构设置的原则等作了一般性的规定。

此外，《规划纲要（修正草案）》还有一些国际合作项目，如留学生的选派，派遣科学家、研究生出国考察、学习，请外国帮助建立研究工作基地，聘请外国科学家来华讲学或帮助研究工作，与苏联、东欧国家建立科学联系和进行某些研究项目等。

在制定《规划纲要（修正草案）》的过程中，为了发展无线电电子学、自动化、半导体和计算技术这四个在现代科学技术发展中具有关键作用的新学科领域,使其在短时期内改变现状,接近国际水平,科学规划委员会提出了《发展计算技术、半导体技术、无线电电子学、自动学和远距离操纵技术的紧急措施方案》(后来简称为"四大紧急措施")。《方案》报到国务院后,周恩来亲自过问审议,立即批准,并同意由中国科学院迅速集中科技力量,着手筹建有关研究机构。这年7月28日,中国科学院第二十次院务常务会议决定成立计算技术研究所、自动化及远距离操纵研究所以及电子学研究所的筹备委员会和应用物理研究所半导体物理研究小组,分别由华罗庚、钱伟长、李强和王守武等科学家负责筹备。按照这个方案,中国科学院很快就着手建立计算技术研究所、半导体研究所(开始叫物理研究所半导体实验室)、电子学研究所和自动化研究所。

《规划纲要(修正草案)》的制定,对我国科学技术事业的发展起了重要的推动作用。聂荣臻曾对此有过这样的概括:"首先,它勾画出了我国科学技术发展的蓝图,有了一个总的发展方向,展示了前景,鼓舞了人心。其次,它确定了我国科学技术发展的重要领域,并具体化为课题,从而统一了思想,统一了步伐,使攻关有了明确的奋斗目标。通过制定规划,我们也初步摸清了国际上当时先进科学技术的状况,和我国自己的'家底',了解了发展科研事业所必须具备的基本条件,如组建机构、组织队伍、建立必要的科研服务体系等。由于规划制定过程中科学家们对各种问题进行了广泛地探讨和争论,也促进了科技界'百家争鸣'的大好局面。同时,通过制定和执行规划,我们还初步制定了若干科研工作政策,对党如何领导好科研工作开始摸索和积累了一些经验。"[1]

有了规划，就有了奋斗目标。从 1957 年起，《规划纲要（修正草案）》全面实施。虽然随后发生的反右派斗争和"大跃进"运动，使我国的科学技术发展工作受到了一定的影响。但是，在周恩来、聂荣臻等老一辈革命家的组织领导下，经过广大科研人员的不懈努力，《规划纲要（修正草案）》的主要任务，到 1962 年，57 项任务中有 50 项基本上达到了原定的目标，另外有些项目是长期任务，并不是 12 年内所能完成的，但这些项目也取得了重大进展。因此，到此时，12 年科学规划的任务可以说是基本完成了，比原计划提前了五年的时间。

1956 年到 1962 年的 7 年间，我国的科学事业取得了长足的发展。全国科研机构由 1956 年的 381 个增加到 1962 年的 1296 个，人员由 18000 余人增加到 68000 余人，各主要学科和技术领域几乎都设置了专门的研究机构，我国已经有了一支门类比较齐全、基本上可以解决国家建设提出的关键问题的科研人员。

同时，规划任务的提前完成，有效地解决了一批国家经济建设和国防建设中急需的科学技术问题，一些重要而原本是空白或基础薄弱的领域，得到了填补或加强，一系列的新兴技术从无到有地发展起来，发展了原子能、电子学、半导体、自动化、计算机、喷气和火箭等新兴科技。如 1958 年我国第一台小型通用计算机诞生，第二年又研制出了第一台大型通用计算机；1959 年成功地拆合了天然胰岛素 A 链和 B 链，为人工合成胰岛素寻找到了突破口；1960 年我国成功发射了第一枚探空火箭和第一枚

---

[1]《聂荣臻回忆录》（下），解放军出版社 1984 年版，第 778—779 页。

自制的运载火箭，同一年中国科学家发现了"反西格马负超子"；1961年研制成功我国第一台激光器；原子弹的研制取得重大进展，为1964年我国第一颗原子弹成功爆炸做了重要准备；等等。总之，经过几年的努力，大大缩短了我国科学技术和世界先进水平的差距，并为我国科学技术事业的继续发展打下了良好的基础。

1958年教科文卫"大跃进"

由于对社会主义建设经验不足,对经济发展规律和中国经济基本情况认识不足,并且急于求成,夸大了主观意志和主观努力的作用,1958年没有经过认真的调查研究和试点,轻率地发动了"大跃进"运动。"大跃进"一个显著的特征,就是提出许多脱离实际、无法实现的高指标,从而导致一段时间各个领域浮夸风盛行,本应严肃严谨的教育、科学、文化领域也不例外,留下了深刻的教训。

一、知识界的"跃进"计划

"大跃进"是从对反冒进的批评中开启的。在1957年9—10月召开的扩大的中共八届三中全会上,毛泽东首次表达了对1956年的反冒进的不满,认为1956年的反冒进挫伤了干部群众快速建设社会主义的积极性。同年11月,毛泽东赴莫斯科参加各国共产党、工人党代表会议并出席十月革命胜利40周年庆典期间,明确提出要用15年时间主要工业指标赶上或超过英国。1958年1月,中共中央在南宁召开工作会议,毛泽东一再对反冒进提出严厉批评,说反冒进泄了6亿人民的气,犯了政治方向的错误。在这之后,工农业生产和社会发展一些不切实际的高指标也相继提出,"大跃进"实际上被发动起来。在这种氛围之下,教育、科学、文化领域的高指标也开始出现。

1958年2月13日至15日,批评反冒进的南宁会议刚刚开过,中国科学院就在北京举行各研究所所长会议,部署科学工作的"大跃进"。会上,中国科学院院长郭沫若传达了毛泽东的指示,号召科学工作者拿出吃奶的力气来,促进科学"大跃进"。在会上,一些研究所的负责人当场就提出了本所的跃进规划。精密光学仪器研究所负责人提出,以第二个五年计划的大部分时间来掌握世界上光学机械仪器方面的主要成就,在第二个五年计划的后两年开始制造新仪器,到第二个五年计划末接近世界先进水平,在第三个五年计划的前三年与世界先进水平犬牙交错地前进。石油研究所负责人表示,在五至七年之后,我国在页岩油、水煤气合成石油生产方面将远远超过英国、西德和美国,这两方面的科学研究工作自然也应达到国际水平。

一位著名科学家在会上说,在我国实现呼风唤雨、普遍应用电能等远大理想,现在就要考虑进行准备工作。例如水利方面实现了农业纲要后,就可以基本上免除不太大的自然灾害,比较大的自然灾害如台风,也可以应用人工气象控制的科学方法来控制;水雨量的多少同样可用人工控制,这方面的研究就是云雾物理学。他还说,我相信理想的、极乐的世界不久的将来就会在我们这块土地上建立起来。[1]

1958年2月25日,中共上海市委举行文艺干部大会,市委第一书记柯庆施发表了他对文艺"大跃进"的看法:"在这种工

---

[1]《科学大跃进的号角吹响了》,《光明日报》1958年2月21日。

农业的大跃进形势下，科学、技术、教育、文艺这些部门，就显得有些落后。如报纸就不能把今天火热的生活反映出来。今天的办法是只有你挤我，我挤你，才能进步。""要文艺界大跃进，要百花竞放，繁荣创作，就要千方百计，克服困难，一天不行，两天；两天不行，一个月；白天不行，晚上再干；一个人不行，大家来干。不但要有干劲，还要有股牛劲，坚决和困难作斗争。"[1]

　　柯庆施作完报告的当天下午，中国作家协会上海分会就召开扩大会议，讨论文艺界如何跃进的问题。上海分会原计划两年内创作各式各样的文艺作品1000件，这个指标显然已经落后了，经过讨论改为3000件。原计划创作大型作品和重点组织的作品集120部，此时也增加为235部。作家们也纷纷提出自己的跃进规划。一位著名作家表示，两年内准备写中、短篇小说集，散文特写集各一部，谈自己创作的文章10万字以上，同时编辑、整理和修改自己的文集9卷，年内译完高尔基的《文学回忆录》。还有一位知名作家，原计划每年写各种形式的短文30篇，现在增加10篇，3年内写长篇或中篇小说1篇，短篇小说集1个，再添上散文特写2部。

　　过了不到10天的时间，中国作家协会上海分会又举行有音乐界、美术界、戏剧界、电影界代表参加的理事扩大会议，通过了"上海文艺界跃进公约"。公约提出："在这个万马奔腾，一日千里的时代，文艺界一定要在政治上、学习上、创作上来一个彻底的变革，都翻一个十万八千里的筋斗。"作协上海分会还要

---

[1]《做时代的镜子，做革命的闯将》，《文汇报》1958年2月26日。

求会员两年内创作各种形式的文学作品4000篇，其中大型作品120部到300部。[1]

3月6日，中国作家协会书记处举行扩大会议，讨论文学工作"大跃进"问题。会议提出，要组织更多的作家长期深入生活，年内应争取1000个以上作家到群众生活中去。总会和各地分会要抓创作规划工作。已经制定规划的作家，要根据新的形势加以补充和修改；没有制定规划的作家，要制定规划。会上，作协向全国作家发出了《作家们！跃进，大跃进》的一封信。信中充满激情地说："六亿人民的社会主义大跃进的高潮已到，人人兴奋，个个当先，随时随地出现奇迹。一天的奇迹就够写成许多部史诗、戏剧和小说的。作家、理论家、翻译家同志们，我们怎能不高兴、不狂喜，不想变成三头六臂，眼观六路，耳听八方，双管齐下，快马加鞭，及时报道，及时歌颂，鼓舞更大的干劲，叫前人所不敢梦想的都每一天、每一小时、每一分钟，实现在我们眼前呢！"[2]

3月30日，北京漫画界30余人集会，讨论漫画"大跃进"计划。几位著名漫画家都计划在1958年创作漫画（包括漫画插图）300幅，将近每天一幅。其他漫画家创作数十幅到200幅不等。参加订计划的24位漫画家计划全年创作的漫画总数达4695幅。会上还就创作、群众辅导工作及展览工作等提出条件，向全国漫画界挑战。挑战的条件是：在创作方面，除数量要多，每人

---

[1]《上海文艺界提出跃进公约，第二批作家被批准下厂下乡》，《今日新闻》1958年3月20日。

[2]《作家要及时歌颂全民大跃进》，《光明日报》1958年3月8日。

订出计划定期完成外,还要保证漫画创作迅速及时地密切地配合当前政治任务进行宣传;其中讽刺性的漫画要作到讽刺的正确性和鲜明性;同时还要力求作品的民族化和通俗化。[1]

电影界也表示赶快实现"大跃进"。2月27日,北京、上海、长春、广州、西安等电影制片厂的代表,在文化部电影事业管理局召开的全国电影制片生产促进会议上,向全国电影工作者发出增产节约倡议书,提出:要在紧缩机构和人员、下放干部的情况下,充分发挥人力物力的潜力,将全年艺术片的生产任务由原来的52部跃进到75部,比1957年增加35部;完成大型纪录片和大型科学教育片14部,比1957年增加9部;短科学教育片78部,比1957年增加46部。[2]

图书馆界也表示要加入"大跃进"的行列。3月下旬,北京、上海等19个省、市、自治区的28个图书馆的代表,在全国图书馆工作会议上制定全年图书馆工作跃进规划,提出要在平均节约经费25%,减少人力22%的情况下,争取读者数比全年原定指标增加1510多万人次,使图书流通量比1958年原定计划增加3728万多册次,并希望全国图书馆工作者扫尽"五气"(指官气、暮气、阔气、骄气和娇气),贯彻多、快、好、省和勤俭办馆的方针,努力做到"服务大众,便利专家,层层辅导,又红又专"[3]。

1958年5月,中共八大二次会议召开,正式通过了鼓足干

---

[1]《北京漫画界向全国挑战,漫画也要又多又好》,《人民日报》1958年3月4日。
[2]《赶先进、比先进,电影界提出大跃进规划》,《今日新闻》1958年3月1日。
[3]《图书馆为群众和科学研究服务,全国图书馆工作会议通过大跃进倡议》,《人民日报》1958年3月26日。

劲,力争上游,多快好省地建设社会主义的总路线,"大跃进"运动随后在全国范围内从各方面开展起来。八大二次会议后,知识界的"大跃进"也进入高潮,同样出现了不少豪言壮语。

1958年6月4日,中国科学院党组为了响应中共八大二次会议的号召,向中共中央报送了《关于自然科学研究十年赶上美国问题向中央的报告》。《报告》提出,在未来十年要做三件事情:一是掌握新技术,重点项目是卫星上天和原子能和平利用;二是促进国民经济的科学化,能够依靠自己的力量独立解决中国工业、农业、交通和卫生事业中重大复杂的科学技术问题;三是培养和建立一支有四五十万人的又红又专的科技干部队伍。

6月3日至5日,中国科学院北京地区各研究单位举行跃进誓师大会。参加大会的有在京学部委员、北京各单位工作人员、外地单位负责人等共1800多人。自动化研究所提出要环绕着长江三峡水利枢纽的自动控制和自动化工业生产进行研究工作,保证在5年之内,和其他部门密切协作,解决三峡综合自动化的主要技术问题。北京天文台筹备处表示要筹建成沙河镇授时台,和计量局、邮电部合作发出最先进的标准频率和新型时号。水利科学研究院的跃进规划是在最短期间提出小河流水文计算必需的资料和方法,做到哪里有水利工程,哪里就有水文资料和方法。植物研究所提出在3年内完成下列指标:制定固沙方案,防止沙漠南移,保护农田;提出变荒漠为良田的方案;把草原地区牧草产量提高3至10倍;提出合理营造山腰林带的方案,利用融雪。动物研究所动物形态学组的专家们认为,在社会主义制度下,人们有可能来考虑延长寿命的问题了,因此要大力研究器官与组织的再生和衰老问题以及神经系统与内分泌器官的关系问题,满足人类延长寿命的愿望。[1]

哲学社会科学界在"大跃进"中也不甘示弱。6月2日，中国科学院哲学社会科学部召开北京地区各研究单位跃进大会。会上，各研究所争先恐后地提出自己的跃进规划。文学研究所提出，在此后10年内要撰著编译书籍1114册，平均每年完成114册，也就是每3天多有一部书问世。经济研究所此前8年只编纂资料书7种800万字，没有其他专著。此次该所提出，今后除继续编辑资料外，在5年内要完成专题论文879篇，专著51种。哲学研究所准备在5年内出专著40部，完成论文1000篇，整理资料5000万字。历史研究所第三所准备在5年内写出一部中华人民共和国史，整理近现代史资料9300万字。考古研究所提出要苦战5年，基本上建立马克思列宁主义的中国考古体系。少数民族研究所打算在1958年前，帮助还没有文字而需要文字的民族创制文字；至迟在1959年底以前，帮助所有不创文字而需选定文字的民族选定文字。语言研究所计划将原打算3年完成的《现代汉语词典》在1959年完成，并将词条由原拟定的三四万条增至五六万条。[2]

6月17日，中国人民大学召开师生大会，党委书记胡锡奎宣布人民大学跃进规划："苦战五年，红透专深，把人民大学建设成为马克思主义教育的先进阵地。"各系主任或党总支书记也宣布了自己单位的跃进规划。法律系提出，5年内写出3000—5000

---

[1]《向世界科学最高水平进军，中国科学院北京地区各研究单位举行跃进大会》，《人民日报》1958年6月8日。

[2]《把无产阶级红旗插满社会科学领域，中国科学院哲学社会科学部召开插红旗大会》，《人民日报》1958年6月4日。

篇学术论文，其中100篇达到国际水平。工业经济系表示，5年内要写出具有国际先进水平的工业经济、企业组织与计划教科书，写出1000篇具有一定价值的科学论文。[1]

二、"国际先进水平"及其他

计划刚刚制订，成果很快产生。八大二次会议之后，科学"大跃进"取得的"重要成果"甚至是"国际先进水平"的成果，也不时见诸报端。

在1958年5月下旬召开的中国科学院北京地区共青团第二届代表大会上，传出"捷报"，青年科学家们创制的产品有7项达到了国际先进水平，有11项是以往没有研制过的。[2]

7月1日，新华社发布消息："首都科学界向党汇报成果，许多研究项目超过英美水平。"消息称：中国科学院应用物理研究所对于半导体晶体管的研究成果，是目前世界上功率最大、频率最高的半导体晶体，它比美国的同类产品还要高。此产品是这个所在20天内突击完成的。化学所研究出了"尼龙9"，而国外还没有正式生产。地质所的岩石分析、钶钽铁矿分析、独居石分析、锂云母分析等研究成果以及远距离操纵，自动化研究所的无触地远距离信号设备、脉冲频率设备"也大大超过了英美水平"。

同一天，中共中国科学院机关党委召开第二次代表大会，北京地区各研究单位共向大会献出研究成果300余项，"其中超过

---

[1]《人民大学周报》，1958年6月18日。
[2]《同迷信、自卑感决裂》，《人民日报》1958年6月4日。

国际水平和达到国际水平的共有 25 项"[1]。只过了 4 天的时间，也就是会议结束的时候，献出的研究成果达到了 972 项，"其中 107 项达到或超过国际水平"[2]。

7 月 8 日，上海举行科学技术研究工作跃进展览会，上海地方工业、上海高校、中国科学院和中央各部委在上海的研究机构共 60 个单位参展，共展出实物、图片、图表 2600 多件，"其中有四百四十多项已经赶上或超过了国际先进水平。许多研究成果说明，上海在一些基本工业生产上已经掌握了现代尖端技术"[3]。

10 月上旬，中国科学院召开国庆献礼祝捷大会，各研究单位共献出了 3 个月的时间完成的 2152 项科学成果。"经过调查和鉴定，其中超过世界水平的有 66 项，达到世界水平的有 167 项。"其中有"不但能作数天以内的短期和中期天气预报，三个月的长期天气预报也已初步研究成功"的气象研究成果，有"用飞机把一种化学物质撒在白云上，不久就在十平方公里的面积上下了二十分钟雨"的人工降雨成果，也有"人工控制高山上冰雪融化的方法，可以控制融化的时间和数量"的成果，还有"用化学方法使煤或煤气直接发出电来，不必用马达和发电机，而且可以大大提高煤的利用率"的成果。[4] 不过，对于上面这些报道，千万不要去较真，此时各行各业都在大刮浮夸风，大放"卫星"，就连神圣的科学事业中也出现了吹牛皮、说大话的现象。

---

[1]《北京科学机关献出宝贵科学成果庆祝党的生日》，《光明日报》1958 年 7 月 2 日。
[2]《中国科学院举行党代表大会，决定加强党对科学工作的领导》，《人民日报》1958 年 7 月 6 日。
[3]《四百多项科学研究成果赶上国际先进水平》，《人民日报》1958 年 7 月 9 日。
[4]《中国科学院举行献礼祝捷万人大会》，《人民日报》1958 年 10 月 5 日。

高等学校的科研也在"大跃进"。据报道，清华大学在"七一"前夕试制成90多种新产品，内有60多种产品达到国内先进水平，"许多产品还达到和超过世界先进水平"。其中有电机系设计和制成的非线性电子模拟计算机、宽频脉冲发生器、防雷分析仪、仪表用放大设备、移相自耦变压器和毫秒量测仪等，无线电系制成的电视设备、脉冲示波器、真空系统及量测仪器等。[1]

北京大学自称在半个月内完成680项科研项目，超过了过去3年科研项目的总和，其中100多项是尖端技术科学，有50多项达到国际先进水平。而这一消息，是由我国最权威的通讯社新华社发布的。半个月之后，有报道说北大的科研成果达到了3406项，其中达到或超过国际水平的有119项，属于国内首创的有981项。而1952年至1956年4年间，北大订出的科研项目只有100项，1956年至1957年也只有400项。而这3400多项成果，从8月1日开始算起，只用了40天的时间。

北大的科研"卫星"放出之后，捷克斯洛伐克向中国有关部门提出，希望中方提供北大已经达到"国际水平"的科研成果的清单、技术报告和资料。中国有关部门碍于兄弟国家的情面，只得要求北大提供相关材料，结果可想而知。

半年之后，北京大学对1958年科学"大跃进"中完成的达到"国际水平"的227项科研项目中的186项进行检查。检查的结果是发现有三类情况：第一类，有比较充分的根据说明的确达到国际先进水平的有34项，占检查项目总数的18%；第二类，

---

[1]《清华大学试制成九十多种新产品》，《人民日报》1958年7月1日。

有一定的根据列为国际水平，但根据不充分、不确切的项目121项，占总数的66%；第三类，当时不应该列为国际先进水平，现在看来也不够国际先进水平的有31项，占总数的16%。即使如此，这些数字的真实性恐怕仍应打折扣。

南开大学的科研进展也是神速。8月10日开始，南开党委领导4000多名师生，掀起群众性的大搞科学研究、大办工厂的高潮。第一夜就提出2000多个科研项目，其中大部分是属于尖端科学的，不少是"以前想都不敢想的"。南开师生提出了"与火箭争速度，和日月比高低"的口号，从8月11日至25日，共完成研究工作165项，其中理科各系试制成功属于全国第一次生产的产品30多种，达到"国际水平"的19种，"世界独创"的2种。[1]这些数据来自《光明日报》9月底的报道。不到一个月，《人民日报》报道说，南开大学仅在45天中就完成了1761个科学研究项目，其中575项已赶上或超过国际水平。该校制成的离子交换剂更是了得，"它能使海水变为淡水，由海水中提取黄金，提炼稀有元素，净化工厂废水……在医学和国防上也有很大用处"[2]。

《人民日报》在一篇报道中说，从8月下旬以来，全国原有的200多所高等学校，都开展了"迎接国庆，大闹科学"的群众性运动，"一个多月来取得辉煌的胜利"。仅据北京、重庆、天津、西安、上海、合肥等地48所高等学校不完全的统计，已经完成的科学研究题目达15500多项，有19所学校到十一国庆节

---

[1]《南开大学科学研究之花怒放》，《光明日报》1958年9月30日。
[2]《走能文能武途径做科学技术尖兵》，《人民日报》1958年10月27日。

前还要再完成6700多项。据7个高等学校不完全的统计,"其中达到或超过国际水平的项目达430多个,首都30多所高等学校属于尖端技术科学领域的有2000多项"[1]。

在"大跃进"的高潮中,许多离奇荒诞的"科学发明"也纷纷见诸报端:

广东新会县共青团员周汉华,采用水稻与高粱杂交创造出远缘杂交的"成功经验"。这种水稻"茎秆粗大得像小指那么大,剑叶又长又硬又阔,比普通禾苗宽一倍多,根群扎得特别深和发达,谷穗达9寸多长,一穗分12至16个穗枝,大穗达400多粒谷,平均每穗也有300粒。这个种在杂交前穗长只6寸,每穗仅120至130粒"[2]。获得这种"成功经验"的还有广西玉林县师范学校工人蒋少芳,据说他在校园的0.45亩土地上进行同类试验,可收谷1600多斤,折算成每亩产量可达3500多斤。[3]随后,蒋少芳又将水稻与玉米"嫁接成功",获得了第一代"玉米水稻"杂交新品种。[4]

自古以来都是母鸡孵小鸡,而公鸡除了打鸣既不会下蛋也不会孵小鸡,整天无所事事。不过,这种状况在"大跃进"中有了改变。新华社报道说,陕西蒲城县林吉村农业社社员已经试验由公鸡孵小鸡成功。试验的方法是:割去公鸡的生殖器,用两杯酒把它灌醉,在醉酒期间,让醉鸡去孵小鸡。这样经过三天后,公

---

[1]《全国高等学校的日日夜夜》,《人民日报》1958年9月23日。

[2]《青年农民周汉华的创举震动农业科学界,水稻与高粱杂交良种培育成功》,《人民日报》1958年6月19日。

[3]《又一个水稻和高粱杂交品种》,《人民日报》1958年6月26日。

[4]《蒋少芳培育稻种二三事》,《人民日报》1958年8月27日。

鸡就不离蛋了，可以一直把小鸡孵出并养护到大。也有少数公鸡在酒醒后不愿孵蛋，需要再灌上两杯酒。不但如此，公鸡代替母鸡孵小鸡还有诸多好处：不影响母鸡下蛋；公鸡毛厚个子大，孵得多，成活率高；因为公鸡割去了生殖器，会使公鸡发育胖大、膘厚肉肥。[1]

生猪一天长膘19斤的奇迹也发生了。西北农学院畜牧系的六个学生组成"卫星突击队"，为改善饲料管理方法，不怕脏臭，搬进猪棚，和猪同住。他们最初采用群众创造的割猪的甲状腺、割猪耳和猪尾的"三割"办法，以后又采取"四割"办法，即再割去猪的部分胸腺，这样使猪的日增重量大大提高。试验的结果，"二十头猪在五天内平均每头增重六斤半，其中一头最高日增十九斤"[2]。

这样的"发明创造"还有很多：陕西朝邑县东升农业社社员聂积善，"通过小麦和玉米杂交的方法，经过两代的试验，初步培育出一种颗粒大、成熟期短的小麦新品种"。这个社还成立了科学研究小组，除继续培育小麦新品种外，还着手研究新的项目：棉花和葡萄嫁接、豌豆和扁豆杂交、红薯和洋芋杂交等。[3]陕西醴泉、朝邑、长安、武功等地农民还进行了棉花和玫瑰花或葡萄、南瓜和番茄、豌豆和扁豆、小麦和大麦等互相嫁接或杂交的试验。而西安市沙浮沱农业社66岁的社员赵丙衡，用靠

---

[1]《农民学科学敢想又敢做——公鸡孵鸡娃》，《人民日报》1958年7月13日。
[2]《生猪一天长膘十九斤》，《人民日报》1958年11月1日。
[3]《农民学科学敢想又敢做——小麦新品种》，《人民日报》1958年7月13日。

接和接穗的办法，把棉花接在椿树上，已经开花结桃。[1]北京农业大学培育的"农大黑"母鸡下的蛋一个有3两还多。河南省遂平县和兴管理区阎友用谷子和高粱嫁接培育出来了"高粱谷"，穗形像蒲棒，籽粒像谷子，吃起来又甜又粘。[2]山东省园艺科学研究所的王立治将苹果的幼果，嫁接在正在生长期间的南瓜上，苹果的果形、色、味和大小都与树上所结无异，南瓜的生长也未受到影响。[3]

在科学"大跃进"的热浪中，科学家与"高产能手"还开展了放"卫星"竞赛。这年7月上旬，全国科联（即中华全国自然科学专门学会联合会）和北京科联组织中国科学院生物学部、中国农业科学院和北京农业大学的科学家，与来自河北、河南、湖北等省的三十多位种田能手举行丰产座谈。说是座谈，实际上是擂台赛，在上面的压力之下，科学家们同种田能手展开了指标大战。

会前，科学家们提出了自己认为够高的指标。指标是按照当时盛行的"两本账""三本账"制订的，提出1959年丰产试验田单季亩产指标。第一本账是：小麦1.5万斤，水稻2万斤，籽棉3000斤，甘薯15万斤；第二本账是：小麦2万斤，水稻3万斤，籽棉4000斤，甘薯20万斤；第三本账是：小麦3万斤，水稻4万斤，籽棉6000斤，甘薯26万斤。

可是，一听种田能手的报告，科学家们大吃一惊，发现自己

---

[1]《大量普及，迅速提高，陕西争取科学工作在短时间内达到世界水平》，《人民日报》1958年9月19日。

[2]《农展会上看"珍奇"》，《人民日报》1959年1月10日。

[3]《苹果寄生在南瓜上》，《人民日报》1958年12月1日。

准备公开的三项指标已是大大落后于农民兄弟，只得赶紧修改指标。生物学部将产量指标调整为：小麦亩产2万斤，争取3万斤；水稻亩产2万斤，争取3万斤；甘薯亩产30万斤，争取40万斤；籽棉6000斤，争取1万斤。在第二天的座谈会上，几天前刚放出小麦亩产5467斤"卫星"的湖北谷城县新气象五社主任王家炳率先提出，1959年小麦亩产将达到3万斤，别的高产能手一听，自然不甘落后。来自河北邢台的一位丰产能手竟将指标提高到5.5万斤，这场指标大战才算告一段落。

会议期间，生物学部与中国农业科学院间也展开了挑战赛。农科院向生物学部发出的挑战指标是小麦亩产4.5万斤，生物学部则以更高的指标回应：小麦亩产5万斤，争取6万斤；水稻亩产6万斤，争取6.5万斤；甘薯亩产40万斤，争取50万斤；籽棉亩产1.5万斤，争取2万斤。

科学家毕竟是科学家，说出大话之后还是认真去试验。会后，生物学部组织了丰产试验田委员会，在6亩小麦试验田里，深翻10尺，每亩下种260斤到400斤，施粪肥40万至60万斤。试验田白天鼓风机轰鸣，以增加二氧化碳；晚上灯光如同白昼，以增加光合作用。尽管如此，第二年麦收时，最好的一块地亩产也只有900斤。[1]

在这场全面"大跃进"中，社会科学研究也取得重大跃进成果。中国人民大学只用了1个多月的时间，全校师生员工研究的项目和写出的论文共有4058篇，相当于建校8年来所完成的科学论文总和的4倍以上。中央民族学院的师生同样创造出了"奇

---

[1] 薛攀皋：《与农民竞赛放"卫星"》，《科技日报》1993年11月14日、21日。

迹",只花了十几天的工夫,就编写了藏汉、汉藏、汉维、维汉、蒙汉、壮汉、柯汉七部口语词典。西北大学历史系考古班的学生,经过两个月苦战,完成了50万字的《中国历史考古学》初稿。[1]中南政法学院的1000余名师生,3个月的时间写出了3000多篇论文,其中95%是学生写的,而该院1956年和1957年,全院师生才写出论文80余篇,"大跃进"中仅3个月,就超出了过去两年论文总和的40倍以上。[2]

在全国各业各行争相放"卫星"的感染下,文艺界的"卫星"也放出来了。1958年9月9日,上海在中苏友好大厦举行文艺创作跃进展览会。上海"大跃进"以来取得的文艺"成果"有:群众业余创作的文艺作品300万字,生产影片638部,美术作品6000多件,创作剧目2053个,真可谓"各种形式的文艺创作都有卫星上天"[3]。清华作为一所以理工科为主的高等学校,此时成了著名的群众文艺创作的典型。全校1万名学生,据说创作了5000多首诗,3000余首歌曲,1500个剧本,2000篇小说、散文、特写、曲艺,3000多幅漫画,办了700多种系和班级的油印刊物,"许多班做到了人人是诗人"[4]。

卫生系统也放起"卫星"来了。这年6月,中国医学科学院组织了一个肿瘤综合研究委员会,下分预防、基础、实验治疗、临床四个综合研究小组,分别选择子宫颈癌、乳腺癌、直肠癌、阴茎癌、食道癌、肺癌、口腔癌等"作为在两年内首先

---

[1]《师生员工著书立说》,《光明日报》1958年9月27日。
[2]《三个月写出三千多篇论文》,《光明日报》1958年9月27日。
[3]《上海文艺创作万紫千红》,《文汇报》1958年9月9日。
[4]《清华掀起群众文艺创作高潮》,《光明日报》1958年10月19日。

予以制服的对象",结果是"几个月来,他们已经取得了初步战果"。10月中旬,中国医学科学院宣布:"从根本上解除恶性肿瘤对人类的威胁,已经为期不远了"。10月中下旬,中国医学科学院召开院务委员扩大会议,"总结了三个多月以来技术革命的成就和经验",认为"该院在技术革命运动中,由于树立了党的领导,贯彻了中西结合土洋并举的方针,破除了迷信,开展了科学研究的群众运动,从而出现了两千多项发明创造和技术革命。其中有一百多项达到国际水平,有四十多项超过了国际水平,有二百六十多项为国内首创"。[1]

三、"教育革命"之举

在1958年的教科文卫"大跃进"中,曾开展了轰轰烈烈的所谓"教育革命"。这年的"教育革命",具体表现在三个方面:一是强调教育为无产阶级政治服务,进行红专大辩论,用当时流行的"插红旗、拔白旗"的方式,开展对所谓资产阶级学术思想的批判,组织学生编写教材;二是强调教育与生产劳动相结合,大搞不同形式的勤工俭学,在"大跃进"高潮中发展到组织师生大炼钢铁,大办各类工厂;三是用群众运动的方式办教育,实现各类教育的"大跃进",特别是不顾条件开办一大批高等院校。

八大二次会议后,根据会议提出的"插红旗、拔白旗"的要求,批判"资产阶级学术思想",作为"拔白旗"运动的主要内

---

[1]《中国医学科学院决心在科学研究上创造更大成就》,《人民日报》1958年10月28日。

容，在人文社会科学领域比较有影响的学者，几乎全被当作"白旗"而被批判过。当然，"拔白旗"仅仅是"破"，即破除了对专家教授的迷信，但同时还需要"立"，而组织学生和青年教师编教材、写专著，就成为"立"的重要途径。

北京师范大学曾被誉为"教育改革中的一面红旗"。北师大之所以成为红旗，是因为该校在教学改革中"大搞群众路线"，实行"三结合"制订新的教育大纲。

何谓"三结合"？即系党总支、教师、学生结合起来，共同编写新的教学大纲。在这三者中，党总支无疑是新大纲的领导者，而教师和学生的"结合"，便是各编一套大纲，比较优劣，实际上也就是师生唱对台戏，看谁的戏唱得好，评委就是党总支。

北京师范大学的教学改革，是从这年6月中旬开始的，"学校党组织横扫自卑和对旧专家的迷信，发扬共产主义敢想敢说敢干的大无畏风格，全校十个系由党委会和十个总支六十六个支部挂帅，积极领导这一运动。改变过去修订大纲、编写讲稿由少数人包办的专家路线，放手发动全校所有的青年教师和四千多个学生，大家共同搞这一项工作"。据报道，这次教学改革"两条道路、两种方法的斗争十分激烈"，部分教师特别是老教师，"仍站在原有的框子里，瞻前顾后，扭扭捏捏，枝枝节节地修修补补不作本质上的改革"。为此，学校采取了"打擂台"或"对台戏"的方式。前者是教师和学生就同一课程分头准备提纲，然后在一起讨论，相互取长补短，共同制订一份新的教学大纲；后者是学生和教师各拟订一个或几个提纲，然后师生的提纲都摆出来，进行评比，开展辩论，选出其中较好的一个作为基础共同修改定案。

该校中文三、四年级部分学生,"破除了对资产阶级专家的迷信",在中文系党总支直接领导下,成立"中国古典文学改革小组"。大纲编写过程中,学生们按照中国古典文学的阶段,把35个人分为8个战斗组,分头到学校和北京市有关的图书馆、民间文学研究机构等处找材料、抄材料,"在四五天的时间里,四年级的26人共看了291册书"。这就意味着平均每人读了11本书。不但如此,有的书"连老教授都没有看过"。至6月29日,学生的教学大纲初稿完成,但发现元朝文学这一部分还不满意,于是又分工去看有关的文学史材料,"一夜之间重新赶写出来"。仅仅7天时间,一部新的古典文学大纲就写成了。[1]

北京师范大学中文系以师生唱对台戏的方式编写教学大纲闻名,而北京大学中文系则因学生编文学史而声名远播。北大中文系60个学生分成了先秦组、魏晋南北朝组、隋唐五代组、宋元组、明清组、近代组,然后分头找资料,分工写作。经过30多天时间,一部长达70万字的中国文学史书稿写成了。中文系的学生编提纲、讲义,历史系的学生也就发挥自己所长,写历史,欲与"资产阶级专家、学者"比高低。北大历史系亚非史专门化(即专业)的11个学生,突击半个月,完成了20万字的《阿拉伯各国人民民族解放运动史》,二年级一班的学生写出了《北京清河制呢厂厂史》,二年级二班编写了《安源路矿史》,就连一年级学生也苦战20天,完成了《祖国大跃进一年》的初稿。[2]

---

[1]《这场对台戏唱得真好——记北京师范大学修改古典文学教学大纲的一场论战》,《人民日报》1958年7月17日。
[2] 吴维能、施德福:《万紫千红,百花争妍》,《历史研究》1958年第7期。

华东师范大学历史系的师生写出了《中华人民共和国十年大事日志初稿》《新艾森豪威尔主义批判》《论中近东阿拉伯各国人民的解放斗争》等。"这些著述,一反以往的恶习,数量上是今多于古,而且大多数是为当前政治服务的。"[1]

南开大学历史系青年师生编出了《马恩列斯及毛泽东论历史科学》,还编写了中东、北非、拉丁美洲、东南亚民族解放斗争史及大事记,以及《中国和阿拉伯的关系》《美帝侵华史》《纸老虎现形记》《雷海宗反动政治学术思想批判》《资产阶级学术思想批判》等。[2]

据上海交通大学党委宣传部介绍,交大船舶制造系的青年学生,在短短的一周时间里写出了数以百万计的教材和讲义。其中,二年级的部分学生用6天时间编出了一本长达42万字的理论力学教材,二年级的22个学生用10天的时间编写出了22万字的四年级教材《造船工艺学》,三年级的部分学生用7天时间编出了7万字的《船舶阻力》。[3]

吉林大学苦战六周,全校共编写136门课程的346种教材,总字数达2500万字。"这些教材的共同特点是从实际出发,打破旧体系,建立新体系,有许多是质量较高的。"这样数量庞大的教材,都是根据自编、自审、自刻、自校、自印的"五自"要求,由各编写小组刻印出来。[4]其中,中文系四年级全班24个学生经过10

---

[1]《华东师范大学历史系科学研究在大跃进中》,《历史研究》1958年第11期。

[2]《良好的开端》,《历史研究》1958年第11期。

[3] 教育与生产劳动相结合展览会上海馆编:《上海高等教育大革命的开端》第1集,1958年,第203页。

[4]《党的教育工作方针的胜利》,《光明日报》1958年10月27日。

昼夜苦战，翻阅参考书532种1000多册，也就是说，每人查阅了40多本参考书，平均一人一天查阅4本。从7月底到8月中旬，也就是20天的时间，一本"崭新的以毛泽东文艺思想为指导，以民间文学为正宗"，长达12万字的中国古典文学史教学大纲就编出来了。接着，80万言的古典文学史讲义初稿也编出来了。[1]

据当时的报道，南京大学学生编写教材也是硕果累累。法文专业四年级16个学生，在4天中编了一本《法语会话》的教材；德文专业四年级学生编就了全部德华词典卡片；俄文专业四年级学生编成了俄文专业教学计划和俄语词汇教学大纲；英文专业四年级学生编成了语法教材；中文系四年级学生编成了解放以来中国文学史教学大纲；地貌专业四年级学生编成了第四世纪地质教学大纲，如此等等。在不长的时间里，南京大学共编就3250项教学大纲、教材和教具。[2]

1959年上半年在纠"左"的过程中，教育部党组曾起草了《关于高等学校学生编写讲义问题的意见》，虽然肯定"教育革命"中学生和青年教师编写教材与讲义"取得了一定的成绩"，但同时也指出，学生因忙于编写讲义，以致妨碍对各门课程的正常学习，加之学生水平参差不齐，知识准备不够，因而编出来的讲义往往不尽合用。为此，教育部党组提出：学生在学习方面的主要任务是学好学校所规定的各科课程，时间和精力应放在学习功课上。除了学习成绩好的高年级学生在不影响功课学习的前提下，可以参加一部分编写讲义和编纂资料的工作外，一般学生，

---

[1]《在教学改革中的吉林大学中文系》，《光明日报》1958年11月2日。
[2]《南京大学学生自编教材》，《光明日报》1958年8月23日。

特别是一、二年级学生，除特殊情况外，不要发动其参加编写讲义的工作。编写讲义主要是教师的责任，教师在编写讲义的过程中应当适当听取学生的意见，不要让学生为编讲义而编讲义，应当给教师以充裕的时间进行备课、编写讲义，从事各种研究和写作活动。各科有现成讲义可用的，应一面讲授一面修订，不一定都要用自编的讲义。中共中央于同年5月24日批转了教育部党组的这个《意见》，认为"这些意见是对的"，要求各省、市、自治区党委将其转发给各高等学校党委，督促各校检查执行。按照这一要求，各校学生自编讲义、教材的工作基本上停止下来。

"教育与生产劳动相结合"，亦是这年"教育革命"的重要内容。从这年年初开始，教育部、共青团中央等部门就不断召开会议，发出指示，要求教育战线大力开展勤工俭学活动，以此作为教育与生产劳动相结合的重要方式。八大二次会议后，勤工俭学活动发展到大办各类工厂。

高校办工厂较早见诸报刊的是北京钢铁学院。有报道说，7月中旬，北京钢铁学院已经建起了1.75立方米的炼铁小高炉和每炉产量22吨的耐火材料厂各一座。冶金系的学生白手起家，苦战5天，修建了1座高炉；铸造专业的学生，打破迷信，"经过14天的反复试验，终于利用空气吹炼出中碳钢"。为此，《光明日报》用一整版的篇幅介绍了北京钢铁学院大办工厂、大炼钢铁的经验，同时还配发了社论，称其为"共产主义事业的苗芽"[1]。

在1958年的"教育革命"中，武汉大学也颇为引人注目。该校在"苦战五年建设共产主义新武大"的口号下，大办工厂，

---

[1]《北京钢院铁水奔流》，《光明日报》1958年7月16日。

大办农场，各系规划建立工厂、农场100个。据称，在武汉大学已经开工和即将开工的工厂中，有全校办的为发展国民经济所需要的大型钢铁厂、水泥厂、耐火砖厂，有为教学和科学研究联系生产实际而兴办的高级化学合成工厂、无线电工厂等，也有为发展尖端科学而兴办的半导体、电子计算机、精密仪器制造工厂等，此外还有砖瓦厂、木工厂、肥料厂等。[1]

清华大学集中了众多的理工科人才，办工厂自然是得天独厚。《光明日报》的一则报道称："清华大学实现教育结合生产劳动方面作出了显著的成绩。现在已经到处是工厂了。有包括十四个车间的综合机械制造厂，有能在发电同时生产九种产品的示范性燃料综合利用发电厂，还有建筑、水利、电力等工程公司和安装公司。八个月来他们制造了二百多种新产品和生产设备，其中七十多项达到国内或国际先进水平，而五十多项新产品和新技术是国内首创。"[2]

南京大学的办工厂、办农场运动也颇为热烈。据南大宣传部门自己介绍，至8月中旬，南大根据"抓尖端"的原则，建成了36个工厂，试制成了300多种新产品。这些产品中绝大部分是国内尚未生产过或产量不足、需要进口的重要品种，对工农业"大跃进"起了很大的促进作用，例如化学系的CZ橡胶促进剂对上海大中华橡胶厂赶上英国有重要的意义。在这些产品中，30多种已达到国际水平，200多种为国内首创。[3]

---

[1]《武大出现办工厂增专业的崭新局面》，《光明日报》1958年7月21日。
[2]《掀起大办工厂新高潮》，《光明日报》1958年8月14日。
[3]《南京大学勤工俭学大丰收》，《光明日报》1958年8月19日。

如果说理工科学校或综合大学办工厂还有些条件的话,那么文科大学和师范学校办工厂,按理就不那么容易了。可是,在这个"只怕想不到,不怕做不到"的年月里,文科校系办工厂的"奇迹"也同样被创造出来了。

中国人民大学作为一所以马列主义政治、经济理论为主的社会科学综合大学,既无现成的实验室、实验工厂可以利用,也无办工厂的技术人才,但这也没有难倒人大的师生们,他们照样在教室的周围办了大大小小108个工厂,办了一个拥有百亩土地的农场,还在校内校外办了两个百货商店。

中国人民大学不仅校有校厂,系有系厂,有的班还有班厂。学校有机械制造厂,计划年产车床1000台,它是由原工业经济系的小机械厂扩建而成的。围绕机械厂,还办了一些诸如钢铁厂、炼焦厂、耐火材料厂等卫星厂。这样,"在校内形成了一个工业体系"。各系的工厂更是五花八门:农经系办了化肥厂、农具厂;贸经系办了一个据称能年干馏木柴3000万斤,且能提炼6种有机化学原料的木柴干馏厂;新闻系办了中外文印刷厂,拥有5部半自动化排字机,日排10万字。

不要以为这些工厂有正经的厂房、正规的操作规程、正式的技术人员,根本不是那么回事,完全是因陋就简办起来的。其中不少是几个同学,最多是全班同学一合计,找一块地方,想一个厂名,就办起来了。"许多班办的工厂,大都是小型的,只要几个人在课外时间就可以干起来。"[1]

至1958年10月初,北京师范大学办起了64个工厂,全校

---

[1]《劳动人民知识化,知识分子劳动化》,《光明日报》1958年9月17日。

每天有400个学生在工厂劳动,"各厂的许多产品都达到或超过了国内大厂的水平"。校内还有一个占地170亩的农场,且土地深翻了六尺,每亩施肥百万斤。[1]

1958年11月1日起,教育部和共青团中央在北京联合举办了教育与生产劳动相结合展览会。展览会筹备委员会的开幕词说:几个月来,据20个省、市、自治区不完全统计,21126所中等、高等学校,共办大小工厂、作坊10万个,共办大小农场1万多个,种植面积250万亩。[2]这股高校学生动手办工厂之风,进入1959年后才基本停止。

四、"教育史上亘古未有的奇迹"

"大跃进"启动后,各地曾开展了轰轰烈烈的扫盲运动。这年2月27日至3月6日,教育部等单位在北京召开全国十八省市自治区扫盲先进单位代表会。会议提出:全国在第二个五年计划内基本上扫除青壮年文盲;在两三年内基本上扫除职工和干部中的文盲;五年内基本上扫除农民和市民中的青壮年文盲。[3]

这次会议之后,各地关于扫盲工作的好消息,接二连三传了出来。河南登封县宣布:全县84325个扫盲对象中,有68516人考试及格,占81.2%,胜利完成了数千年来未能完成的历史任务。

---

[1]《北京师大政治挂帅全面跃进》,《光明日报》1958年10月10日。

[2]《教育与生产劳动相结合展览会会刊》,教育与生产劳动相结合展览委员会1958年编印,第26页。

[3]《陈毅副总理号召来一个文化上的"原子爆炸",扫识字盲文化盲科学盲》,《人民日报》1958年3月7日。

还有 15809 个文盲正夜以继日地进行突击学习，决心要在 3 月底全部扫完。[1]

5 月初，黑龙江省成为全国第一个"基本扫除文盲"的省份。《人民日报》介绍说，这个一向被认为文盲最多的省份，已基本完成了青壮年扫除文盲的任务。全省 86% 以上的青壮年工人和 81% 以上的青壮年农民都认识了 1500 字以上，普遍做到了"四会"，即会读、会写、会讲、会用。扫盲对象都能看懂通俗的报刊，还能够记账、写信、写短文，有不少人还学会了写工作报告。[2]

与此同时，新华社报道说，根据北京、江苏、安徽、山西、河北、黑龙江等 14 个省、市的统计，已有 4600 多万文盲参加学习。不少地方的青壮年文盲几乎全部入学。江苏省 7 个市和 7 个专区有 847.2 万人入学。河北省保定、容城、定县等 35 个县、市都有 90% 以上的青壮年文盲参加学习。除黑龙江省已基本扫除文盲外，吉林省延边朝鲜族自治州、河南省 54 个县市已基本扫除了青壮年文盲。山西的新绛、安邑、临猗、芮城、稷山，山东的莘县，辽宁的金县和旅大市等县市也基本上扫除了青壮年文盲。此外，哈尔滨、齐齐哈尔、吉林等市已经基本上扫除了职工中的文盲。[3]

---

[1]《人人有文化，处处读书声，河南登封县扫盲工作经验介绍》，《人民日报》1958 年 3 月 20 日。

[2]《走了文化革命的第一步——黑龙江省基本扫除文盲的经验》，《人民日报》1958 年 5 月 6 日。

[3]《文化翻身，能武能文——十四个省市四千六百万文盲参加学习》，《人民日报》1958 年 5 月 6 日。

5月20日,《人民日报》发表《用革命精神扫除文盲》的社论,宣布全国据河南、山西、安徽、福建、吉林、浙江等18个省市不完全的统计,文盲入学人数已达6100万人,到4月底,全国已有137个县基本上扫除了文盲。社论认为,虽然扫盲工作取得了很大成绩,但全国各地的情况还很不平衡,扫盲运动在一些地方发展得很快而在另一些地方却进展得很慢。这些进展很慢的地方,应当像那些先进地区一样,抓住生产高潮促进文化高潮的有利时机,以生产为中心,带动各项工作包括扫盲工作的"大跃进"。社论强调,要在此后5年到10年,甚至更短一点的时间内扫除青壮年文盲,不造几个高潮,不来几个跃进,而依旧照前几年那样,每年只扫除几百万文盲,那就会无法完成这个任务。

果不其然,扫盲"大跃进"很快就到来了。河南省在9月25日宣布,已经基本成为无文盲省。全省当年扫除文盲856万人,等于过去8年扫盲总和的4倍多。到9月20日止,全省120多个县市,从14岁到40岁的青壮年中已有94.2%摆脱了文盲状态,并有20多个县市脱盲群众的范围已扩大到45岁或50岁。扫盲毕业的群众一般都能识1500到3000字,能读通俗读物,能写三五百字的文章。福建亦同时宣布,经过广大群众的10个月勤学苦练,福建省已基本上成为无文盲省。到9月中旬止,全省共已扫除青壮年文盲479.8万多人,占青壮年文盲总数的91%。[1]

只过了5天,山西、江苏、广东、湖南也宣布基本扫除了文盲。其中山西全省有青壮年扫盲毕业学员450多万人,占青壮年总数的89.14%。江苏全省到国庆前夕已扫除青壮年文盲827.1

---

[1]《河南福建基本无文盲》,《人民日报》1958年9月26日。

万多人，占青壮年文盲总数的87%。广东仅用了半年的时间，全省扫除了524.5万文盲，这个数字相当于解放8年来所扫除文盲总和的10倍。湖南全省1400多万名青壮年中，有85.25%的人摆脱了文盲状态。[1]

10月1日，《人民日报》在报道中宣布：从1月到8月底，全国共扫除文盲8900多万人，比过去8年中扫除文盲总数还多两倍，全国已有67.2%的县市基本上消灭了文盲，认为这是"教育史上亘古未有的奇迹"[2]。这些数据自然有相当大的水分，当然这一年的扫盲工作也确实取得了一定的成绩，约有4000万人基本扫除了文盲，但并非当时所宣传的近1亿人。

在扫盲"大跃进"的同时，全国农村还出现一股大办红专大学的热潮。所谓红专大学，其实就是农民业余学校。

这年5月1日，吉林延吉县东盛乡成立了"大跃进"中第一所红专大学——黎明业余农业大学。这是当年一所相对比较正规的农民业余大学，第一批入学的有51名学生，都是几年来参加农业生产的高中毕业生和参加农业生产或参加基层工作3年到8年具有高中文化程度的青年农民和乡干部。学习年限为3年，分6个学期学习政治和12门高等农业学校的专业课程。这些课程是：土壤学、农业化学、农业生产机械学、耕作学、作物栽培学、植物生理学、植物病理学、农业昆虫学、作物选种学、果树及蔬菜学、畜牧学等。学校由乡、县各部门和延边大学农学院代表组成

---

[1]《又出现四个基本无文盲省——山西、江苏、广东、湖南》，《人民日报》1958年9月30日。

[2]《开创教育史上亘古未有的奇迹》，《人民日报》1958年10月1日。

的理事会领导，教员由邻近的延边大学农学院的11名讲师和助教兼任，每周以两个半天时间借用乡内中学课堂集中讲课。[1]

5月17日，河北徐水县宣布成立徐水县立大学。这个县办大学有学生和教职员170多人，第一学期入学的150名学生分两个班教学。其中的正规班40多人，除文理基础课程外，设有土壤、昆虫等6个学科，学生修业期限4年。学生修业期满后，将由县主管机关分配在当地从事农业生产和农业科学研究。另一个班是附设的农业中学师资训练班，共有学员100多人，学习内容主要是土壤改良、农业灌溉、合理施肥、锅驼机和煤气机的使用修理、水利和沼气发电等基本知识及操作技术，规定学生学习期满后由县介绍到农业中学去担任教师。[2]

6月初，河南孟津县也创办了一所综合性的红专大学。"这所大学没有固定的校舍，也没有大学应有的一切设备，它的6个学院和42个科分设在县人民委员会直属各有关部门和全县各地"，正副校长分别由孟津县县长和中共孟津县委宣传部部长担任，县委书记、县长、各部门负责干部和主要技术干部都是教员。这个红专大学设有农学院、工学院、财经学院、政教学院、医学院、师范学院六个学院，其中农学院设在县人民委员会农业局，政教学院设在县委宣传部，医学院的正骨科就设在平乐乡正骨医院，农学院的棉花科就设在翟泉农业社。"学习时间不固定，多者两年，少者十天半月，主要是根据具体情况和当前的生产需要而定。"[3]

---

[1]《我国第一所农民大学在延边朝鲜族自治州东盛乡成立》，《人民日报》1958年5月4日。

[2]《破除迷信，放手办大学》，《人民日报》1958年5月17日。

[3]《孟津创办综合性红专大学》，《人民日报》1958年6月20日。

自此之后，各式各样的县办、乡办甚至社办红专大学不时见诸报端。1958年10月1日，《光明日报》以《数十万红专学校和红专大学在农村建立》为题，报道了全国红专学校的发展情况。报道说，据不完全统计，农村中的红专学校和红专大学已达34.9万余所，参加学习的达2000余万人。不过，这些数据自然不可当真，当年的所谓红专大学，多数不过是挂上一块牌子而已。

除了那些并非大学的红专大学外，1958年高等学校在数量上确实来了一个"大跃进"。

这年3月，党内负责文教工作的中央政治局候补委员、中央文教小组组长陆定一在中共江苏省委召开的民办农业中学座谈会上指出："要开始打算每个专区办几个大学。有人提出民办大学，志气很好，一个专区几百万人，为什么不能办？每个专区有几百万人口，没有高等学校算什么样子？我看要办几个好。"他还说，办大学没有什么了不起，办办就会办成了。各个专区都需要考虑这个问题，现在不考虑，将来要被动。[1]

同年6月，刘少奇在给全国教育工作会议的指示中，也专门讲到了这个问题："县办大学，将来势必每个县有一所大学，准备十年达到这个目的。现在是否给每个县派一个、两个或几个大学生，这样学校就可以办起来了。世界上第一个办大学的总不是大学生吧？现在有一个大学生，大学就应该好办了。一个县，既办了大学就要办高中；既办了高中，就要办初中；既办了初中，

---

[1] 何东昌主编：《中华人民共和国重要教育文献（1949—1975）》，海南出版社1998年版，第809页。

就要普及小学。"[1]

在这个敢想敢说敢干的"大跃进"年代，既然中央领导人都表示省、专（区）、县可以办大学，一些地方乃闻风而动，大办大学起来。从这年4月到5月底，据不完全统计，江苏、广东、吉林、湖南、福建、浙江、江西、河南、河北、黑龙江、陕西、辽宁、贵州、甘肃、湖北、山西、北京17个省、市，新举办的大学、专科学校达130多所。[2]

6月24日，《光明日报》在《打破迷信，在专区和县大办高等学校》的通栏标题下，介绍了各地筹建一大批高等学校情况。黑龙江仅合江地区就计划筹办16所高校，其中有工业大学、农业大学、农学院、水利学院、师范学院等。浙江计划筹建29所高等学校，其中有综合性的杭州大学，专门培养林业人才的浙江林学院，设在舟山渔场的浙江水产学院，以及浙江纺织专科学校、浙江第二师范学院和浙江第二医学院等。江西计划筹办27所高校，其中包括江西大学、江西工学院、江西财经学院、江西水利学院、江西政法学院等。

黑龙江鹤岗市的鹤岗大学，就是这类新办起的大学的一个典型。7月5日，《光明日报》报道说，八大二次会议期间，参加会议的鹤岗市委第一书记给市委写信，介绍了大会提出的向文化革命和技术革命进军的情况，认为要把筹办鹤岗大学摆到议事日程。市委宣传部随即召开教育工作会议，"对某些教育干部对办

---

[1] 何东昌主编：《中华人民共和国重要教育文献（1949—1975）》，海南出版社1998年版，第839页。
[2]《地方和群众大办高等学校，两个月来十七个省市新办大专学校一百三十多所》，《人民日报》1958年6月13日。

大学的神秘观点以及迷信思想和自卑思想进行了严肃的批判",在统一思想认识的基础上,制订了办大学的方案。后又经过市委讨论,决定鹤岗大学暂设采煤矿、地质、机电、化工、医学、文学六个系的本科和专修科,修业期限本科五年,专修科三年,招收的对象除由厂矿企业、机关学校、群众团体根据条件保送外,凡是中等专业学校、高中毕业的学生或具有同等学力的社会青年都可以报考,计划招收300人左右,其中工农成分应占80%—90%。

鹤岗市委还决定由市委书记处一名书记担任鹤岗大学的校长兼党委书记,鹤岗矿务局干部处的副处长担任教务处长,6个系的主任由有关单位的负责人担任,如文学系主任由市文教局长担任。两天之内腾出市第二招待所作校舍,桌椅板凳由各机关、厂矿企业支援。在办大学的过程中,除了制作校牌时花了一元七角钱外,其他一个钱也没有花。没有教授就到哈尔滨的大学去求援借用,一般教师采取"大学生教大学生""高年级教低年级""专职教员和兼职教员相结合"的办法解决,从各机关选拔了7名大学生担任专职教员,负责基础课程的教学,专业课教师则由医院的医生和矿务局的工程师、化验员、技师等担任。如此这般,只花了7天的时间,鹤岗大学就办起来了。[1]

9月19日,中共中央、国务院发出《关于教育工作的指示》,提出应当大力发展中等教育和高等教育,争取在15年左右的时间内,基本上做到使全国青年和成年人,凡是有条件的和自愿的,都可以受到高等教育。这个目标实际上是不可能实现的,但

---

[1]《办大学并不神秘——介绍鹤岗市七天办一所大学的经过》,《光明日报》1958年7月5日。

各地为了响应15年普及高等教育的号召，纷纷因陋就简创办各类大专院校。全国高等学校的数量，由1957年的200多所上升到1000余所，新办高等学校800余所，在校学生人数比1957年增加三分之二。

这些新办的大学，除一部分是省办的外，大部分是专署和县办的，也有少数是厂矿办的。这些学校主要是采取如下几种办法办起的：一是中央和外省市帮助建立的一些骨干学校，如内蒙古、新疆、贵州等新办的高等学校；二是将原来一些高校的院系分设另建学校，如广东将华南工学院的化学系独立出来成立化工学院，江苏省将南京工学院的食品工业系独立出来成立食品学院；三是将中等专业学校戴帽子，改设高等学校，这年新办的高校不少属于这种情况；四是将现有的高等学校设立分校；五是地方厂矿企业举办的高等学校；六是普通中学抽调教师担任基础课教师，筹建高等学校。[1]

在"大跃进"中办起的这些"大学"，其实多数是中专、中学戴帽改称的，并不具备成为大学的条件，在后来的国民经济调整中，大多相继停办。

---

[1]《各地半年内办大学八百余所》，《光明日报》1958年10月1日。

为知识分子"脱帽加冕"

由于仓促地发动"大跃进"和人民公社化运动,加之1959年起我国连年遭受大面积的自然灾害,我国在1960年前后出现了严重的经济困难。为了克服困难,中共中央确定了国民经济"调整、巩固、充实、提高"的方针,同时在政治、文化领域的调整也逐步展开。在这种背景下,1961年至1962年间,中共中央的知识分子政策也进行了大幅度的调整,并明确提出要为知识分子"脱帽加冕",即脱下"资产阶级"帽子,加上"劳动人民"之冕。

一、知识分子戴上"资产阶级"帽子的由来

知识分子不是一个独立的阶级,是附属于不同阶级的。在新民主主义革命时期,毛泽东曾经使用过"资产阶级知识分子"这样的提法。例如,他在《新民主主义论》一文中说:"五四运动,在其开始,是共产主义的知识分子、革命的小资产阶级知识分子和资产阶级知识分子(他们是当时运动中的右翼)三部分人的统一战线的革命运动。"[1]对于知识分子的阶级属性,毛泽东在《中

---

[1]《毛泽东选集》第2卷,人民出版社1991年版,第700页。

国革命和中国共产党》中则明确指出:"农民以外的小资产阶级,包括广大的知识分子、小商人、手工业者和自由职业者。""知识分子和青年学生并不是一个阶级或阶层,但是从他们的家庭出身看,从他们的生活条件看,从他们的政治立场看,现代中国知识分子和青年学生的多数是可以归入小资产阶级范畴的。"[1]由此可见,毛泽东虽然在民主革命时期提出了"资产阶级知识分子"的概念,但从阶级属性上讲,他是将知识分子视为小资产阶级的,认为知识分子是小资产阶级的成员。

在1949年10月新中国成立至1956年1月知识分子问题会议召开的这几年间,中共中央在正式的文件中几乎没有使用过"资产阶级知识分子"这样的称谓。例如,在当时起到临时宪法作用的《中国人民政治协商会议共同纲领》中,就明确提出:"中国人民政治协商会议为人民民主统一战线的组织形式。其组织成分,应包含有工人阶级、农民阶级、革命军人、知识分子、小资产阶级、民族资产阶级、少数民族、国外华侨及其他爱国民主分子的代表。"[2]显然,这里是将知识分子作为一独立的阶层参加新政协的。在此后的中共中央文件和党的领导人的文章和讲话中,一般都只使用"知识分子"的称谓。周恩来于1951年9月在京津高等学校教师学习会上所作的《关于知识分子的改造问题》的著名讲话中,就是直接使用知识分子的提法,并没有加上"资产阶级"的限定。中共中央统战部部长李维汉在1950年3月

---

[1]《毛泽东选集》第2卷,人民出版社1991年版,第640、641页。
[2] 中共中央文献研究室编:《建国以来重要文献选编》第1册,中央文献出版社1992年版,第4页。

所作的《人民民主统一战线的新形势与新任务》中，在分析知识分子的政治立场时认为："大体上说，一般小资产阶级及其知识分子属于中左，他们对共同纲领比较坚定；一般民族资产阶级及其知识分子属于中间，他们对共同纲领常有摇摆。"[1]这实际上是将知识分子分作两部分，即小资产阶级知识分子和民族资产阶级知识分子，并没有笼统地将知识分子一律视为"资产阶级知识分子"。

在新中国成立后到知识分子问题会议前，毛泽东在讲话和文章中，使用的也是"知识分子"的提法。查阅1977年出版的《毛泽东选集》第5卷，其中只有1954年10月16日所写的《关于红楼梦研究问题的信》中，使用了"资产阶级知识分子"的说法。他说："俞平伯这一类资产阶级知识分子，当然是应当对他们采取团结态度的，但应当批判他们的毒害青年的错误思想，不应当对他们投降。"[2]当时，对俞平伯的批判，实质上是借此肃清胡适的影响。这里所说的"俞平伯这一类资产阶级知识分子"，大体是指受胡适影响很深的自由主义知识分子，并不是说所有的知识分子都是"资产阶级知识分子"。

这一段时间，当时的宣传媒体也没有使用"资产阶级知识分子"的概念。作为中共中央机关报的《人民日报》这几年间，仅在几篇批判胡适的文章中出现了这一称呼。1954年10月24日的一篇文章说："1922年前后，由于中国的政治形势起了剧烈的变化，由于马克思主义在中国得到了更广泛而深入的传播，五四时

---

[1]《李维汉选集》，人民出版社1987年版，第214页。
[2]《毛泽东文集》第6卷，人民出版社1999年版，第353页。

期的反帝反封建的新文化运动的统一战线开始分裂了，共产主义知识分子和资产阶级知识分子分道扬镳。"[1]同年11月5日的一篇文章则说："早年的胡适曾以资产阶级知识分子代表资格，参加五四运动，成为五四运动的右翼。"[2]不用说，这些论断都来自毛泽东的上述提法。

实际上，当时媒体上使用最多的，除了笼统称呼"知识分子"外，另外就是"小资产阶级知识分子"的提法。当时几个以知识分子为主要对象的民主党派，都将自己定位于"小资产阶级政党"。例如中国民主同盟负责人章伯钧在1953年7月召开的民盟中央委员会第七次全体（扩大）会议上的报告中说："民盟以小资产阶级知识分子为其主要成分，目前全盟61%的盟员从事文教工作。"[3]著名剧作家欧阳予倩1955年底在《人民日报》上发表的一篇文章中说："我虽然知道些社会科学的名词，并不曾好好学习过马克思列宁主义（解放前学习当然有困难，自己也没有下决心去钻研），不懂得党的政策，不具体明了新民主主义制度的优越性，不知道如何过渡到社会主义社会；就是自己的立场也不是站在工人阶级方面，而始终是站在小资产阶级方面，以为小资产阶级知识分子同情无产阶级、愿为革命的胜利尽其所能尽

---

[1] 李希凡、蓝翎：《走什么样的路——再评俞平伯先生关于"红楼梦"研究的错误观点》，《人民日报》1954年10月24日。

[2] 王若水：《清除胡适的反动哲学遗毒——兼评俞平伯研究红楼梦的错误观点和方法》，《人民日报》1954年11月5日。

[3] 章伯钧：《中国民主同盟中央委员会第七次扩大会议上的报告摘要》，《人民日报》1953年7月25日。

的一分力量也就行了。"[1] 由上面的分析中可以看出,在 1956 年 1 月知识分子问题会议召开之前,并没有将知识分子一律称为"资产阶级知识分子"。也就是说,知识分子并没有戴上"资产阶级"帽子。

1956 年 1 月 14 日,周恩来在知识分子问题会议上作《关于知识分子问题的报告》,明确宣布:"对于旧时代的知识分子必须帮助他们进行自我改造,使他们抛弃地主阶级和资产阶级的思想,接受工人阶级的思想。……他们中间的绝大部分已经成为国家工作人员,已经为社会主义服务,已经是工人阶级的一部分。"[2] 很明显,周恩来在这里所讲的"已经是工人阶级的一部分",并不是指所有的知识分子,而是单指"旧时代的知识分子"。至于解放后培养出来的"大量的新的知识分子",不须说,本来就是工人阶级的一部分,就是工人阶级的知识分子。正因为如此,周恩来才得出了"我国知识界的面貌在过去六年来已经发生了根本的变化"这一结论。

这个报告是周恩来代表中共中央所作的,当然也可以认为这是中共中央在知识分子问题上的一个正式表态。不过,在随后不久中共中央作出的《关于知识分子问题的指示》中,对知识分子的阶级属性的提法发生了一点变化。这个文件中说:"知识分子的基本队伍已经成了劳动人民的一部分;在建设社会主义的事业

---

[1] 欧阳予倩:《我要为实现伟大的共产主义理想贡献一切》,《人民日报》1955 年 12 月 12 日。
[2] 《周恩来统一战线文选》,人民出版社 1984 年版,第 277—278 页。

中，已经形成了工人、农民、知识分子的联盟。"[1]虽然"工人阶级的一部分"与"劳动人民的一部分"其基本精神一致，但其中的差别也是显而易见的。劳动人民的范围自然要比工人阶级广泛得多，小资产阶级也是劳动人民。作为劳动人民的知识分子，既可以从他们是工人阶级的一部分去理解，也可以认为他们依然是小资产阶级知识分子。

1956年9月召开的中共八大，是社会主义改造基本完成后的一次重要的会议。不用说，八大制定的路线、方针、政策都是正确的。但是，我们也应该看到，八大在知识分子阶级属性上，没有强调知识分子是工人阶级或劳动人民的一部分。在刘少奇代表中共中央所作的政治报告中，谈到知识分子问题时说："我们必须运用资产阶级和小资产阶级的知识分子的力量来建设社会主义，并且要向他们学习。"[2]又说："我国的民族资产阶级，包括大中小资本家和资产阶级的知识分子在内，是我国社会上除开官僚资产阶级以外人数最少的一个阶级，并且在政治上和经济上都有很大的软弱性。"[3]中共中央统战部部长李维汉在八大的发言中也说："把民族资产阶级的知识分子同民族资本家区别开来，因为资产阶级知识分子，一般不占有生产资料，他们是掌握现代科学技术的骨干，又比较富有爱国心和政治敏感，对民族资本家有

---

[1] 中共中央文献研究室编：《建国以来重要文献选编》第8册，中央文献出版社1994年版，第133—134页。
[2] 中共中央文献研究室编：《建国以来重要文献选编》第9册，中央文献出版社1994年版，第79页。
[3] 中共中央文献研究室编：《建国以来重要文献选编》第9册，中央文献出版社1994年版，第84页。

重大影响。"他又说:"革命胜利后,大多数资产阶级知识分子迅速转到人民共和国诚实供职,他们的政治立场随着思想改造的进展,逐步转到工人阶级的立场上,这些都不是偶然的。"[1]尽管刘少奇的报告和李维汉的讲话,都是肯定知识分子在社会主义革命和建设中的重要性,强调要充分发挥知识分子的作用,但在知识分子的阶级属性上,没有重申知识分子问题会议上的论断,而是强调其资产阶级和小资产阶级属性。

1957年3月12日,在中国共产党全国宣传工作会议上,毛泽东花了很大的篇幅讲到知识分子及其改造问题。其中说道:"我们现在的大多数的知识分子,是从旧社会过来的,是从非劳动人民家庭出身的。有些人即使是出身于工人农民的家庭,但是在解放以前受的是资产阶级教育,世界观基本上是资产阶级的,他们还是属于资产阶级的知识分子。"[2]这里,毛泽东是从世界观上来确定知识分子的阶级属性,并且认为世界观只有无产阶级和资产阶级之分,并没有小资产阶级的世界观一说。不过,中共八大后至反右派斗争前,很少用"资产阶级知识分子"的提法。这个提法的广泛使用,则是反右派斗争后的事情。其实,在毛泽东为中共中央起草的党内指示《事情正在起变化》中,使用的还是"资产阶级和曾经为旧社会服务的知识分子"的提法。

1957年开展的反右派斗争,是必要的,也是正确的,但由于各种原因反右派斗争被严重地扩大化了。这个扩大化,除了当年划为右派分子的人员当中,只有极少数是反党、反社会主义的,

---

[1]《中国共产党第八次全国代表大会文献》,人民出版社1956年版,第495页。
[2]《毛泽东文集》第7卷,人民出版社1999年版,第273页。

还在于对整个知识分子的现状作了不切实际的估计，认为知识分子依然没有改造好，他们依然附在资产阶级的皮上，把知识分子当作资产阶级的一部分看待。本来反右派斗争前就已有了"资产阶级知识分子"的称呼，而反右派斗争中被划为右派分子的人中，绝大多数是知识分子，右派的全称其实应是"资产阶级右派"。于是反右派斗争正式启动后，"资产阶级知识分子"的提法便广泛地使用开来。1958年5月，中共八大二次会议召开，刘少奇代表中共中央所作的工作报告中提出："我国现在有两个剥削阶级和两个劳动阶级。两个剥削阶级：一个是反对社会主义的资产阶级右派、被打倒了的地主买办阶级和其他反动派；资产阶级右派实质上是帝国主义者、封建买办残余势力和蒋介石国民党的代理人。另一个是正在逐步地接受社会主义改造的民族资产阶级和它的知识分子，他们的大多数人在社会主义和资本主义两条道路之间处在动摇的过渡状态。"[1]从此，"资产阶级知识分子"被广泛使用。

反右派斗争之后，随着知识分子被戴上"资产阶级"的帽子，知识分子工作出现偏差，更多地强调对知识分子的改造，对知识分子缺少应有的信任。1958年"大跃进"过程中，在知识分子中开展红专辩论、交心运动、插红旗拔白旗、搞臭资产阶级个人主义、批判资产阶级学术思想、知识分子劳动化等一个接一个的运动，严重地伤害了广大知识分子的感情，挫伤了他们的积极性。

---

[1] 中共中央文献研究室编：《建国以来重要文献选编》第11册，中央文献出版社1995年版，第286页。

二、"科学十四条"开启知识分子政策调整

1958年的"大跃进"和人民公社化运动,尽管其出发点是为了找到一条又快又好地建设中国社会主义的道路,使中国早点强大起来,使中国的老百姓早一点过上好日子,但严重脱离了中国实际,违背了客观规律,结果欲速则不达,不但造成国民经济比例严重失调,而且造成人民生活出现比较严重的困难。1959年7、8月间召开的庐山会议,原本是纠"左",后来却转折为"反右倾",并且决定在全党开展"反右倾"运动,不但使庐山会议前的纠"左"努力付诸东流,而且开启了新一轮"大跃进",使国民经济和人民生活遭到的困难更加严重。

为克服严重的困难,迫切需要恢复实事求是的传统,于是在全党大力弘扬调查研究的作风。1961年1月召开的中央工作会议上,毛泽东号召全党大兴调查之风,要求把1961年作为搞调查研究之年、实事求是之年。这年3月,中共中央发出了《关于认真进行调查工作问题给各中央局,各省、市、自治区党委的一封信》,要求从当时起,各级干部,首先是第一书记,要把深入基层(包括农村和城市),蹲下来,亲身进行系统的典型调查,每年一定要有几次,作为领导工作的首要任务,并且定出制度,造成风气。按照中共中央的指示,各地各部门迅速开展了广泛的调查研究。

也正在此时,负责国防科学技术工作的国务院副总理聂荣臻通过全面了解和深入调查,在广泛听取知识分子意见后,向中共中央正式提出了解决科技战线一系列问题的重要意见,这就是《关于自然科学研究机构当前工作的十四条意见(草案)》(以下

简称"科学十四条")。

1960年冬天,聂荣臻就开始组织对科技战线进行较大范围的调查研究。调查首先从导弹研究院开始。《聂荣臻传》一书中如是说:"这里的科技人员,反映了许多在今天看来可笑,而在那个年代确实存在的问题。导弹研究院,就在国宾馆附近。于是,很多的迎宾任务就落到了科学家们的身上。这些从事20世纪尖端科学研究的导弹专家们,不得不打着小红旗,站在北京的街头,去欢迎外宾。""在当时,各种运动很多,北京每年要进行机关整顿,一次就要学习几个星期,这已经成为惯例。科技人员用于专业研究工作的时间,还不到二分之一。知识分子对这些很有意见。"[1]

在结束导弹研究院的调查后,聂荣臻又指示应在更大的范围内进行调查。在中国科学院调查时,中科院的科学家们也反映出同样的问题,最突出的是科研时间得不到保证。每周六个工作日,真正用于科学研究的时间仅有三天,有的还不足三天,大量的时间被用于无休无止的政治学习、政治活动,或者从事各种与科研无关的体力劳动。

1961年的春天,借毛泽东倡导要大力开展调查研究的东风,聂荣臻指示有关部门在上海和北京分别召开座谈会,采用的是当时流行的做法——开"神仙会",请科学家们就知识分子政策和科技政策畅所欲言,各抒己见。在广泛调查研究的基础上,发现在知识分子政策上的确存在不少问题,聂荣臻后来回忆说:"当时,我们在知识分子政策上,的确下了工夫,多次召开会议,或

---

[1]《聂荣臻传》,当代中国出版社1994年版,第616页。

找知识分子个别谈话,想弄清楚到底我们在政策上有什么问题,应该怎样正确贯彻知识分子政策,怎样才能发挥科学技术人员的积极性,使他们能作出更大的贡献。经过几个会议和深入调查,发现我们在这些重大的政策性问题上过去是若明若暗的,有的同志甚至连科研工作的根本任务都不明确。科研人员的心情不够舒畅,他们是有意见、有看法的。"[1]

了解了以上情况后,聂荣臻1961年4月来到了杭州,住在西湖畔的王庄。面对春意盎然的自然景色,聂荣臻在思考着如何调动知识分子积极性的问题。他感到必须给知识分子一个"春天",给科学研究工作环境以"春天"。而要促使这样的"春天"来临,就必须赶快制定这方面的政策。

于是,他让秘书通知有关科研主管部门的一些领导来到王庄,听他们汇报前一阶段关于知识分子政策和各单位研究政策的执行情况,提出需要改进的意见,一连开了十多天的会。经过反复的磋商,聂荣臻主持拟定了《关于自然科学研究机构当前工作的十四条意见初稿》,其主要内容是:

(一)提供科学成果,培养研究人才,是研究机构的根本任务。

(二)保持科学研究工作的相对稳定。在现在基础上,经过必要的调整,实行"五定"(定方向、定任务、定人员、定设备、定制度),使研究工作相对稳定下来,以保证研究工作的逐步走向深入,质量不断提高,人才迅速成长。

(三)正确贯彻理论联系实际的原则,强调科研部门必须保

---

[1]《聂荣臻回忆录》(下),解放军出版社1984年版,第824页。

证经济建设和国防建设急需的关键性科学技术过关，但又不排斥一些探索性的项目和基本理论的研究。

（四）要从实际出发，制订和检查科学工作计划。

（五）发扬敢想、敢说、敢干精神，坚持科学研究的严肃性、严格性、严密性，做到"三敢三严"。

（六）保证科技人员每周有五天的科研时间。

（七）采取措施，加紧培养青年科技人员，对有突出成就的科学家和优秀青年科技人员，要重点支持和重点培养。

（八）科研部门要与生产单位、高等院校加强协作和交流，共同促进科技进步。

············

在讨论研究的过程中，聂荣臻反复强调，十四条中，最主要的是科研工作的根本任务，知识分子红的标准及红与专的关系，党如何领导科研工作这三条，这是十四条中的核心问题。

杭州会议刚结束，聂荣臻就让中国科学院参加会议的韩光和张劲夫，在北京和东北地区召开中科院党员所长会议，扩大到党内外科学家与会进行座谈。同时，采取多种方式征求党内外科学家对十四条的意见，提出修改建议，还在钢铁、地质、农业、医学四个科学研究院讨论和试点。中央科学领导小组、国家科委、中国科学院党组也进行多次讨论。

5月中旬，聂荣臻回到北京，他多次找人谈话，了解十四条的修改意见和试点情况。他还请陆定一、郭沫若、张际春、周扬等意识形态部门的领导人帮助修改。经过反复讨论、实践、修改，聂荣臻认为，"科学十四条"已趋于成熟。6月20日，他向中共中央和毛泽东写了《关于当前自然科学工作中若干政策问题的请示报告》(以下简称《请示报告》),报告的后面附上以中共国家科学技术委员会党组、中国科学院党组名义写的《关于自然科学研究机构当前工作的十四条意见(草案)》。

为何有了"科学十四条",还要另外附《请示报告》呢?曾参与《请示报告》起草的龚育之解释说:"这是因为,'科学十四条'是个条例性质、规定性质的文件,不是论述性质的文件,不可能多讲道理;'科学十四条'又是个准备向党外、向全体科学工作者公布的文件,许多关于党的政策和策略的道理,不宜在这里多讲。而当时的政策调整有相当大的幅度,在领导科技工作的干部中,思想要转相当大的弯子,认识时还不容易一致,需要中央向他们多做说明和说服工作。《请示报告》就准备针对这些政策和思想问题,向党内干部把道理说清楚,讲透彻。"[1]

《请示报告》中提出,根据对各地各研究机构的典型调查,当前比较突出的问题有:第一,对知识分子政治上的进步和他们在社会主义建设中的作用估计不足,执行党的知识分子政策和科学工作政策不够全面,有些政策界限划得不够清,影响了一部分人的积极性、主动性。第二,不少研究工作中有浮夸风,工作做得不够严格,不够踏实,加以研究时间没有得到切实保证,研究任务变动过多,真正拿到手的重要成果还不多,科技干部的成长也受到一定影响。第三,有些研究机构的党组织,对行政工作和业务工作包得太多,发扬民主不够,有些工作没有适应科学研究的特点来进行,有瞎指挥的现象。对于这些问题,《请示报告》中的用词虽然比较委婉,却很切中时弊。

---

[1] 龚育之:《在漩涡的边缘》,河南人民出版社1998年版,第88页。

聂荣臻认为，在知识分子政策和科学研究问题上，在几个重要问题上，许多人还有糊涂认识，应予澄清并作出必要的规定。

第一个问题是红与专的关系问题。要求知识分子又红又专本来是正确的，但在1957年反右派斗争之后的红专辩论与"插红旗、拔白旗"运动中，红的要求被庸俗化，红与专的关系实际上被对立起来。相当多的专业上有成就、有造诣的知识分子，被指责为走"只专不红"道路或"粉红色"道路，被树为"白专"和"白旗"典型而遭受批判。相当长的时期以来，红的标准到底应是什么，对知识分子应作出怎样的红的要求，一直是一个模糊不清的问题，成为阻碍知识分子发挥积极性的重要因素。为此，《请示报告》明确提出："我们要求自然科学工作者又红又专，就必须要求他们自觉地用自己的专门知识来为社会主义服务。因此，在加强对他们的思想政治工作的同时，一定要要求他们拿出研究成果来，正如要求农民生产出粮食、工人生产出工业品来一样。"[1]

那么，到底什么才是红呢？报告认为必须明确这样一些认识：

红，首先和主要的，是指人们的政治立场。对党外自然科学工作者红的要求，就是拥护党的领导，拥护社会主义，用自己的专门知识为社会主义服务。做到了这两条，就应该认为已经达到了红的初步要求了。同时，在首先达到了这两条的基础上，知识分子还应进一步进行世界观的根本改造。但对于世界观的改造，

---

[1] 中共中央文献研究室编：《建国以来重要文献选编》第14册，中央文献出版社1997年版，第519页。

应视之为长期、艰巨和逐步实现的过程,是自我改造的过程,党组织既要诚恳地帮助他们,又要有耐心,不能操之过急,一律要求。红与专应该是统一的。只红不专,便是空头政治家;只专不红,就会造成迷失政治方向。红必须落实,不能是空空洞洞的。自然科学工作者的红,应当在他们钻研科学的实际行动中表现出来。通过业务实践来提高政治觉悟,也是知识分子进步的一条重要途径。

针对反右派斗争以来对所谓白专的批判问题,《请示报告》认为,"白专"这个提法是不确切的。如是一个人政治上是白的,也就是反党、反社会主义的,是政治上的右派,那么,批判他政治上反动就是了。《请示报告》还提出,今后在各研究机构中,不要在全体工作人员中进行政治排队。必须判断一个人的政治态度时,应根据他几年来的变化和今天的实际表现,作出具体的分析后才下结论。

《请示报告》中关于红专问题的阐释,澄清了1957年以来红专关系的许多糊涂乃至错误的认识,具有深远的意义。

《请示报告》提出的第二个重要问题,是如何正确地对待"百花齐放,百家争鸣"的方针。对此,聂荣臻在报告中提出了若干具体的意见:

学术问题上,鼓励各种不同的学派、不同的学术见解和对于具体学术工作的不同主张,自由探讨,自由辩论,自由竞赛。对于学术问题的讨论,要不戴帽子,不拿棍子,不贴标签,不用多数压服少数;允许自由地发表自己的意见,坚持与保留自己的意见,让科学实践与时间的考验来逐步明辨是非。

正确划分政治问题、思想问题、学术问题和具体工作问题之间的界限，对于学术问题和具体工作问题上的不同意见，不要当作思想问题来批判，更不要把思想问题引申为政治问题来斗争。不要用开群众批判大会、贴大字报等方式来处理学术问题。由于这几类性质的问题有时相互掺杂，界限不易划清，因此，在问题的性质还难以断定时，要首先将之作为学术问题，采取自由讨论的方法，以便弄清情况。

此外，《请示报告》还对理论联系实际，培养使用科学人才中如何克服平均主义，科学工作中如何保密，如何保证科研的时间，研究机构中党的领导方法等问题提出了看法。

《请示报告》的这些内容，在今天看来似乎没有什么惊人之处，可是在1957年反右派斗争后知识分子政策长时间过"左"的当时，这些意见的提出，却具有十分重要的意义。

聂荣臻的《请示报告》在交给中共中央半个月后，即1961年7月6日，中共中央政治局开会讨论这个报告。

此时，毛泽东正好在外地，没有参加会议。会议由刘少奇主持，周恩来、邓小平、彭真、李富春等政治局的大部分成员都与会了。会上，聂荣臻首先汇报，陈述了制定"科学十四条"的理由和过程，说明了制定这个条例的必要性。他在汇报结束时强调：有了这个条例，就能正确执行党的团结、教育、改造知识分子的政策和贯彻"双百"方针，调动广大年老的、年轻的、党内的、党外的科学工作者的积极性。随后，中国科学院副院长张劲夫简要补充了"科学十四条"在中科院试点后的情况和反映。到会的领导人几乎都认为这是一个好文件。

聂荣臻和张劲夫的汇报刚完，李富春便第一个表示这个文件很好，文件中所提的问题和情况带有普遍性，不仅科学研究中是这样，高等院校里边也存在这种情况。他还建议将此文件发给工业系统参考。李富春指出，对人的政策，主要是红与专的问题，这方面有偏向，空洞地要求红。

邓小平在发言中表示，这是一个好文件，可以试行，很有必要。试行后在实践中加以补充，使其成为科学工作的"宪法"。

周恩来说，这个文件，财经、文教等系统也都可以发。要向我们的干部讲清楚，我们为科学家服务了，科学家就为社会主义服务得好。总而言之，都是为了社会主义。

彭真对频繁地给科技人员进行政治排队不以为然，建议干脆写明确，两三年内各研究所都不排这样的队。

主持会议的刘少奇说，现在的问题是有偏向，要承认。有偏向就要纠。这几年党成为执政党是好事情，是成绩。但是有瞎指挥的偏向，瞎指挥下面也听你的。这样继续搞下去，我们要跌下台的，再不能这样搞了。我们的任务是进一步掌握科学技术的规律性，不要瞎指挥，不要不懂装懂。既然有偏向，就要纠偏。正确的当然不纠，有偏就纠，无偏不纠。[1]

在讨论的过程中，康生对聂荣臻《请示汇报》中的一段话提出异议。这段话原稿是："自然科学和技术本身，是没有阶级性的，因此，目前有些提法，如'资产阶级自然科学体系''反动的自然科学学派''无产阶级自然科学体系''红色自然科学家'等等，都是不对的，应当废止。"这段话虽然重点是讲自然科学工作者都会有自己的政治立场，但其前提则是承认自然科学本身是没有阶级性。康生认为，既然自然科学成为"体系"，就联系

---

[1] 参见《聂荣臻回忆录》（下），解放军出版社 1984 年版，第 826—827 页。

到哲学世界观，不好说没有阶级性。由于有不同看法，后来《请示报告》在作为中共中央正式文件下发时，对此作了删除和修改。除此以外，与会者一致通过了聂荣臻的《请示报告》和"科学十四条"。随后又报送了毛泽东并得到了批准。

7月19日，中共中央将聂荣臻的《请示报告》和"科学十四条"作为中央文件下发给各中央局，各省、市委，自治区党委，中央各部委和国家机关各党组，并加了较长的批语。批语说："做好知识分子工作，很关紧要。""但是，近几年来，有不少的同志，在对待知识、对待知识分子的问题上，有一些片面的认识，简单粗暴的现象也有所滋长，必须引起严重的注意，以端正方向，正确地贯彻执行党的政策。""一定要使知识分子敢于讲真话，畅所欲言，言者无罪，闻者足戒。在学术工作中，一定要百花齐放、百家争鸣，不戴帽子、不拿棍子、不抓辫子。这样才能造成一种又有统一意志、又有个人心情舒畅、生动活泼的政治局面，充分地调动起广大知识分子的积极性，使他们能够放心、负责地去做工作。要切实保证他们的工作时间，要求和帮助他们踏踏实实作出成果。"[1]

被邓小平称为"科学宪法"的"科学十四条"的制定和实施，对于自1957年夏天以来就一直处境灰溜溜的，只能夹紧尾巴做人的知识分子来说，是一件值得高兴的事情，尤其是红与专关系的界定，明确了一个人只要拥护共产党，拥护社会主义，以自己的专业知识为社会主义服务，就算初步"红"了，实际上等

---

[1] 中共中央文献研究室编：《建国以来重要文献选编》第14册，中央文献出版社1997年版，第515—516页。

于摘掉了强加给知识分子的"白专"帽子。

这样一个纠"左"的文件,自然为知识分子所拥护。"科学十四条"下发后,聂荣臻又组织了条例的调查试点工作,广泛征求党内外科学家的意见。正如聂荣臻在回忆录中所言:"广大科研人员无论党内党外,无不反映强烈,表示欢迎,同时也提出了许多很好的批评意见。"在国家科委的组织下,各部门、各单位、各地方、各研究单位对"科学十四条"进行认真的贯彻落实。各研究机构都召开座谈会,听取科研人员的意见,解决了一些科研人员最关心、迫切要求解决的问题。

"科学十四条"虽然初步解决了红与专的关系问题,但知识分子的阶级属性问题依然没有解决,"资产阶级"的帽子仍压在知识分子头上。而且,"科学十四条"所针对的是自然科学领域,对于受"左"倾思想影响更大的社会科学领域,虽然也有借鉴作用,但一些根本性的问题还未解决。这自然不是"科学十四条"本身所能做到的。这说明,要解决知识分子问题,进一步调动知识分子的积极性,仍存在许多问题。

三、"高教六十条"与"文艺十条"

从1961年4月起,就在"科学十四条"起草的同时,中共中央宣传部副部长周扬领导了高等学校文科教材的编写工作。这次文科教材编写的面很广,包括文、史、哲、经、政、教(育)、外(语)七大领域,还涉及艺术类的戏剧、音乐、戏曲、电影、美术、工艺美术、舞蹈七类专业,编写的种类达到297种。当时,几乎所有的哲学社会科学的著名学者,都参加了教材的编写工作，由此形成了强大的编写阵营。将他们请来编写教材，对这些老知识分子也是一种保护。这些人在1958年的"插红旗、拔白旗"运动和批判资产阶级学术思想的活动中，大都挨过批判。让他们参加文科教材的编写，本身就是对他们学术地位的肯定，其实这也是一种政治待遇。

就在文科教材编写工作开始启动的时候，教育部也开始了《教育部直属高等学校暂行工作条例（草案）》（即"高教六十条"）的起草工作。为了写好这一文件，教育部召开两次座谈会，邀请部分高校的负责人和教授征求意见。6月下旬，写出了送审稿。

1961年7月底，邓小平在北戴河召开中央书记处会议，听取教育部负责人关于"高教六十条"起草的说明，对初稿进行讨论，并决定成立一个由陆定一主持的小组，根据会议讨论的意见进行修改。草案经过修改，定为10章60条。这10章的标题是：（一）总则；（二）教学工作；（三）生产劳动；（四）研究生培养工作；（五）科学研究工作；（六）教师和学生；（七）物资设备和生活管理；（八）思想政治工作；（九）领导制度和行政组织；（十）党的组织与党的工作。

"高教六十条"明确规定：高等学校必须以教学为主，努力提高教学质量。必须正确处理教学工作与生产劳动、科学研究、社会活动之间的关系。生产劳动、科学研究、社会活动的时间应该安排得当，以利教学。在教学中，必须发挥教师的主导作用。必须正确划分政治问题、世界观问题、学术问题之间的界限，政治问题又必须严格划分人民内部矛盾和敌我矛盾的界限。不许用对敌斗争的方法来解决人民内部的政治问题、世界观问题和学术问题,也不许用行政命令的办法、少数服从多数的办法来解决世界观问题和学术问题。必须发挥老教师的作用,团结他们,热情地帮助他们进步,发挥他们的专长,鼓励他们在学术工作上出成绩。有计划地培养青年教师,提高他们的业务水平。青年教师要尊敬老教师,虚心地向老教师学习,老教师要把自己的学术专长和教学经验,传授给青年教师,彼此取长补短,共同提高。

1961年8月5日,中共中央书记处决定,由陆定一负责将条例修改后立即发给参加8月中央工作会议的与会人员,以便事先阅读,准备意见;由教育部负责派三个工作组到北京、上海、天津各选一所高等学校,分头宣读条例草案,征求意见。随后,教育部选定了北京大学、复旦大学、天津大学作为征求意见单位。

8月23日至9月16日,中共中央在庐山召开工作会议,对《教育部直属高等学校暂行工作条例(草案)》及中共中央为发布条例所拟定的指示草稿进行讨论。9月15日,中共中央通过了"高教六十条",经毛泽东核准,发给教育部直属的26所高等院校试行,同时也将"高教六十条"发给了其他高等学校,至于这些学校是否试行和如何试行,由各校主管部门决定。

"高教六十条"纠正了1958年以来高等学校存在的许多"左"的做法,使师生之间、老教师与青年教师间的关系得以恢复正常。此时,知识分子集中的教育界、科技界都已制定相应的条例,对这些部门的知识分子政策做了初步的调整。

文艺界,是知识分子集中的又一领域,一个与之相关的条例正在酝酿之中。

1961年4月底,中共中央宣传部组成了一个有关文艺政策调整的文件起草班子，在充分讨论的基础上，初步形成了十个方面的框架：（一）政治与艺术的关系；（二）题材风格多样化；（三）普及提高；（四）中外文学遗产的继承；（五）加强艺术实践，保证创作时间；（六）加强文艺评论；（七）重视培养人才；（八）精神鼓励和物质鼓励；（九）加强团结，调动一切积极因素；（十）改进领导。这便是后来有名的"文艺十条"的雏形。

6月1日，中宣部召开全国文艺工作座谈会。会议分为两个阶段。第一阶段参加会议的是各省市宣传部主管文艺的负责人，会议的中心是谈文艺领导和讨论"文艺十条"；第二阶段是文艺工作座谈会与故事片创作会议同时召开。

在会议的第二阶段，参加者几乎全是著名的文艺工作者，且党外人士占了半数以上。这是一次文艺界的重要聚会，连电影《武训传》的编导孙瑜和不少在前不久的"反右倾"运动中受到批判的人都与会了。

周恩来对这次会议十分关注。这不仅是因为他历来关心文艺工作，更重要的，是他此时正在思考知识分子问题在一些具体政策已经纠偏的基础上，如何有所突破，以进一步改善知识分子的工作环境，调动知识分子的积极性。文艺，是他所熟悉的部门，而且文艺界人士都把他当作可以信赖的领导人。为此，他决心从文艺界入手，弄清知识分子问题的症结所在。

6月17日，周恩来来到了会议所在地新侨饭店，同文艺界的人士谈话，调查、了解会议的情况和艺术家们的反映，收集文艺界对改进文艺工作领导问题的意见。这几天，他还阅看了大量的文字材料。在与艺术家们接触的过程中，周恩来感到大家都不敢讲话了，不敢讲话的原因"和领导有关"。在经过周密的准备之后，6月19日，周恩来在这两个会议上发表长篇讲话。

讲话中，周恩来共讲了七个问题：物质生产与精神生产问题；阶级斗争与统一战线问题；为谁服务问题；文艺规律问题；遗产与创作问题；领导问题；话剧问题。周恩来从强调艺术民主、尊重艺术规律入手，提到了许多反"左"的意见。他特地提到当时引起很大争议的电影《达吉和她的父亲》，有人批评里面宣传"小资产阶级温情主义"和"人性论"。周恩来说："《达吉和她的父亲》，小说和电影我都看了，各有所长。小说比较粗犷，表现了彝族人民的性格，但粗糙些。电影加工较小说好，但到后来该哭时不敢哭，受了束缚，大概是怕'温情主义'。我们无产阶级有无产阶级的人性，为什么有顾虑？是有一种压力。把'人性论''人类之爱''人道主义''功利主义'都弄乱了。"[1]

应聂荣臻之请，周恩来在讲话中特地讲到了所谓"白专"问题[2]，明确表示：一个人只要在社会主义土壤上专心致志为社会主义服务，虽然政治上学习得少，不能算"白"。只有打起白旗，反对社会主义，才是"白"。他举例说，一个外科医生，开刀开得很好，治好了很多病人，只是政治上不大开展，因此就说他是"白专"道路，岂不是荒谬？他又说，如一个人专心致志地为社会主义服务，政治上懂得少一些，但两年把导弹搞出来了，对国家很有贡献；另一个人，天天谈政治，搞了五年也没有把导弹搞出来，赞同谁呢？他明确表示，"我投票赞成第一个人"，第二个

---

[1]《周恩来选集》下卷，人民出版社1984年版，第339页。
[2] 按照当时的说法，知识分子应该走又红又专的道路，如果只在"白专"上有造诣，而政治上不红，那就只专不红，这样的专就是"白专"，即不是无产阶级专家而是资产阶级专家。

人只好请他去当政治教员,他不能在导弹部门工作,他只能在导弹部门"捣蛋"。周恩来这个讲话,虽然是针对文艺问题而发的,但许多方面都涉及知识分子政策。正因为周恩来了解知识分子,关心知识分子,才有许多的知识分子把他视为知己,尊为良师。

文艺工作座谈会和故事片创作会议结束后,"文艺十条"的起草工作继续进行。1962年4月,十条修改压缩为八条,报请中共中央批准后下发。

四、"资产阶级知识分子"这个名词伤感情

在20世纪60年代初进行的知识分子政策调整中,中南地区的知识分子在全国率先摘掉了"资产阶级"的帽子。

中南地区在知识分子政策调整中走在全国的前面,与中共中央中南局第一书记陶铸的努力密不可分。

陶铸是一位尊重知识、关心知识分子的地方领导人。在广东,他有许多高级知识分子朋友。广东一些著名的学者,如杜国庠、陈寅恪、陈耀真、毛文书、蒲蛰龙等,与他的关系都很好,有的可以称得上是至交。在1955年底的广东省知识分子工作会议的讲话中,他大声疾呼:一定要建立对知识分子的重视与信赖,糟蹋人才应当被认为是一种罪过。他甚至说:对知识分子采取粗暴态度,应该看作是官僚军阀作风残余的表现。中山大学著名经史学家容庚,在反右派斗争中挨了批判,下放到东莞农村劳动,陶铸去东莞检查工作时,专程到容庚下放的生产队去看望。

从1961年2月开始,陶铸就对广东的知识分子情况进行摸底。经过半年的准备,借着"科学十四条"和"高教六十条"颁

布的有利时机，陶铸决心在广东和中南地区率先较为彻底地解决知识分子问题。

在经过一番准备之后，陶铸开始行动了。1961年8月5日，在广州市中学校长、党支部书记和教师恳谈会上，陶铸说："现在问题是运动多，好像只有运动才能使人进步。""以后大学、中学应让学生好好念书，教师好好教书。运动多了，不念书质量就下降，这个运动那个运动，学生愈'运动'愈差。我们现在应该取消'白专'的提法，'白'和'专'不应该联系在一起。什么叫做红呢？对教师们来说，拥护党，拥护社会主义，以自己的专长为社会主义服务，这就是红。不管他信康德、信佛教，世界观是唯心主义都可以。""对人们红的要求不能太高，不然都成了共产党了。什么叫做专？对教育工作有经验，能贡献自己专长为社会主义服务就是专。"[1]

这年9、10月间，陶铸主持下的中南局在广东抓团结知识分子的试点。在两个月的时间里，他亲自动手，召集党员和非党员知识分子一起座谈形势，阐述知识分子政策，先后召开了中学校长、演员、民主党派等六个座谈会。

在此基础上，1961年10月，中南局在广州及从化温泉召开中南地区高级知识分子座谈会，来自广东、广西、湖南、湖北、河南五省区的100余名高级知识分子和有关部门负责人，倾听了陶铸关于知识分子问题的讲话。

陶铸说："十二年的时间不算短，可以说高级知识分子已同我们结成患难之交。高级知识分子政治觉悟有了很大提高，社会

---

[1]《陶铸文集》，人民出版社1987年版，第249页。

主义建设的成绩是全国人民共同努力的结果，其中包括了高级知识分子的努力在内。特别近几年来物质条件比较困难，大家还是积极工作，没有躺倒不干。这是不容易的。所谓相交应作'诤友'，酒肉之交不算好朋友，患难之交才算好朋友。在正常的、顺利的情况下喊口号容易，在困难的情况下坚定不移是难得的。"陶铸认为，解放十二年了，高级知识分子应该说是经过考验了。如果说要打分的话，起码是及格了。"道理很简单，因为跟着共产党走，你说是为名吧又没什么名，为利吧猪肉也没有吃的，但还是拼命干，为了什么呢？就是有一个大的目标：大家希望把国家搞好。"

在讲话中，陶铸强调："高级知识分子经过了考验，有很大的进步，我们不能老是讲人家是资产阶级知识分子，我看要到此为止了。现在他们是国家的知识分子，民族的知识分子，社会主义建设的知识分子。""因此，我建议今后在中南地区一般地不要用'资产阶级知识分子'这个名词了，这个名词伤感情。"[1]

中南地区的知识分子，是全国最先脱掉"资产阶级"帽子的，虽然这只是"地方粮票"，但它毕竟比其他地方的知识分子早摘掉了半年的帽子。

陶铸领导下的中共中央中南局认为，党内有些人对知识分子有偏见，主要存在三个方面的思想障碍：一是不懂得搞社会主义建设需要科学技术，需要广大知识分子队伍，需要大量的各种专家，科学家越多越好，越专越好，现在的专家不是多了，而是少了。二是不懂得老知识分子的可贵。有母鸡才有许多小鸡，不依

---

[1]《陶铸文集》，人民出版社1987年版，第256—257页。

靠原有的知识分子，不充分发挥老一辈的作用，新的知识分子培养不出来；知识分子老了就不要，新的知识分子会寒心。三是对知识分子红的要求过高，用党员标准看人家，人家跟不上，认为人家政治进步不稳定，或者落后，甚至要求人家学《论共产党员的修养》。不懂得对文化教育有经验，能贡献自己专长为社会主义服务，就是专，不能要求人家万能，样样都懂。中南局的看法是，只有把这些问题解决好，才能进一步团结知识分子。

鉴于此，中南局提出，要加强同知识分子的团结合作，要抓住两个关键：一是要尊重知识分子，尊重其人格，尊重其长处、知识、专长；二是要关心知识分子，关心他们的政治思想、工作条件、经济生活等。中南局要求今后不属于政治问题的，不准搞思想斗争会，不能对知识分子动不动就斗争。知识分子思想意识中有认识不清或不正确的地方，要耐心地帮助其提高认识，不能采用简单粗暴的办法，而应当采取交心、恳谈、商量的办法，加以诚恳的友善的帮助。

为了加强同知识分子的团结，中南局要求各省区认真执行几项具体政策：

（一）在反右派斗争以后的历次运动中，批评和斗争错了的，政治上戴错了帽子的，审查历史中做错了结论的，以及学术批判中做错了结论的，应当认真甄别事实，分清是非，诚恳地平反。错多少就平反多少，在什么场合批评的就在什么场合平反，戴错了帽子的要摘掉帽子，并由负责同志出面道歉，恢复名誉。

（二）抓知识分子的安排使用，合理地安排工作，给知识分子以发挥特长和经验的工作条件。对只有名义而没有实际工作的要有职有权，过去不适当地拉下的要恢复，表现好的要提拔一些，合作共事关系不好的要调整，要求安排工作的必须给予工作，安排不当的应当给予调整，任务过重的要适当减轻，工作变化不定的要适当固定下来。

（三）要抓右派分子摘帽和学习、工作、生活的安排。右派分子大多是知识分子，处理适当与否，对知识分子有重大影响。

（四）各类学校中过去有一批国民党区分部书记之类的教师，解放12年了，对他们应当区别对待。如果解放后问题已交代，现在表现好的，就应当摘掉历史反革命的帽子。

中南局还提出，要做好知识分子工作，要使他们在教学、学术研究上有成就，就必须保证给予必要的工作条件。为此，中南局要求：一定要保证知识分子有六分之五的时间搞专业，除了知识分子座谈会外，要少开会；注意在可能的范围内改善知识分子的居住条件；给专家配备必要的助手；要让他们看与研究问题有关的资料，不能什么都对他们保密；要尽可能地改善知识分子的物质生活。

中南地区高级知识分子座谈会后，中南局所属的各省区相继传达了关于团结知识分子工作的主要精神，或召开知识分子问题会议，或召开文教工作会议。就连当时比较偏远的广西，区党委也很快召开了宣传文教工作会议，提出要迅速将中南局的精神传达到有关党组织和党员中去，如果中南局宣布的政策广西不保证兑现，就会影响党的威信。

五、脱"资产阶级"之帽，加"劳动人民"之冕

几个月后，在春暖花开的1962年3月，中国的知识分子在

经历几年的严寒之后,终于感受到了春天的温暖。尽管这段春风和煦的日子不算很长,但仍给一代知识分子以难以忘怀的温馨记忆。

1962年1月,中共中央在北京召开工作会议,因为与会者包括县以上单位的主要负责干部,共有7000余人,史称七千人大会。会上,毛泽东的讲话和刘少奇的报告,对于活跃当时沉闷的政治空气产生了重要作用。

刘少奇在报告中说,"大跃进"以来的成绩和缺点,从全国讲,恐怕是七个指头与三个指头的关系,在有些地方,缺点和错误还不止三个指头,也可能是七个指头。造成经济困难的原因,一方面是由于自然灾难,另一方面很大程度上是工作中的失误,有的地方是"三分天灾,七分人祸"。

毛泽东讲话的中心是如何加强民主集中制,强调不论党内党外都要充分发挥民主,让群众说话,有了错误,一定要自我批评,让人批评。他还带头做了自我批评,说中央犯的错误,直接的归他负责,间接的他也有份。

知识分子问题虽然没有列入七千人大会的议题,但会议对"大跃进"以来一些"左"的做法的否定与批评,对于随后召开的广州会议知识分子问题的解决起了直接的推动作用。

广州会议实际上是两个会议,只是地点都在广州。

一个是全国科学技术工作会议。这个会议由聂荣臻主持,于2月16日召开。会议的目的,起初是想借"科学十四条"贯彻后的有利形势,搞出一个新的科学规划来。参加会议的有全国各专业、各学科的代表310人。科学家们到了广州后,聂荣臻先与几位科学家谈心,发现他们都存在共同的顾虑。有科学家问聂荣臻:"现在,对资产阶级知识分子这个提法,到底如何理解?"有的科学家反映:"一提知识分子就是资产阶级的,叫做资产阶级知识分子,这顶帽子总是使我们感到低人一等,连子女也因此受歧视,从没有听人提起谁是无产阶级知识分子。"知识分子的情绪集中体现在这个问题上。

会议的第二天,中科院学部委员、声学家马大猷首先发言:"昨天聂总报告说'三不',不扣帽子,可是我们头上就有一顶大帽子——资产阶级知识分子。如果凭为谁服务来判断,那就不能说我们还在为资产阶级服务。如果说有资产阶级思想,或者思想方法是资产阶级的,所以是资产阶级知识分子,那么脑子里的东西,不是实物,是没法对证的。这个问题谁能解释清楚。"

一石激起千层浪。马大猷的发言,引起了众多科学家的共鸣。有人甚至说,地主劳动三年,可以改变成分,为什么我们干了十几年,还不能改变?还叫我们资产阶级知识分子。

与全国科学技术会议同时召开的另一个会议,是由文化部、中国戏剧家协会等组织的话剧、歌剧、儿童剧座谈会。这是周恩来亲自指导召开的,目的是要解决作家与文艺部门领导间的关系问题,对一些反映人民内部矛盾而受到错误批判的作品重新作出评价,以便总结经验,团结队伍。会议也在广州召开。

两个会议之所以都在广州开,是因为当时全国物资供应仍很紧张,广东的条件相对好一些,而陶铸对召开这两个会又很支持。陶铸组织了大批的罐头食品、水果、猪肉等,保证会议的供应,尽了地主之谊。

为了开好话剧、歌剧、儿童剧座谈会,按照周恩来的指示,文化部和中国剧协组织了几个调查组分赴几个大区的一些省、市了解情况，发现文艺界还存在不少问题。如一些作者受到了过火的批判和斗争；艺术问题与政治问题纠缠不清；一些领导干部不讲艺术规律，搞瞎指挥，对作品和作者的批判简单粗暴，乱打棍子，乱扣帽子；等等。这些问题汇集到周恩来那里，使他感到这些问题的出现，都与知识分子的阶级属性密不可分，解决知识分子的阶级属性已是十分紧迫。同时也使他体会到广大知识分子要求摘去"资产阶级"帽子的心情是多么迫切。为保证话剧、歌剧、儿童剧座谈会的成功，周恩来决定先在北京召集话剧、歌剧、儿童剧的作家开一个会，先谈一谈，通一通气。

2月17日，在周恩来的邀请下，100多位在京的剧作家来到了中南海的紫光阁。两年前，也是在这里，周恩来同艺术家们讲了一次话，讲的是文艺工作两条腿走路的问题。但是，时过两年，那时讲的问题许多仍未解决，有的甚至还有进一步的发展。其中的原因当然很复杂，许多问题并不是他说了就可以解决，但此时的情形毕竟同两年前有了不同。七千人大会刚刚开过，应该说这是一个很好的契机。为此，他一开始就鼓励艺术家们到即将召开的广州会议上要先出气，说出了气就能通气了。

周恩来说：1959年以来，文艺上的缺点和错误表现在打破了旧的迷信（如厚古薄今、迷信外国等等），但又产生了新的迷信（如今的一切都好，古的一切都坏；中国的一切好，外国的一切坏，骂倒一切；等等）。新的迷信把我们的思想束缚起来，于是作家们不敢写了，帽子很多，写的很少，但求无过，不求有功。为此，他强调：要破除新的迷信，再一次解放思想，要回到毛泽东思想和马列主义的辩证唯物主义和历史唯物主义上来。在讲到党如何领导戏剧电影工作时，他指出："党应领导一切，统帅一切，但不要包办一切。什么是专家的事，什么是行政的事，要分清楚，党委不要包办。""党委必须小心翼翼，听取群众的意见。""党委要与专家、内行、群众商量着办事，不懂就承认不懂，向群众请教。"他提出"政治与艺术不同，作家还要发挥创作个性"。在讲到"时代精神"时，并指出："所谓时代精神，不等于把党的决议搬上舞台。不能把时代精神完全解释为党的政策，党的决议。"[1]

广州会议召开的时候，周恩来正在准备即将召开的二届全国人大三次会议的政府工作报告，异常繁忙，他本没有打算去广州，而是请陈毅代表他去讲话。陈毅是中央政治局委员、国务院副总理，除负责外交部外，还分管科学、文化事业，陈毅本人也很关心知识分子，有许多知识分子朋友，把讲话的任务托付给他，周恩来是放心的。但是，当聂荣臻打电话告诉他，全国科学技术工作会议上知识分子要求就他们的阶级属性讨个说法后，他还是下决心亲赴广州，解决这个问题。

3月2日，在广州的羊城宾馆，面对参加两个会议的来自各个领域的800多名知识分子，雷鸣般的掌声刚刚停息，周恩来就开始了他的报告。周恩来的报告分为四个方面：一、知识分子性质和地位；二、中国现代知识分子的发展过程；三、如何团结知识分子；四、知识分子的自我改造。

报告中，周恩来批评了1957年以来对知识分子改造问题的片面理解，指出改造是长期的，方式应该是和风细雨，而不是简

---

[1] 中共中央文献研究室编：《周恩来年谱（1949—1976）》中卷，中央文献出版社1997年版，第457—458页。

单粗暴。这样气才能顺，心情才能舒畅，才能接受帮助。帮助人不能"上大课"，知识分子最怕"上大课"，要促膝谈心。对于那种自居于领导，自居于改造别人的人，要大声疾呼："请你自己改造自己。"

周恩来的报告，引起了与会知识分子的强烈反响。他们认为报告很全面，很透彻，听起来很亲切，使人深受感动，心悦诚服。但是，报告没有否定"资产阶级知识分子"的称号。会后，与会人员对这一问题依然有不同的理解。

因为太忙，周恩来无法在广州停留过长的时间。广州会议没有结束，他就赶回了北京，他还有许多没说的话，留给陈毅讲。他相信陈毅一定会把他的意思充分表达出来，给广大知识分子一个满意的说法。

陈毅没有辜负周恩来的嘱托。

3月6日，陈毅慷慨激昂地发表了他的长篇讲话。他一开头就说：

"我想现在的问题，是大家都有气，今天要来出气。我们党领导的思想改造的五大运动，总的说来是正确的，但在运动中间也发生了一些缺点、错误，有一些地方出现了过火斗争，搞得很多人感情痛苦。"

"我们有些党的领导机关，和科学家之间，也和剧作家、导演、演员之间产生了矛盾，伤了感情，伤了和气。这是个严重的内部矛盾。现在我们一定要解决这个矛盾……昨天我在科学家的会上讲了：今天主要是应该扶植这些科学家。他们是人民的知识分子，社会主义的科学家，是人民的劳动者，是为无产阶级服务的劳动者。"

"工人、农民、知识分子,是我们国家劳动人民中间的三个组成部分,他们是主人翁。不能够经过了十二年的改造、考验,还把资产阶级知识分子这顶帽子戴在所有知识分子的头上,因为那样做不合乎实际情况。"

"周总理前天动身回北京的时候,我把我讲话的大体意思跟他讲了一下,他赞同我这个讲话。他说:你们是人民的科学家、社会主义的科学家,是革命的知识分子,应取消资产阶级知识分子的帽子。今天,我给你们行脱帽礼。"说到这里,陈毅站了起来,向着全场的知识分子,深深地鞠了一躬。在雷鸣般的掌声中,他继续说:"十二年的改造,十二年的考验,尤其是这几年严重的自然灾害带来的考验——孔夫子三个月不知肉味,有些人是两三年不知肉味,还是不抱怨,还是愿意跟着我们走,还是对共产党不丧失信心,这至少可以看出一个人的心。十年八年还不能考验一个人,十年八年还不能鉴别一个人,共产党也太没有眼光了!""如果说十二年的改造,一点成绩没有,他们全部还是资产阶级知识分子,这也不能交待。这等于说我们共产党十二年来的领导是不行的,等于自己宣布破了产。"

陈毅提醒有关领导,要尊重科学家的意见,对他们的工作不要横加指责。他说:我们保证他科学研究的条件,要仪器给仪器,要助手给助手,要一间房子就给解决一间房子。我们不要拿苏联那一套,去强迫一个留美的学生改变他在美国学的那一套。苏联的一套和美国的一套可以并存,让他们在实际工作中去竞赛。我们党在科学技术上不要盲目地去扶植一面,取消一面。否则，是违反马克思主义。[1]

陈毅这篇讲话，主要是讲如何正确地对知识分子作出估计，如何改善党对科学、文艺工作的领导，也是讲如何改善党和知识分子的关系。他在讲话中对知识分子的"脱帽加冕"之举，成了那一代知识分子始终抹不去的记忆。他们从陈毅的讲话中，看到了国家、民族的前途，感到了共产党的力量。对于这样的共产党人，中国的知识分子是永远敬佩的。如果我们的党员、党的干部，都能像周恩来、陈毅、聂荣臻、陶铸一样，善待知识分子，那该多好啊。听到陈毅这些发自内心的肺腑之言，与会者的激动、兴奋之情溢于言表。在陈毅三万字的讲话中，全场响起了60多次掌声和笑声。

广州会议之后，知识分子的积极性空前高涨，聂荣臻回忆说："当时普遍生活困难，但大家还是干劲十足，中国科学院、国防部五院、二机部九院等许多科研单位，晚上灯火通明，图书馆通宵开放，一片热气腾腾，我国真正出现了科学的春天。至今我还认为：如果没有那几年的实干，'两弹'也就不会那么快地上天。我们常说，中国人民是很聪明的，并不比别的民族笨。事实证明了这一点。我们有些科学家的确很有才能，关键是怎样发挥他们的才干。要有正确的政策，要关心他们的生活。"[2]

回到北京的周恩来，继续进行政府工作报告的起草。广州会议引起的强烈反响，进一步坚定了他对知识分子问题的认识。而

---

[1] 以上见陈毅：《在全国话剧、歌剧创作座谈会上的讲话》，中国人民革命军事博物馆编：《陈毅元帅丰碑永存》，上海人民出版社1986年版。
[2] 《聂荣臻回忆录》（下），解放军出版社1984年版，第834页。

这时，党内对于这个问题仍有很大的意见分歧。有的地方竟然不准传达广州会议的精神，特别是不让传达陈毅的讲话；还有人写信给中共中央，告广州会议的状。也有一些受"左"的思想束缚严重的党员干部，对给知识分子"脱帽加冕"很不理解，说要不是看到文件上标明是陈毅讲的，还以为是右派分子的讲话呢。

对于这些情况，周恩来不可能不知道，但他还是坚持把"脱帽加冕"的精神，写进政府工作报告中。

3月27日，二届全国人大三次会议在北京召开。在会议的开幕式上，周恩来在政府工作报告中特地讲了如何团结知识分子的问题："知识分子是社会主义建设事业取得胜利的不可缺少的重要力量。我国的知识分子，在社会主义建设的各个战线上，作出了宝贵的贡献，应当受到国家和人民的尊重。我国知识分子的状况，已经同解放初期有了很大的不同。新社会培养出来了大量年轻的知识分子，他们正在沿着'又红又专'的道路成长。从旧社会来的知识分子，经过十二年的锻炼，一般地说，已经起了根本的变化。知识分子中的绝大多数，都是积极地为社会主义服务，接受中国共产党的领导，并且愿意继续进行自我改造的。毫无疑问，他们是属于劳动人民的知识分子。我们应该信任他们，关心他们，使他们很好地为社会主义服务。如果还把他们看作是资产阶级知识分子，显然是不对的。"[1]

虽然报告中周恩来也强调知识分子要"经常注意自我改造"，但更强调要为知识分子的自我改造创造条件，能够使他们心情舒

---

[1]中共中央文献研究室编：《建国以来重要文献选编》第15册，中央文献出版社1997年版，第309页。

畅地、自觉地、逐步地进行,而不应采取任何简单粗暴的方式。对知识分子的改造要求过高过急,是不适当的,把某些学术问题当作政治问题来处理,更是错误的。

报告重申了"百花齐放,百家争鸣"的方针,指出违反"双百"方针,在科学、文艺问题上不是鼓励自由探讨、自由辩论,而是加以限制,甚至进行粗暴的干涉,这种做法显然是错误的。国家对知识分子政策的出发点,是团结一切爱国的知识分子,逐步地建立起一支劳动人民的知识分子的宏大队伍。

周恩来的这个报告,从根本上恢复了他在1956年知识分子问题会议上代表中共中央作出的对知识分子现状的正确估计。新中国成立以来,周恩来就知识分子问题作过三次报告,这便是1951年作的《关于知识分子的改造问题》,1956年作的《关于知识分子问题的报告》和广州会议作的《论知识分子问题》的报告。二届全国人大三次会议上政府工作报告对知识分子问题的论述,可以说是他广州会议报告的补充和发挥。

六、邓小平一句话平息争议

对于广州会议给知识分子"脱帽加冕"的情况,毛泽东肯定是知道的,而这个问题的最终解决,从根本上讲也是取决于毛泽东的态度。按惯例,周恩来在全国人大所作的政府工作报告,是由中共中央通过的。这也就是说,报告中关于知识分子的新提法,经过了中共中央和毛泽东的审查与同意。然而,毛泽东同意了周恩来的政府工作报告,并不等于他也赞同对知识分子的新提法。熟知这一情况的胡乔木回忆说:"党中央对思想政治上的

'左'倾观点没有做出彻底清理。周恩来、陈毅在广州会议上关于知识分子问题的讲话，在党中央内部有少数人不同意甚至明确反对，在周恩来要求毛泽东对这个问题表示态度时，毛泽东竟没有说话。这个情形是后来党对知识分子、知识、文化、教育的政策再次出现反复的预兆。"[1]

"毛泽东竟没有说话"，表明毛泽东并不赞同给知识分子"脱帽加冕"之举。在严重的经济困难面前，毛泽东同意调整自1958年"大跃进"发动以来逐渐形成的"左"的政策，他自己也作了许多调查研究。但毛泽东允许调整是有限度的，他并不认为他亲手树立的总路线、"大跃进"、人民公社这"三面红旗"，从根本上讲是错误的。而且，当时他的注意力和重点一方面是集中在国际上的中苏论战，如何反修上，另一方面是集中在农业政策调整，尤其是"农业六十条"的制定和实施上，并未过多地关注知识分子问题。

1962年9月，中共八届十中全会在北京召开。这是一次具有转折意义的会议。这个转折，就是标志着1960年底以来的纠"左"开始暂停。在这次会议上，毛泽东大讲反修防修与阶级斗争问题。会议的公报中，有一段年纪大一点的人几乎都能背诵的话："在无产阶级革命和无产阶级专政的整个历史时期，在由资本主义过渡到共产主义的整个历史时期（这个时期需要几十年，甚至更多的时间）存在着无产阶级和资产阶级之间的阶级斗争，存在着社会主义和资本主义这两条道路的斗争。被推翻的反动统治阶级不甘心于灭亡，他们总是企图复辟。同时，社会上还存在

---

[1] 转引自胡绳主编：《中国共产党的七十年》，中共党史出版社1991年版，第447页。

着资产阶级的影响和旧社会的习惯势力,存在着一部分小生产者的自发的资本主义倾向,因此,在人民中,还有一些没有受到社会主义改造的人,他们人数不多,只占人口的百分之几,但一有机会,就企图离开社会主义道路,走资本主义道路。在这些情况下,阶级斗争是不可避免的。这是马克思列宁主义早就阐明了的一条历史规律,我们千万不要忘记。"[1]后来,这段话的最后一句被概括为"千万不要忘记阶级斗争",成为盛行一时的"毛主席语录"中尤为引人注目的一条。

这其中,没有改造好的"百分之几"的人,到底包括哪些人,公报中没有说明,是否也包括知识分子,不敢妄加推测。不过,有一点是可以肯定的,在八届十中全会前,毛泽东对知识分子问题表态了。这个表态,不是肯定"脱帽加冕",而是肯定原来的"资产阶级知识分子"的帽子。

8月的北戴河,凉风习习。在这里,中共中央为召开八届十中全会作准备,召开了一次中央工作会议。8月9日的中心组会议上,有人提出,摘掉"资产阶级知识分子"的帽子是否合适。毛泽东发话道:"资产阶级知识分子有些阳魂过来了,但是阴魂未散,有的连阳魂也没有过来。"过了几天,又有人说,资产阶级知识分子还是有的,不能说资产阶级还存在,就没有资产阶级知识分子了的时候,毛泽东插话道:"从意识形态来说,资产阶级知识分子还存在。"[2]

---

[1] 中共中央文献研究室编:《建国以来重要文献选编》第15册,中央文献出版社1997年版,第653页。

[2] 薄一波:《若干重大决策与事件的回顾》(修订本)下卷,人民出版社1997年版,第1040页。

这次中央工作会议之后，中共中央于8月26日至9月23日在北京召开八届十中全会预备会议。会上当陈毅谈到他在广州会议着重批评了知识分子问题上的"左"的倾向时，邓小平明确表示："陈总讲的是对的。"可毛泽东却另有看法，他说：人家请你讲话总是有目的的，总要沾点光，没有利益他不干。我对总司令讲过，你到处讲话要注意。[1]这实际上是批评陈毅在广州会议上的讲话。

中共八届十中全会之后，中共中央于这年10月至11月召开宣传文教会议。围绕知识分子问题引发了一场争论。一方赞同"脱帽加冕"，一方对此不予同意。不赞同广州会议给知识分子"脱帽加冕"的，以中共中央政治局委员、中宣部部长陆定一为代表。

陆定一在讲话中说："这些年来知识分子政策有些乱，一'左'一右。'左'发生在1957年、1958年、1959年的下半年和1960年的上半年，表现为拔白旗，宁'左'勿右的那个纲领，提升职称的那个文件。右表现为脱帽加冕，知识分子都成了劳动人民的知识分子。知识分子只有两种：资产阶级知识分子和无产阶级知识分子，按世界观来划分。劳动人民的知识分子提法不确切，模糊了阶级界限。出身于农民、小资产阶级的知识分子，不附属于无产阶级，就附属于资产阶级。在社会主义时期，知识分子中的统一战线，包括无产阶级知识分子和资产阶级右派、中间派的知识分子，团结的范围一直要伸展到中右的知识分子。用这

---

[1] 薄一波：《若干重大决策与事件的回顾》（修订本）下卷，人民出版社1997年版，第1040页。

样一条界线来防'左'防右。"[1]

宣传文教会议上关于知识分子阶级属性的争论，由陆定一向中共中央书记处作了汇报。周恩来听后明确表示："对知识分子，说我们提劳动人民的知识分子是没阶级分析，我是代表党作报告的，是党批准的，不是我一个人起草的，少奇在宪法报告上讲过有工人阶级知识分子，劳动人民知识分子，资产阶级知识分子，我不认为我在广州会议上讲劳动人民知识分子有什么错误。"邓小平支持周恩来的意见，说："恩来在广州报告没毛病，对知识分子问题应当照总理讲的解释，请定一查一查，澄清一下，讲清楚。关于知识分子问题，下次会议还要讨论，统一解释口径，还是按总理在人大会讲的为准，把那一段印一下，那是中央批准的，我们党的正式语言，今天正式决定。"邓小平又说："上次在主席处谈了，这次宣传会议关于知识分子问题的讨论，不传达。"[2]

正因为邓小平一句"不传达"，才使知识分子问题暂时没有引起更大的争议。

---

[1] 龚育之：《在漩涡的边缘》，河南人民出版社1998年版，第113页。《陆定一文集》，人民出版社1992年版，第698页。

[2] 龚育之：《为知识分子"脱帽加冕"的广州会议》，《百年潮》1999年第1期。

关于文艺问题的两份批示

在1962年9月召开的中共八届十中全会上,毛泽东重提阶级斗争问题,强调阶级斗争必须年年讲、月月讲,并以此作为反修防修、防止资本主义复辟的重要举措。1963年12月和1964年6月,毛泽东两次就文艺问题批示,由此引发了文艺领域的批判运动,导致意识形态领域形势日趋紧张。

一、"大写十三年"与批"鬼戏"

中共八届十中全会后,毛泽东对文艺问题给予了相当关注。1962年12月21日,毛泽东巡视华东各省以后,就文艺问题发表意见说:对资本主义要有一些人专门研究,宣传部门应多读点书,也包括看戏。有害的戏少,好戏也少,两头小中间大。帝王将相、才子佳人多起来,有点西风压倒东风,东风要占优势。[1]

时为中共中央华东局第一书记兼上海市委第一书记的柯庆施,听了毛泽东这番话后,立刻作出反应。他在上海市部分文艺工作者1963年元旦座谈会上,提出了"大写十三年"的口号,

---

[1] 中共中央文献研究室编:《毛泽东年谱(1949—1976)》第5卷,中央文献出版社2013年版,第177页。

意思是文艺作品要以新中国成立以来十三年为核心题材。他反复强调,这是依据八届十中全会精神和毛泽东的指示提出来的。

为什么要"大写十三年"呢? 柯庆施解释说:"旧社会只能培养人们自己为自己的自私自利思想。社会主义、集体主义的思想只有社会主义革命成功以后才能开始树立。""解放十三年来的巨大变化是自古以来从未有过的,在这样伟大的时代、丰富的生活里,文艺工作者应该创作出更多更好地反映伟大时代的作品。""今后的创作上,作为领导思想,一定要提倡和坚持'厚今薄古',着重提倡写解放十三年,要写活人,不要写古人、死人,我们要大力提倡写十三年。"[1]

在1963年2月召开的春节团拜会上,柯庆施又对上海文艺界说:因为没有人提倡写十三年,所以我来提倡;你们如果写了十三年的戏,我就来看,不演十三年的戏我就不看。

而此时,刘少奇、周恩来等中央领导人,则仍然强调要贯彻"百花齐放"的方针。

1963年2月8日,周恩来在出席首都文艺工作者元宵节联欢会讲话时说,文艺界各个方面如何去体现"双百"方针,为工农兵服务,到群众中间去,加强同人民群众的联系,这些仍是文艺界当前重要的课题。他还在肯定歌颂新人新事后,也举例讲了一些反映各个历史时期的优秀作品。

同年4月19日,周恩来在中共中央宣传部召开的文艺工作者会议和文联第三届全国委员会第二次扩大会议联合报告会上说,创作的天地是很广阔的,我们不要只局限于写十三年,还要

---

[1]《柯庆施同志同上海文艺界人士共迎新春》,《文汇报》1963年1月6日。

把近百年斗争、世界革命斗争都在自己的作品里刻画出来，再加上新人新事多了，这样就丰富了。他还表示，对古典戏曲也要加以具体分析，才子佳人的戏也不能一概不准演。如果帝王将相、才子佳人的戏都禁止，以后又会走向反面，又得反复。

3月8日，刘少奇在听取文化部负责人汇报时说，能表现现实生活的，就演现实生活的戏。不适合表现现实生活的，就演历史剧。让大家看看戏，好好休息，也是鼓舞社会主义劳动热情，也是为政治服务。[1]

尽管如此，随着以农村"四清"（开始是清理账目、清理仓库、清理工分、清理财物，后来发展为清政治、清经济、清组织、清思想）和城市"五反"（反对贪污盗窃、反对投机倒把、反对铺张浪费、反对分散主义、反对官僚主义）为中心的社会主义教育运动的展开，阶级斗争重新被强调，文艺界的形势也日渐紧张。

1963年3月，中共文化部党组向中宣部并中共中央报送了《关于停演"鬼戏"的请示报告》。《请示报告》批评说，近几年，"鬼戏"演出逐渐增加，一些解放后经过改革去掉了鬼魂形象的剧目恢复了原来的面貌，甚至有严重思想毒素和舞台形象恐怖的"鬼戏"，也重新搬上舞台。"更为严重的是新编的剧本（如《李慧娘》）亦大肆渲染鬼魂，而评论界又大加赞美，并且提出'有鬼无害'论，来为演出'鬼戏'辩护。"[2]《请示报告》要求全国

---

[1] 黎之：《文坛风云录》，河南人民出版社1998年版，第376页。
[2] 中共中央文献研究室编：《建国以来重要文献选编》第16册，中央文献出版社1997年版，第248页。

各地不论农村还是城市，一律停演有鬼魂形象的各种"鬼戏"。不久，中共中央批转了这个《请示报告》。

这个《请示报告》中被点名的《李慧娘》，是著名剧作家孟超的作品。

1958年，孟超应北方昆剧院之约，着手将传统戏剧《红梅记》改编为《李慧娘》。1960年春夏之际，孟超完成了剧本的初稿，经过修改，在《剧本》第7、8期上发表。1961年8月，《李慧娘》正式在北京长安剧院公演。在剧本的改编和此剧的排练过程中，康生曾对此极为关心。孟超与康生是同乡（都为山东诸城人），两家还有点亲戚关系，早年在上海大学读书时，俩人又是同学。康生对戏剧还颇为爱好，他不但看过孟超剧本的原稿，提出过修改意见，而且在彩排时也去看过，并提出过改进的意见。他还曾指示《李慧娘》中一定要出现鬼魂，否则他就不看。该剧公演时，康生亲往观看，剧终后还与孟超及全体演员合影，称戏演得好，说这是"近期舞台上最好的一出戏"，夸奖孟超"这一回做了一件好事"。好走极端的康生甚至还指令北方昆剧院今后不要再搞什么现代戏。后来，在康生的推荐之下，周恩来和董必武还在钓鱼台观看了此剧。据说周恩来和董必武对《李慧娘》都有称赞。

此剧公演后，深受观众的欢迎，也深为戏剧界、评论界所称道。《人民日报》《北京晚报》等报刊发表了为数不少的评论文章，称《李慧娘》是"一朵鲜艳的红梅"，"个性以辣，风格以情"。更有人作赋以赞："孟老词章，慧娘情事，一时流播京华。百花齐放，古干发新苑。"这些评论文章中，影响最大的，要数繁星（廖沫沙）在1961年8月31日《北京晚报》上发表的《有鬼无害论》。

这篇文章是廖沫沙应《北京晚报》记者之约而写的。记者约稿时说："许多人看了都觉得戏编得好，只是把李慧娘写成鬼，舞台上出现鬼魂，让人看了总觉得不好。"[1]针对观众的这种顾虑，廖沫沙决定从"鬼"字上做文章，于是他写道："本来是人，死后成鬼的阴魂，当然更是阶级斗争的一分子。戏台上的鬼魂李慧娘，我们不能单把她看作鬼，同时还应当看到她是一个至死不屈服的妇女形象。""如果是个好鬼，能鼓舞人们的斗志，在戏台上多出现几次，那又有什么妨害呢？"

廖沫沙的文章，并不是从哲学的角度去分析自然界鬼神是否存在，而是肯定以鬼神的形象去体现反抗精神的这种文学艺术的创作方法。可是，没想到，只过了一年，孟超因编《李慧娘》惹祸，廖沫沙也因这篇《有鬼无害论》惹祸。真可谓有鬼虽无害，但"鬼"也害人。

《李慧娘》被当作坏戏的典型而被点名，报刊立即出现了相关批判文章。

1963年5月6日，《文汇报》发表了后来被江青称为"第一篇真正有分量的批评'有鬼无害论'的文章"——《"有鬼无害"论》。这篇署名梁壁辉、长达两万字的文章说，孟超改编《红梅记》为《李慧娘》，不但没有吸取精华，剔除糟粕，相反却发展了糟粕。过了不久，那个自称没有鬼魂他不看戏的康生，也摇身一变，把《李慧娘》说成是"坏戏"的典型，号召对其进行批判。康生、江青还在行政上采取措施，强令孟超"停职反省"。

---

[1] 陈海云、司徒伟智：《廖沫沙的风雨岁月》，胡平、晓山编：《名人与冤案——中国文坛档案实录》（三），群众出版社1998年版，第167页。

在《李慧娘》受到批判之际,廖沫沙的《有鬼无害论》也脱不了干系,一并被批判。批判者指责廖沫沙"忽略了鬼魂迷信的阶级本质,因而也忽略了它对人民的毒害,所以他能够很轻松地认为'有鬼无害而且有益'了。""繁星同志要拿《李慧娘》这样的鬼戏来鼓舞人们的斗志,就等于说'喝几杯老酒可以提精神'一样,人们越喝只能越糊涂。"[1]之后,廖沫沙为此一再做检讨,但到了批判《海瑞罢官》之际,《有鬼无害论》又一再被翻出来批判,说他不仅是《海瑞罢官》和《李慧娘》"两株大毒草的吹捧者",也是"著名毒草"《有鬼无害论》的作者,而且是"自觉地反党反社会主义反毛泽东思想的一员主将"。

二、毛泽东关于文艺的第一份批示

随着文艺界批判运动的展开,毛泽东对文化工作特别是戏曲工作的不满情绪日渐表达出来,并且多次提出了严厉批评。

1963年9月27日的中央工作会议上,毛泽东说:我们现在搞农村"四清"、城市"五反",实际上是为国内反对修正主义打下基础。这中间,要包括意识形态方面。除了文学之外,还有艺术,比如歌舞、戏剧、电影等等,都应该抓一下。现在各省都在抓,多数地方都注意了,也有一些地方还没有大注意。要推陈出新。过去唱戏,净是老的,帝王将相,家院丫头,保镖的人,黄天霸之类,那个东西不行。推陈出什么东西呢?陈就是封建主义、资本主义的东西。要把封建主义、资本主义的东西推出

---

[1] 梁壁辉:《"有鬼无害"论》,《文汇报》1963年5月6日。

去，出社会主义的东西，就是要提倡新的形式。旧形式也要搞新内容，形式也得有些改变。[1]

同年11月，毛泽东在一次讲话中说：我们有了方向不等于执行了方向，有方向是一回事，执行方向又是一回事。一个时期，《戏剧报》尽宣传牛鬼蛇神。文化部不管文化，封建的、帝王将相的、才子佳人的东西很多，文化部不管。在另一次谈话中，他又说：文化工作方面，特别是戏剧，大量是封建落后的东西，社会主义的东西很少。在舞台上无非是帝王将相、才子佳人。文化部是管文化的，应当注意这方面的问题。要好好检查一下，认真改正。如不改，文化部就要改名字，改为"帝王将相部""才子佳人部"，或者"外国死人部"[2]。

如果说，上面这些还只是内部讲话，对文艺界产生的震动还不是特别大的话，这年12月毛泽东关于文艺问题的一份批示，则震撼着整个文艺界。

1963年，上海开展了故事会活动，用讲故事的方式，对工人、农民、解放军战士进行阶级教育和社会主义教育。中宣部文艺处一位干部为此去上海了解情况，回来后写了一份题为《柯庆施同志抓曲艺工作》的材料，刊登在1963年12月9日编印的《文艺情况汇报》上。这份材料说，上海市委很注意曲艺等群众艺术工具，柯庆施曾亲自抓这项工作。一个是抓评弹的长篇新书目建设问题。他说，有没有更多的思想和艺术上都不错的长篇现

---

[1] 中共中央文献研究室编：《毛泽东年谱（1949—1976）》第5卷，中央文献出版社2013年版，第263—264页。

[2] 中共中央文献研究室编：《毛泽东年谱（1949—1976）》第5卷，中央文献出版社2013年版，第285页。

代书目，是关系到社会主义文艺能不能占领阵地的问题。另一个是抓故事员的问题。故事员在市郊配合社会主义教育运动大讲革命故事，起到了红色宣传员的作用，很受群众欢迎。中共上海市委要求各级党组织重视这一活动，并可在全市推广。

12月12日，毛泽东看罢这份材料后，提笔写下了这样的批语："各种艺术形式——戏剧、曲艺、音乐、美术、舞蹈、电影、诗和文学等等，问题不少，人数很多，社会主义改造在许多部门中，至今收效甚微。许多部门至今还是'死人'统治着。不能低估电影、新诗、民歌、美术、小说的成绩，但其中的问题也不少，至于戏剧等部门，问题就更大了。社会经济基础已经改变了，为这个基础服务的上层建筑之一的艺术部门，至今还是大问题。这需要从调查研究着手，认真地抓起来。""许多共产党人热心提倡封建主义和资本主义的艺术，却不热心提倡社会主义的艺术，岂非咄咄怪事。"[1]

毛泽东并没有把这个批语批给主管文艺工作的中宣部、文化部负责人，而批给了彭真和刘仁。前者是中共中央政治局委员、中央书记处排名仅次于总书记邓小平的书记、中共北京市委第一书记兼北京市市长，是党内分管意识形态的领导人之一；后者是中共北京市委第二书记。毛泽东的这一举动，显然不但要北京市立即如同上海那样行动起来，而且要求中央书记处注重这个问题。

彭真接到毛泽东的批示后，立即找北京市委、中宣部、文化部的有关负责人进行传达。彭真在讲话中说：（一）文化艺术工

---

[1]《建国以来毛泽东文稿》第10册，中央文献出版社1996年版，第436—437页。

作者大多数是参加民主革命，不可能都为社会主义服务。不过，喜欢封建的、资本主义的是少数，大多数人是认识问题。（二）破和立都要做，不破不能立，不立也不能破。要加强评论工作，树立好的批评作风，对作品要有具体分析。（三）关键是鼓励文艺工作者到群众中去，不能蹲点的，也要下去走走。我们的责任是帮助他们，他们写什么不要硬规定，不要把什么都看成政治问题，即使是政治问题，也作认识问题处理。[1]

1964年1月3日，刘少奇召集中央宣传部有关负责人和文艺界人士30余人，举行座谈会，传达毛泽东1963年12月12日的批示。

会议先由周扬汇报新中国成立以来文化工作的情况。周扬汇报说，现在的文学艺术，有相当多的东西还是同社会主义适应的。十几年来，文学艺术的各个方面都产生了不少适合社会主义需要，适合人民需要的东西。文学艺术的发展是空前的，是过去历史上不能比的。出现了很多好作品，如《红旗谱》《红岩》等。电影也有许多好的。周扬认为，1958年到1960年下半年这一段，主要的方向是好的，精神是好的，而且有好的作品，但是有简单化的缺点。1960年下半年到1962年这一段纠正一下这些缺点错误是必要的；强调一下"百花齐放，百家争鸣"，强调一下艺术上要民主，还是有好处的，对促进艺术工作者的积极性是起了作用的。但是，这个时候反映了一个问题，就是"两为"（即为工农兵服务，为社会主义服务）和"两百"（即"百花齐放，百家争鸣"）总是摆不好，强调一下"两百"有好处，但是也确实产

---

[1] 黎之：《文坛风云录》，河南人民出版社1998年版，第412页。

生了一些右的东西。

在周扬汇报的过程中,刘少奇作了不少插话。在周扬讲到文化艺术方面就是"死人"多,社会主义少时,刘少奇说:18、19世纪的文学在资本主义的历史上曾经起过一段进步作用。其中有些艺术标准是可以吸收的。在周扬讲到提倡现代戏,对历史戏、传统戏还是不要偏废,还应当继续搞些好的传统戏、历史戏时,刘少奇说:历史戏要整理,而且要能够为今天所用,古为今用。有一部分古为今用的,还有一部分总结历史经验的。

在周扬讲完后,刘少奇又做了讲话,主要论述了文艺同政治、经济的关系。刘少奇说,我们的社会主义只搞了十年,还需要很大的创造。社会主义革命比过去的民主革命更深刻,时间更长,规模更大,要将其真实地反映出来,就会比过去任何历史上的文化都高,这方面需要很大的劳动,首先是作家、戏剧家、小说作家、文艺作家、音乐家,各方面的作家,要在这方面努力,力求反映社会主义革命斗争。

邓小平在周扬、刘少奇、彭真讲话时插话表示:历史上反映人民智慧的,包括将相智慧的,比如《将相和》,就是好的。讲话中,邓小平表示:主席批的这个问题是很及时的,这个问题,也是我们社会主义革命和社会主义建设一系列问题中的一个方面的问题。接着,他着重讲了"统一认识,拟定规划,组织队伍"的十二字方针。

彭真在讲话中说:主席这个信是写给我和刘仁同志的。主席为什么写这个信?他就是觉得北京这个文艺队伍是相当的鸦鸦乌。在文艺这个战线上,我们的革命搞得比较差,可以说比较落后,也可以说最落后的。彭真又说:文艺战线上的革命所以落后，首先是我们方面的责任。要振作精神，深入地搞一下这方面的工作。这个问题可不能忽视。有很多知识分子参加革命，是因为看了小说，看了文艺作品。匈牙利事变的时候，并不是将军组织了司令部，而是裴多菲俱乐部。现在我们让一些资本主义的东西、封建主义的东西在那里泛滥，连我在内，我也是让人家泛滥的一个，咱们大家分担责任。我看，主席现在提出这个问题很及时，再不搞要吃亏，包括我们的子女，都要让人家挖了墙脚。彭真还在讲话中认为，现在绝大多数还是认识问题，很明确很正确的是少数，坏人也是少数。对于过去所有的文艺作品，要区别对待，能够小改的小改，能够中改的中改，能够大改的大改，实在是毒草，就把它毁灭。[1]

这个座谈会在一定程度上缓解了当时文艺界的紧张心理。

三、毛泽东关于文艺的第二份批示

正当文艺界贯彻毛泽东的批示之际，又发生了"迎春晚会事件"。这是一个在今天看来根本算不得什么的事件。

1964年2月3日，中国戏剧家协会在全国政协礼堂举办迎春晚会。据一位参加者回忆："迎春晚会给人观感不同的是男男女女都着装比较整齐、讲究，女士们有穿裙装，略施粉黛的（仍以淡妆为主，浓妆艳抹的极少见）。一进大门，有年轻女子给每个来宾佩带一朵绢花。主持人'剧协'的李超（"剧协"负责

---

[1]《关于文艺问题的讲话》(1964年1月3日)，载人民出版社资料室：《中国赫鲁晓夫刘少奇反革命修正主义言论集》第3册，1967年编印。

人之一）致欢迎辞时前边冠以'女士们、先生们'。这些，使人感觉既有节日的融和、喜庆气氛，又似乎恢复了一点旧时代的礼仪。""至于内容，大部分节目还是健康的。""书画厅里，艺术家们在那里挥毫写字、作画。""自然舞厅里还有舞会，人们一边随着乐曲跳舞，一边观赏那些即兴表演。"[1]

就是这样一场晚会，却带来了一场不小的风波，并引发了文艺界的大整风。

晚会之后，有两位参加者向中宣部领导写信，指责这次晚会"着重的是吃喝玩乐，部分演出节目庸俗低级，趣味恶劣"。写信者中有一位是部队的著名诗人，据说此人"具备一般文人的自由心性和相当的浪漫气质"[2]。中宣部主要负责人看了这封信后，立即对此进行严厉的批评，并且认为"剧协的一部分已经腐败；所以各协会工作人员都应该轮流下放锻炼和加强政治学习"。

3月下旬，中宣部召集文联各协会党组成员、总支书记和支部书记50多人，连续开会3次，进行讨论。会议认为：这件事的发生不是偶然的，是当前阶级斗争在文艺队伍中的反映，是剧协领导资产阶级思想作风的暴露，认为这种事在其他协会中也程度不同地存在着，因此有必要在文联和各协会全体干部中进行一次整风学习，吸取教训，使坏事变成好事。

5月8日，中宣部写出《关于全国文联和各协会整风情况的报告（草稿）》。《报告（草稿）》指出，在贯彻执行党的文艺方向方面存在的主要问题是：

---

[1] 涂光群：《五十年文坛亲历记》（上），辽宁教育出版社2005年版，第117—178页。
[2] 涂光群：《五十年文坛亲历记》（上），辽宁教育出版社2005年版，第178页。

（一）没有坚决贯彻执行党的文艺方向。有一个时期，主要是在八届十中全会以前，各单位都不同程度地存在着方向模糊、对阶级斗争形势认识不清的问题。在文艺创作方面，没有积极组织作家、艺术家创作反映社会主义时代的作品，许多作品不能很好地为社会主义革命和建设服务，同社会主义经济基础不相适应。有些协会的刊物编辑部，登了不少脱离时代、没有多少社会意义的东西，甚至还发表了一些借古讽今、发泄对现实不满情绪的坏作品。

（二）在文艺理论批评方面，旗帜不鲜明，战斗性不强，对毛泽东文艺思想缺乏深入的研究和有力的宣传。

（三）在文艺队伍方面，对队伍的落后的一面估计不足。忽视了作家艺术家深入生活、同工农群众相结合的必要性；忽视了文艺工作者思想改造的长期性；没有重视培养新生力量的工作。

在机关的革命化方面存在的主要问题是：

第一，文联和各协会的党组织不健全，思想不革命化，缺乏无产阶级的战斗作风，机关内政治空气稀薄。

第二，在工作人员中，资产阶级思想作风相当严重。比较普遍和突出的是个人主义思想，不少人图名求利，对工作敷衍塞责，应付了事。

第三，有些单位人员复杂，队伍不纯。

《报告（草稿）》说，为了改变这种状况，经过检查和讨论，文联和各协会准备采取以下措施：

一是进一步明确文艺方向，贯彻执行党的文艺方针，大力发展社会主义文艺。目前着重抓报告文学、现代剧目、曲目和革命歌曲等创作，迅速反映当前斗争；同时，采取有效措施组织和帮助作家、艺术家长期深入群众生活，努力创作比较深刻地概括时代、创造社会主义时代的典型人物的作品。要整顿文艺队伍，大力培养青年作家、艺术家。

二是改进文艺刊物，加强刊物的战斗性，使刊物真正成为发展社会主义文艺、宣传党的文艺方针政策、宣传毛泽东文艺思想和培养青年创作队伍的坚强阵地。同时加强评论队伍。

三是文联和各协会党组成员、业务骨干和所有的干部，分期分批轮流下放，参加劳动，参加基层工作，参加农村社会主义教育运动或者参加农村文化工作队，以改造思想，加强同群众的联系，对群众的文化生活进行调查研究。

四是组织干部学习马克思列宁主义和毛泽东思想。

五是加强党组，调整党组成员，健全领导核心。

这个报告是由中宣部文艺处起草的，曾经副部长林默涵修改后，交部长办公会议讨论，但此后很长一段时间没有下文。

这份《报告（草稿）》形成后不久，彭真要求中宣部搜集有关毛泽东1963年12月批示后文艺界出现的新气象，并形成一份报告呈送毛泽东。很快，各协会报来了大量材料，反映学习毛泽东的批示后，文艺工作者积极深入生活，参加农村的"四清"运动，投身城乡阶级斗争，创作了一批好的作品。中宣部收到这些材料后，准备形成一个报告报送毛泽东。可是，这份反映"新气象"的报告还来不及形成，就传来毛泽东关于文艺问题的第二份批示。

毛泽东的批示写于6月27日，批示是这样的："这些协会和他们所掌握的刊物的大多数（据说有少数几个好的），十五年来，基本上（不是一切人）不执行党的政策，做官当老爷，不去接近工农兵，不去反映社会主义的革命和建设，最近几年，竟然跌到了修正主义的边缘。如不认真改造，势必在将来的某一天，要变成像匈牙利裴多菲俱乐部那样的团体。"[1]

按照正常的工作程序，中宣部文艺处起草的报告在中宣部认真修改、部长会议讨论后，上报中共中央书记处，再由中共中央书记处决定是否有必要报送毛泽东。可是，这份中宣部的领导们都没有修改的《报告（草稿）》，又是如何送到毛泽东手中的呢？十一届三中全会后，时任中宣部副部长的林默涵曾追忆说："中宣部将文联各协会中揭发出来的缺点、错误给中央写了个报告，报告草案送给周扬同志看，周扬同志认为不够充实，改正工作的措施也不够具体，要改一改。当时江青追问：毛主席批示下达后文艺界是怎样检查的？我告诉她中宣部写了个报告，因为不够充实，还要改一改。她要我把草稿寄给她。不久，毛主席就在草稿上做了第二个批示。"[2]

作了这个批示之后，毛泽东曾亲自召开了一次会议，布置文艺界的整风。参加会议的是彭真、陆定一、康生等负责意识形态工作的领导人。毛泽东在会上提出要彻底整顿文化部，并指定由陆定一、彭真、周扬三人组成领导小组，由陆定一主持。陆定一当即表示自己"见事迟"，负不了这个责，建议由彭真负责。毛泽东表示同意，接着又点名康生和吴冷西参加小组工作。7月7日，根据毛泽东的提名，由彭真、陆定一、康生、周扬、吴冷西组成，以"贯彻中央和主席关于文学艺术和哲学社会科学问

---

[1] 中共中央文献研究室编：《毛泽东年谱（1949—1976）》第5卷，中央文献出版社2013年版，第368页。

[2] 转引自黎之：《文坛风云录》，河南人民出版社1998年版，第441页。

题的批示"为职责的五人小组正式成立。这个小组后来取名为"文化革命五人小组"[1]。

四、对所谓"坏影片"的批判

7月2日,中宣部召开文联各协会和文化部负责人会议,执行毛泽东的第二个指示。文联各协会又开展了第二次整风。

同前一阶段的整风不同,这一阶段的整风着重对文艺界的某些领导人进行检查和批判。因为当时估计文艺部门的某些单位已经被资产阶级夺了权,所以在这次整风运动中,文化部和几个重要文艺团体的负责人,如齐燕铭、夏衍、田汉、阳翰笙、邵荃麟等,成为重点批判对象。

与此同时,一批文艺作品被点名批判。1964年8月14日,中宣部向中共中央书记处报告说,《北国江南》和《二月》(即《早春二月》)是两部思想内容有严重错误的影片。其共同特点,是宣传资产阶级的人性论和人道主义,抹杀和歪曲阶级斗争,着重表现中间状态的人物并以这种人物作为时代的英雄。为了清除电影界、文艺界的错误观点,提高文艺工作者和广大观众的思想认识和辨别能力,拟在北京、上海等大城市公开放映这两部影片,并在报刊上组织讨论和批判。

8月18日,毛泽东对中宣部的报告作出批示:"不但在几个大城市放映,而且应在几十个至一百多个中等城市放映,使这些修正主义材料公之于众。可能不只这两部影片,还有些别的,都

---

[1] 肖冬连等:《求索中国——"文革"前十年史》,红旗出版社1999年版,第1090页。

需要批判。"[1]

《北国江南》由阳翰笙编剧，沈浮导演，1963年摄制完成。影片塑造了吴大成和银花这样并无惊天动地业绩，但忠厚朴实的共产党员形象。这样一部电影之所以遭到批判，就在于"这部影片，在怎样正确反映农村阶级斗争，怎样塑造正面英雄人物的形象，怎样正确对待中间人物在创作中的地位和作用等根本性的问题上，都存在着严重的错误"[2]。

批判者给影片戴上了一顶"'中间人物'论的标本"的帽子，因为在影片中，"连党支部书记吴大成和资本主义分子董子章在内的几乎所有的人物，实际上都被作者写成了'中间人物'"。由此，影片的"严重错误"，就在于该剧的编导者是"完全背离了无产阶级的立场和马克思主义阶级分析的方法来刻画'中间人物'的，也不是以'一分为二'的革命辩证法在发展中正确描写'中间人物'的改造过程或转变过程，不是以无产阶级的思想去克服非无产阶级的思想，去改造处于中间状态的人物的思想。恰恰相反，作者是用资产阶级的阶级调和论、阶级'汇合'论和人性论来丑化正面英雄人物，美化落后的甚至反动的人物，并且是带着欣赏与同情来描写'中间人物'身上的落后面，甚至反动面，讴歌他们的自我'天良'发现、'人性'觉醒、'自发'转变"[3]。此外，这部影片的"错误"还有宣扬阶级调和观点，歪曲和抹杀现阶段农村的阶级斗争，宣传资产阶级的人性

---

[1]《建国以来毛泽东文稿》第11册，中央文献出版社1996年版，第135页。
[2] 汪岁寒等：《应当严肃认真地来评论影片〈北国江南〉》，《人民日报》1964年7月30日。
[3] 王洛等：《〈北国江南〉是"中间人物"论的标本》，《人民日报》1964年9月6日。

论等。

《早春二月》是导演谢铁骊根据左联作家柔石1929年创作的中篇小说《二月》改编而成的。小说描写的是去乡村中学任教的萧涧秋与陶岚恋爱及帮助采莲母子的故事。

故事发生在浙江省芙蓉镇,镇上有所中学,校长是萧涧秋读师范学校时的好友陶慕侃。在陶慕侃的再三要求下,厌弃了都市生活的萧涧秋应邀来此教书。他同陶慕侃的妹妹陶岚发生了爱情,与正在追求陶岚的当地豪绅之子钱正兴发生了冲突。同时,萧涧秋在这里遇到了早年同学、革命军烈士李志浩的妻子文嫂,她一家的生活正陷入困境。于是萧涧秋同情、救济了文嫂,并认为只有牺牲自己同陶岚的爱情,同文嫂结婚,才是救济她的根本办法。他同文嫂和陶岚的关系,招来了镇上的流言蜚语,最后文嫂终于自杀。在这种情况下,萧涧秋只好逃往上海,不知所终。小说中的萧涧秋和陶岚对现实不满,与旧传统格格不入,对三民主义、资本主义、教育救国一概怀疑,但他们又没有坚定的信仰;他们希望改变现实,但又不敢投身革命洪流,因而十分苦闷与彷徨。

电影《早春二月》基本上是忠于原著的。这部电影之所以受到批判,"就在于它通过萧涧秋和陶岚这两个形象,不是批判而是歌颂了逃避斗争的消极遁世思想和资产阶级个人主义、人道主义"。从1964年7月至11月,全国各种报刊共发表了200余篇批判《早春二月》的文章。

批判者说:"萧涧秋是一个全身都渗透了自我打算,追求个人卑鄙目的的人物。"他逃避阶级斗争,"正是个人主义者必然产生的心理状态"。而影片不遗余力地渲染他的善良、自我牺牲,也不外是对资产阶级个人主义、人道主义作了最大的赞美和歌颂,并通过萧涧秋来散布阶级调和思想,在精神上毒化人民,腐蚀人民。[1]也有批判者说:影片从头到尾,无处不散发出资产阶级艺术的气味。它所"大加渲染的梅林闲步,月下谈心,悒郁苍凉的琴旁,风风雨雨的路上,西子湖畔的徘徊,镜前的搔首弄姿……其实,这些都是小资产阶级的生活情调,跟我们的时代沸腾的生活完全不相协调"。还有的说:"《早春二月》是一部极其有害的坏影片","影片编导者其所以要把二十年代就应该受到批判的作品,公然拿到社会主义的六十年代来,正是社会主义时代阶级斗争在文艺中的反映"。更严重的是,还有人说影片"大肆宣扬反动的资产阶级的货色,正是适应国内外阶级敌人的需要,为散布资产阶级思想而效劳"。[2]

《北国江南》《早春二月》遭到批判后,还有许多电影及戏剧被拉入这场批判运动之中,如《舞台姐妹》《红日》《兵临城下》《革命家庭》《林家铺子》《聂耳》《怒潮》《不夜城》《两家人》《球迷》《逆风千里》《抓壮丁》《谢瑶环》等。

在众多的文艺作品受到错误批判的同时,一些文艺理论观点也受到粗暴的指责,如对所谓"中间人物论"的批判,并且批判运动由文艺领域扩散到哲学、经济学、历史学等各个学术领域,使意识形态领域"阶级斗争"的形势日趋紧张。

---

[1] 强之:《评萧涧秋的"善良"和"自我牺牲"》,《黑龙江日报》1964年10月9日。
[2] 冯育柱:《为资产阶级效劳的〈早春二月〉》,《青海日报》1964年10月25日。

1977年的科教工作座谈会

1977年7月，中共十届三中全会决定恢复邓小平在1976年被撤销的全部职务。邓小平复出后，主动分管科学教育工作，随之主持召开科教工作座谈会，充分肯定知识分子绝大多数自觉自愿为社会主义服务，推倒了林彪、江青等人鼓吹的所谓"教育黑线专政论"，号召尊重知识尊重人才。这次会议对于科教领域的拨乱反正起到了重要作用。

一、邓小平自告奋勇分管科教工作

1976年10月，"四人帮"被粉碎，长达十年之久的内乱终于结束了。但是，由于历史的惯性，也由于受"两个凡是"的影响，在粉碎"四人帮"之后的一段时间，党和国家的各项工作仍处于徘徊中前进的局面。

在经过长期的社会动荡之后，人们迫切要求澄清是非，肃清"左"倾错误，全面进行拨乱反正，开创中国社会主义现代化建设的崭新局面。在这种情况下，恢复1976年被错误打倒的邓小平的职务，就成为全国上下的共同愿望与强烈呼声。

1977年3月中旬，中共中央召开工作会议，总结粉碎"四人帮"以来五个月的工作和政治形势，部署1977年的工作任务。

陈云在向上海代表团提交的书面发言中，率先提出让邓小平重新参加党中央的领导工作，并认为这是完全必要的。王震等人在会上也作了类似内容的发言。他们的发言内容在会内外传开后，产生了重要影响。

对于恢复邓小平的职务，虽然也有些人并不那么情愿，但毕竟已是大势所趋。在这次中央工作会议上，当时的党中央主席华国锋表示，邓小平的问题应当解决，但是要有步骤，要有一个过程，只能在适当的时机让邓小平出来工作。华国锋还说，中央政治局的意见是，经过党的十届三中全会和党的第十一次全国代表大会，正式作出决定，让邓小平同志出来工作，这样做比较适当。这就意味着，邓小平的再次复出，只是时间问题了。

得知这一情况后，邓小平给华国锋、叶剑英和中共中央写了封信，信中指出："我们必须世世代代地用准确的完整的毛泽东思想来指导我们全党、全军和全国人民，把党和社会主义的事业，把国际共产主义运动的事业，胜利地推向前进。"他还说："至于我个人的工作，做什么，什么时机开始工作为宜，完全听从中央的考虑和安排。"[1]

再次复出对于邓小平来说，并非仅是官复原职的问题，而是有了为党和人民工作的机会。邓小平此时所考虑的，不是自己的荣辱得失，而是如何着手在各个领域、各个部门、各个行业进行拨乱反正。

"文化大革命"是从科学教育文化战线开始的，引发"文化

---

[1] 中共中央文献研究室编：《邓小平年谱（1975—1997）》（上），中央文献出版社2004年版，第157页。

大革命"的导火索是对新编历史剧《海瑞罢官》的批判。在"文化大革命"中,教科文这些知识分子集中的领域,成为重灾区。1966年5月,中共中央政治局会议通过了《中国共产党中央委员会通知》(即"五一六通知")。这是发动"文化大革命"的一个纲领性文件。它要求全党"高举无产阶级文化革命的大旗,彻底揭露那批反党反社会主义的所谓'学术权威'的资产阶级反动立场,彻底批判学术界、教育界、新闻界、文艺界、出版界的资产阶级反动思想,夺取在这些文化领域中的领导权"[1]。这样一来,知识分子自然成为这场"革命"首当其冲的目标。

"文化大革命"是大动乱的十年,是我国的科学教育文化事业受到严重摧残的十年,也是党的知识分子政策遭到严重扭曲的十年。在这十年中,知识分子头戴"资产阶级知识分子"这顶沉重的大帽子,还被污蔑为"臭老九"。凡是有所成就的知识分子,几乎全成了"反动学术权威",成为批判、批斗的对象,更多的知识分子被下放到各类"五七"干校劳动改造,严重挫伤了他们的积极性、创造性。

正因为如此,邓小平认为,首先对科学教育文化战线进行拨乱反正,就有着特别重要的意义。而对于这个战线的整顿他并不陌生,1975年,他在周恩来的支持下,主持全国各个领域的全面整顿。当时,科学教育文化战线就是他重点关注的领域。

1975年5月19日,邓小平在听取七机部各级领导班子情况的汇报时,特别强调要注意培养一批年轻的、有发展前途的科技人员,放到适当的领导岗位上,并注意保护这些人,使用这些

---

[1]《中国共产党中央委员会通知》,《人民日报》1967年5月17日。

人；要主动给科技人员创造好的工作条件和生活条件。如果让他们成天忙于家庭和个人事务，哪还有心思搞技术工作。还要求建立严格的科学管理、严格的科研生产制度。[1]

同年7月9日，他在同国务院政治研究室负责人谈话时又说，在自然科学研究中，现在对基础理论不重视，只搞应用科学，这样要赶超世界水平不行。他还要求政研室搞一些调查研究，收集近些年来文化、科学、教育、出版系统不执行"双百"方针的材料，以供政治局讨论时用。[2]

这年8月3日，邓小平和叶剑英等接见国防工业重点企业会议全体代表时，再次强调要发挥科技人员的积极性，要搞三结合，科技人员不要灰溜溜的。他说，不是把科技人员叫"老九"吗？毛主席说，"老九不能走"。这就是说，科技人员应当受到重视。要给他们创造比较好的条件，使他们能够专心致志地研究一些东西。这对于我们事业的发展将会是很有意义的。[3]

1957年反右派斗争以来很长一个时期，在如何看待知识分子"又红又专"的问题上，存在严重的误区。常常将参加政治运动的态度，甚至把参加政治学习的次数、贴大字报的多寡、写各类批判稿的数量等，作为衡量知识分子红的标准，而将那些对政治运动不太热心、心无旁骛潜心于科学研究的知识分子，指责为只专

---

[1] 中共中央文献研究室编：《邓小平年谱（1975—1997）》（上），中央文献出版社2004年版，第47页。

[2] 中共中央文献研究室编：《邓小平年谱（1975—1997）》（上），中央文献出版社2004年版，第66—67页。

[3] 中共中央文献研究室编：《邓小平年谱（1975—1997）》（上），中央文献出版社2004年版，第76页。

不红，是走"白专"道路，严重挫伤了知识分子从事专业研究的积极性。针对这个问题，1975年9月26日，邓小平在听取中国科学院负责人汇报工作和讨论《科学院工作汇报提纲》时明确表示，说什么"白专"只要对中华人民共和国有好处，比闹派性、拉后腿的人好得多。现在连红专也不敢讲，实际上是不敢讲"专"字。他还说，要给有培养前途的科技人员创造条件，关心他们，支持他们。应当发挥老科学家的作用，不然对国家是最大的浪费。[1]

发展科学离不开教育，邓小平对当时教育的状况同样充满忧虑。就在这次谈话中，他说："要后继有人，这是对教育部门提出的问题。大学究竟起什么作用？培养什么人？有些大学只是中等技术学校水平，何必办成大学？""一点外语知识、数理化知识也没有，还攀什么高峰？中峰也不行，低峰还有问题。"他直言不讳地说："我们有个危机，可能发生在教育部门，把整个现代化水平拖住了。比如我们提高工厂自动化水平，要增加科技人员，这就要靠教育。提高自动化水平，减少体力劳动，世界上发达国家不管是什么社会制度都是走这个道路。"他还明确提出："科学技术叫生产力，科技人员就是劳动者！""要解决教师地位问题。几百万教员，只是挨骂，怎么调动他们的积极性？"[2]

遗憾的是，1975年的全面整顿并没有坚持下来。由于邓小平主持的全面整顿，实际上在一定程度是对"文化大革命"的否定，这就超出了毛泽东所能允许的范围，加上"四人帮"从中兴

---

[1] 中共中央文献研究室编：《邓小平年谱（1975—1997）》（上），中央文献出版社2004年版，第104—105页。
[2]《邓小平文选》第2卷，人民出版社1994年版，第33—34页。

风作浪，1976年初一场针对邓小平的所谓"反击右倾翻案风"运动在全国展开。不久，邓小平被撤销党内外一切职务，再次被打倒。

一个国家的现代化水平，起决定作用的是科学与教育。邓小平年轻的时候在法国勤工俭学过，1974年率中国代表团出席联合国大会到过美国并在法国有过短暂的停留，对发达资本主义国家的经济与科教情况有切身的感受，十分清楚科教工作对一个国家和民族的发展至关重要。在自己即将再次复出之际，他想得最多的，乃是如何将科教工作抓上去的问题。1977年5月12日，尚未正式恢复工作的邓小平将中国科学院负责人方毅和李昌找来，谈了自己对科教工作的一些想法。他说：抓科研就要抓教育。抓教育，关键在中学，中学又以小学教育为基础。中小学现在接不上茬，十年没有好好上课，数理化不行，外文也不懂；多数中学教师水平不高。因此，要抓好重点小学、重点中学。要加强教师的配备。要重新审定大中小学的教材。过去没有吸收外国先进的东西。抓科研要注意选接班人。关键是人。方针正确，组织路线要跟上。加强党的领导，选好科研人员，选好后勤人员，很重要。[1]

5月24日，他在同王震（国务院副总理）和邓力群（国务院政治研究室负责人）谈话时，再次表示：我出来工作的事定了，至于分工做什么，军队是要管的，我现在还考虑管科学、教育。他强调："我们要实现现代化，关键是科学技术要能上去。

---

[1] 中共中央文献研究室编：《邓小平年谱（1975—1997）》（上），中央文献出版社2004年版，第158页。

发展科学技术，不抓教育不行。靠空讲不能实现现代化，必须有知识，有人才。同发达国家相比，我们的科学技术和教育整整落后了二十年。抓科技必须同时抓教育。办教育要两条腿走路，既注意普及，又注意提高。要经过严格考试，把最优秀的人集中在重点中学和大学。一定要在党内造成一种空气：尊重知识、尊重人才。要反对不尊重知识分子的错误思想。不论脑力劳动、体力劳动，都是劳动。从事脑力劳动的人也是劳动者。"[1]

1977年7月16日至21日，中共十届三中全会在北京召开。全会一致通过《关于恢复邓小平同志职务的决议》，决定恢复邓小平中共中央委员，中央政治局委员、常委，中央副主席，中央军委副主席，国务院副总理，中国人民解放军总参谋长的职务。邓小平重新回到了党和国家的领导岗位，这是人民之幸，国家之幸。

在21日的十届三中全会上，邓小平发表了讲话，核心内容是要完整地准确地理解毛泽东思想。在讲到自己的工作安排时，他说：作为一名老的共产党员，还能在不多的余年里为党为国家为人民做一点力所能及的事情，在我个人来说是高兴的。出来工作，可以有两种态度，一个是做官，一个是做点工作。我想，谁叫你当共产党人呢，既然当了，就不能够做官，不能够有私心杂念，不能够有别的选择，应该老老实实地履行党员的责任，听从党的安排。[2]

---

[1] 中共中央文献研究室编：《邓小平年谱（1975—1997）》（上），中央文献出版社2004年版，第160页。

[2] 中共中央文献研究室编：《邓小平年谱（1975—1997）》（上），中央文献出版社2004年版，第162页。

邓小平复出之时，虽然"文化大革命"已经结束，各项工作有了很大的起色，但是受"两个凡是"错误的影响，当时党内一些人包括一些重要领导干部在指导思想上，仍墨守"无产阶级专政下继续革命"的理论，实际上没有放弃"以阶级斗争为纲"，仍没有认清"文化大革命"的性质和危害，这就使得拨乱反正的工作并未真正开启。面对千头万绪的拨乱反正任务，邓小平决心以教育和科学作为突破口。

这次中央全会一结束，他就对中共长沙工学院（即后来的国防科学技术大学）临时委员会正副书记张文峰、高勇说：我主动提出协助华国锋主席、叶剑英副主席管教育，管科学。要继承人类的知识。自然科学和语言一样没有阶级性，哪一个阶级掌握了，就为哪一个阶级服务。指南针、印刷术、火药，都是中国人发明的，外国人还不是学去用了，并且发展了。邓小平还说：科学技术人员，这些年接不上茬，十年啦。科技人员真正出成果是在三十多岁到四十多岁。对技术人员，只要努力钻技术，在技术上有贡献的，就应支持。[1]

过了几天，他又将中国科学院的负责人方毅和李昌找来，专门谈科研工作，并指出：科研单位的任务就是要出成果，出人才；要肯定党委领导下的所长分工负责制，要把政治、业务、后勤三大系统搞好；要把有作为的科技工作者列出名单，填出表格，对这些人要给予适当照顾；要从全国选拔人才，组织科研队伍。他还表示，科研人员的房子问题、两地分居问题、经费问

---

[1] 中共中央文献研究室编：《邓小平年谱（1975—1997）》（上），中央文献出版社2004年版，第164—165页。

题，都要逐步解决。[1]

7月29日，邓小平在听取方毅和教育部长刘西尧等人关于教育工作的汇报后表示：要进口一批外国的自然科学教材，结合我们的实际编出新的教材，以后就拿新教材上课。要组织一个很强的班子编写大中小学教材。要抓一批重点大学。重点大学既是教育的中心，又是办科研的中心。高等学校的科学研究，应纳入国家规划。重点学校首先要解决教员问题。清华、北大要恢复起来。要逐步培养研究生。教育部也要抓一些中小学重点学校，在北京就可以抓四十所到五十所。不能降低教师的待遇，要加强外语教学，要搞电化教学。[2]

8月1日，邓小平再次同方毅和刘西尧谈教育问题。他指出：办教育要两条腿走路，学校可以搞多种形式。总的目标是尽快地培养一批人出来。根本大计是要从教育着手，从小学抓起，否则赶超就变成了一句空话。重点大中小学校，数量不能太少，现在要立即着手指定。两条腿走路，但要有重点。重点大学就是直接从高中毕业生中招生。归根到底，还是要把小学、中学办好，这样大学就有希望了。编写教材，一定要吸收世界先进的东西，洋为中用，特别是自然科学方面。从最先进的东西教起，一开始就启发学生向着更广更深的方向发展，这就有希望了。现在比较急迫的问题是教材问题，还有教师队伍问题。教材要精简，大学的教材也应精简。要派留学生出去，请人来讲学，把愿意回国的科

---

[1] 中共中央文献研究室编：《邓小平年谱（1975—1997）》（上），中央文献出版社2004年版，第166页。

[2] 中共中央文献研究室编：《邓小平年谱（1975—1997）》（上），中央文献出版社2004年版，第167页。

学家请回来。

要发展科学教育文化事业,就需要对知识分子的地位和作用进行正确的评价。邓小平说,毛主席说知识分子绝大多数是好的。"四人帮"另搞一套,说知识分子是"臭老九"。劳动人民都要知识化嘛!如果照"四人帮"的说法,到了共产主义,人们岂不都成了"臭老九"吗?总之,要充分调动知识分子的积极性,但任何时候都要注意他们世界观的改造。要提倡尊师爱生,现在要特别提倡尊师。[1]

二、座谈会上科学家的呼吁

为倾听科学教育界的意见,了解科教工作的实际情况,打开科教工作的新局面,邓小平决定主持召开一个科学和教育工作座谈会。他提出,座谈会要找一些敢说话、有见解,不是行政人员,在自然科学方面有才学,与"四人帮"没有牵连的人参加。他在8月1日同方毅和刘西尧谈到这个问题时说:这次科学和教育工作座谈会,我不能都参加,我主要是提点设想,鼓干劲。

按照邓小平的意见,中国科学院和教育部分别在各自系统找人,提出了一个总共33人的座谈会参加者名单。

参加这个座谈会的人,来自中国科学院系统的有:中国科学院数学研究所研究员吴文俊,物理研究所研究员马大猷、助理研究员郝柏林,化学研究所研究员钱人元,生物物理研究所研究员

---

[1] 中共中央文献研究室编:《邓小平年谱(1975—1997)》(上),中央文献出版社2004年版,第169页。

邹承鲁，高能物理研究所研究员张文裕，发育生物学研究所研究员童第周，地质研究所研究员张文佑，大气物理研究所研究员叶笃正，地理研究所研究员黄秉维，半导体研究所研究员王守武，计算技术研究所助理研究员高庆狮、许孔时，上海有机化学研究所研究员汪猷，上海硅酸盐研究所研究员严东生，长春光机研究所研究员王大珩，中国农业科学院院长金善宝，中国医学科学院院长黄家驷。

来自教育部系统的人有：北京大学教授周培源、沈克琦，清华大学党委副书记何东昌、副教授潘际銮，复旦大学教授苏步青，上海交通大学教师吴健中，南开大学教授杨石先，天津大学教授史绍熙，吉林大学教授唐敖庆，南京大学教师苗永宽，武汉大学副教授查全性，西安交通大学动力二系主任程迺晋，华北农业大学教授沈其益，中山医学院讲师宗永生，中国科技大学助教温元凯。其中年龄最大的是82岁的小麦育种专家金善宝，最小的是31岁的化学键理论研究者温元凯。

8月4日，科教工作座谈会在当时条件最好的北京饭店召开。参加座谈会的除了上述33人外，还有主办单位中国科学院负责人方毅、李昌、武衡、童大林，教育部负责人刘西尧、李琦、李琦涛，以及国务院政治研究室负责人胡乔木、于光远、邓力群等。

座谈会一开始，邓小平就对与会的科学工作者和教育工作者说：邀集这次座谈会的目的，就是要请大家一起来研究和讨论，科学研究怎样才能搞得更快更好些，教育怎样才能适应我国四个现代化建设的要求，适应赶超世界先进水平的要求。他接着说：这个世纪还有23年，要实现四个现代化，要赶超世界先进水平，究竟从何着手？看来要从科研和教育着手。一讲科研，就离不开教育。现在科研人员后继乏人。科研人员来源可以从生产单位直接选拔、培养，但大量的还是靠大学，特别是尖端科学和理论方面的人才。所以要把大学办好。但教育只抓大学，不抓中小学不行。好多知识，要从小学开始打好基础。像语文、算术、外文，就要从小学抓起。邓小平还说，这几年"四人帮"对科学工作、教育工作，对各行各业破坏极大，对我们国家是一个大灾难。一定要花很大的力量，把损失的时间抢回来。可不可以要求教育革命5年见初效，10年见中效，15年见大效？

邓小平鼓励参加会议的人员畅所欲言，有什么好意见都讲出来。发言可长可短，可以讲一次二次，八次十次，可以随时插话，把座谈会开得生动活泼。[1]

在邓小平作完简短的开场白后，座谈会由方毅主持。复旦大学的苏步青教授首先作了发言，着重谈了科技队伍的建设问题。

苏步青说，"四人帮"对大学的破坏极为严重。王洪文的一个小兄弟在复旦大学胡作非为，说什么研究所是"派出所"，不让搞科研，把人统统"派出"去。复旦大学的数学研究所被他们搞垮了，设备调走，资料搞得残缺不全，几十名专业人员拆散了。我领导的微分几何小组有18个人，有的调走，有的改行搞采购，只剩下两个人。

苏步青接着说，粉碎"四人帮"后，形势越来越好。有党中央的正确领导，要把科技搞上去，我们充满着信心。但是，也要重视困难。现在一个突出问题，是缺少25岁至35岁的人，是空白。老的很老了。40岁到50岁的人还有一些，也不多。搞基础

---

[1] 中国科学院、教育部编：《科教工作座谈会简报》(1)，1977年8月4日。

理论要靠青年人。二三十岁搞不上去,年纪大了就更不行了。

为了解决科研人员的来源,苏步青认为,只要选拔优秀的青年,采取得力措施培养,有三四年工夫就上去了。他还在发言中说,近年来,收到知识青年的信有六七十封,有些人数学水平很高,比现在学了三年的大学生高得多。他介绍说,黑龙江有个23岁的青年,他通过自学,作了3000多个泛函分析的题目。请有关专家看了他的作业,非常赞赏,这种人才不可多得。苏步青建议,要把这样的青年招收来加以深造。

在苏步青发言时,其他人也纷纷插话,反映有不少科技人员学非所用,散在各处,应当采取措施,经过调查做必要的调整,作到人尽其才。温元凯、黄家驷、查全性等提出,可以把1963年、1964年和1965年在高等院校学过几年基础课的人,挑选一部分政治思想好,年龄较轻,学习成绩较好的再加以培养。这比现在从头培养起要快得多,可以部分地改变最近这几年科研队伍缺少接班人的严重状况。[1]

苏步青发言后,吉林大学教授唐敖庆着重谈了我国科学研究工作与美国的差距,以及教育工作中亟待解决的一些问题。唐敖庆说,今年5月我参加中国化学考察团,到美国考察了一个月。28年前,我在美国留学,今天再去看,变化很大。他们的社会制度走下坡路很明显。然而,在科学水平上,美国现在还是世界上最高的。

唐敖庆着重谈到了中国与美国相比,科研工作存在的三个方面差距:

---

[1] 中国科学院、教育部编:《科教工作座谈会简报》(2),1977年8月4日。

一是科学实验手段,美国是 70 年代的水平,而中国的高等学校的实验手段,比较好的也只是 60 年代初的水平。

二是专业科研队伍的数量和业务质量,两国相差较远。美国的重点大学以很大力量放在培养研究生上。中国的重点大学也应该把更大的力量放到培养研究生上去。

三是美国科研工作中,基础理论和比较远期的应用性科学研究所占比重比中国大。美国高等学校主要力量都放在这两项研究上。就全国来讲,这两项研究力量也占一半左右。因此,科学储备强,实际问题来了就解决得快。环境污染问题,70 年代狠抓了 5 年,基本得到解决,现在重点又转到解决能源问题上去了。中国要赶超世界先进水平,必须加强这两方面的研究力量。

唐敖庆在发言中建议加强高等学校的领导。他说,由于高等学校的领导是被"四人帮""动了大手术"的,一些老同志变成了"顾问",有的大学没有毕业、没有基层工作经验的人,当了领导干部。真是打击了老干部,坑害了青年干部,削弱了学校的领导班子。所以,加强领导很重要。现在学校革命委员会名存实亡,大小事情都拿到党委会上讨论,教学业务倒没时间好好讨论。是否仍可以改为党委领导下的校长分工负责制,教学业务由校长负责。

唐敖庆还谈到了大学教育质量存在许多问题。对于这个问题,其他与会者也认为已到了非解决不可的地步了。中国科学院上海硅酸盐所的严东生、有机化学所的汪猷和生物物理所的邹承鲁等人都认为,现在高等院校专业分得太细,再加什么"典型产品教学",学生学的知识面太窄,零零碎碎,不成系统,到科研单位工作很困难。清华大学的何东昌说,"四人帮"疯狂破坏基础课教学。1972年还算是这些年来情况较好的一年，基础课主要是中学课程，全年只有100多学时，也就是三四个星期学的大学课程；1974年，连中学的水平也达不到了；现在还有20%的人在学初等数学。工程物理系三年级学的只是普通物理，有的学生连中学学的牛顿定律也不知道。[1]

  座谈的过程中，邓小平认真听取了大家的发言，其间不时做一些简单的插话。邓小平说，要把国外先进的科学技术成果放到教材里去，把数理化和外文的基础打好。小学、中学的水平提高了，大学的情况就不同了。要做思想工作，把"臭老九"的帽子丢掉。对上山下乡知识青年中通过自学达到了较高水平的人，要研究用什么办法、经过什么途径选拔回来。这种人成千上万，要非常注意这部分人，爱护这部分人，千方百计把他们招回来上大学或当研究生。大学可以直接从高中招生。大学要办得活一点。有些青年成绩好，没毕业就可以当研究生，好的班也可以全班转入研究生。过几年后，大学要重点培养研究生。这样做，研究人员成长得快。这是个方针问题。这样出人才会快些。

  邓小平还说，我相信中国人聪明，会大量出人才的。我们太落后了。我们自己要谦虚一点，说老实话，吹不得牛。高等学校特别是重点大学，必须搞科研，要承担相当多的科研项目，规划中要明确。大学不要办那么多厂，而是要多办些研究室，要出科研成果，这是大学的任务。[2]

---

[1] 中国科学院、教育部编：《科教工作座谈会简报》(3)，1977年8月4日。

[2] 中共中央文献研究室编：《邓小平年谱（1975—1997）》(上)，中央文献出版社2004年版，第173页。

8月5日,座谈会继续举行。这天上午第一个发言的是中国科学院长春光机研究所研究员王大珩,发言的中心内容是控诉"四人帮"残酷迫害科技人员的罪行。

王大珩说,"四人帮"胡说科技界的特务像香蕉一样一串一串的。"四人帮"在长春光机研究所的代理人说什么"文化大革命前,光机所被走资派、叛、特、反所把持","敌人发展特务比我们发展党员还快","有些人这边参加共产党,那边参加国民党",等等,光机所有8条又粗又黑的黑线,什么美蒋特务的线、苏修特务的线,采取逼、供、信手段,制造了骇人听闻的特务集团冤案。有216个人被隔离审查,有100多人被勒令进"学习班"做检查交代,有5个人被押至公安机关。[1]

接着发言的是中国科学院生物物理研究所研究员邹承鲁,发言的主题是如何把科研搞上去。邹承鲁说,28年来,我国科学工作的发展,总的说,速度不算是很快的。1956年制定科学规划以后,有一段发展比较快。分子生物学,国外是50年代兴起的,我们那时也注意到了。20世纪60年代初期,我们做了不少工作,与国外先进水平差距比较小,而且还有很出色的工作,在世界上第一次人工合成蛋白质。这几年,由于林彪、陈伯达和"四人帮"的破坏,差距又拉大了。美国在生物化学、生物物理和分子生物学方面,有6种主要刊物,每年发表文章3.3万页。我们现在每年只有300页,仅及人家1%。这也从一个侧面反映了差距。

邹承鲁在发言中还提出,目前科学院形势大好,大多数人精神振奋,但是必须看到彻底肃清"四人帮"流毒任务还很艰巨。

---

[1]中国科学院、教育部编:《科教工作座谈会简报》(4)(上),1977年8月5日。

生物物理所就动得不够。尤其是要警惕那些昨天紧跟"四人帮",今天摇身一变,好像一贯正确的"代代红"人物。"四人帮"的破坏、打击、迫害和毒害了老中青三代人。怎样才能后继有人?首先还是要充分发挥现有科技人员的积极性,提高他们的水平。要有奖惩制度,考核制度。人员要有所选择,有进有出,有些同人调出去从事别的工作可能更能发挥作用。我们现在人员少,条件又差,更应当千方百计保证科研人员从事科研业务的时间,至少要做到每星期有5天以上的时间搞科研。

1966年"文化大革命"爆发后,高等学校招生制度实际被中断了。1970年起,高校恢复招收工农兵学员,但采取的不是考试录取的方式,而是所谓"志愿报名,群众推荐,领导批准,学校复审"的16字方针。结果,不但导致教育质量下降,而且造成了大量"走后门"的现象。邹承鲁说,高校招生的16字方针应当修改。"群众推荐"往往只是形式,而"领导批准"实际上成为"走后门"的合法根据。今后一定要有考试考查制度,审查主要由招生单位负责。特别是科研机构招收研究生,还应当征求担任导师的科技人员的意见。科学院应逐渐做到干部来源以研究生为主。[1]

8月5日下午在座谈会上发言的,有南开大学教授杨石先和中国科学院计算技术研究所助理研究员高庆狮。

杨石先说,一定要更快地把科学技术搞上去。实现四个现代化,科学技术是关键,教育是基础。科学和教育一起抓,是非常正确的,二者有着很密切的联系。必须要有很强大的技术队伍,

---

[1]中国科学院、教育部编:《科教工作座谈会简报》(5),1977年8月5日。

才能把科学技术搞上去。现在高等学校的科研力量占全国科研力量的三分之一,应当充分发挥这支力量的作用。杨石先就如何把科学技术搞上去提出四点建议:(一)成立国家科委,统一管理和协调全国科学技术工作。各省、市、自治区也应当有相应的机构。(二)通过一定的方式选拔优秀科学人才。(三)要采取措施,把中年教师从烦琐事务中解放出来,充分发挥他们的作用。(四)在中国驻美联络处设一个科学教育秘书,加强同在美国的美籍华人学者的联系。[1]

高庆狮在发言中则着重谈了如何调动和充分发挥中年科技人员的积极性问题。高庆狮说,四五十岁的科技人员,现在大都是科研机构里的骨干。尤其是在计算技术这些新技术领域,我们国家是1956年以后才发展起来的,有经验的老科学家比较少,主要担子就落在四十来岁的中年人身上。要充分发挥他们的作用,有一些问题必须妥善解决。高庆狮说,当前最紧要的是有三个问题需要解决:

一是要解决思想问题。粉碎"四人帮",大家感到心情舒畅。但是有些人心有余悸,觉得过去满腔热情,想好好干一番,结果被扣了"修正主义苗子"等一大堆帽子,现在有点"看破红尘",怕"冒尖",怕当专家,免得今后运动一来首当其冲。他以自己所在的研究所举例说,他们研究所,过去有不少莫明其妙的干扰。有人提出什么要"消灭工种的分工","知识分子的知识是生产资料,要加以限制,不限制不得了,不限制就会产生资产阶级"。这类口号和一大堆帽子,搞得你哭笑不得。今天这些流毒

---

[1] 中国科学院、教育部编:《科教工作座谈会简报》(6),1977年8月5日。

还存在，使人顾虑重重。

二是要有组织措施。这些中年科技骨干，大都担负较重的研制设计任务或一定的业务领导工作。应当考虑让他们腾出更多的精力时间，发挥专长，从事基础研究，在科研上多作些贡献。有的人应当给他配备助手。

三是创造必要的条件。有一些技术骨干，因为夫妇长期分居问题解决不了，陆续调走了一些。这些人工资一般在 50 多元到 60 多元之间。过去未结婚成家，每个月还可以买点书籍。现在一般都有家庭负担，买书很困难。可否允许他们提出一定数量以内的书籍名单，由研究机构买来，较长期地借给他们阅读使用。[1]

在这天的座谈会上，邓小平不时作了一些简短的插话。在有人谈到科研教学仪器设备破坏严重的问题时指出：高等学校科研教学仪器设备损坏的，有的要修复，有的要补充，有的要重新购置。在有人谈到业务人员改行的问题时指出：要进行大量调查，要克服"用非所长"，做到"各得其所"。在王大珩谈到吉林科技界问题很大时指出：就从吉林那里着手。与王恩茂（吉林省委第一书记）通个电话，请他们指定人专门解决科技界的问题。在邹承鲁提到科研要全力以赴、保证时间的问题时，邓小平强调：你们提出保证六分之五的时间搞科研，前边要加上"至少"两个字。搞科研就是要全力以赴，七天七夜搞科研的，也要允许，也要鼓励。

对于与会人员谈到的如何提高大中小学教师水平问题，邓小平指出：大家提到大学的有些内容可以放到中学去讲，中学的有

---

[1] 中国科学院、教育部编：《科教工作座谈会简报》（7），1977 年 8 月 5 日。

些内容可以放到小学去讲，这样不管是大学、中学还是小学的教师，水平就不行了。假如按新的课程，就有一批教师不合格，大家考虑到底该怎么解决这个问题。坚持两条腿走路，水平比较高的，叫作重点，重点大学、中学、小学。但是不等于非重点学校就不出人才。重点大学应当主要从重点中学招收学生。这样解决教师缺乏问题比较容易一些。教师自己要提高。在国外愿意回来的中国人，坚决请回来。[1]

8月6日，座谈会继续举行，这天的座谈会集中讨论了教育工作中亟待解决的若干问题。

上海交通大学教师吴健中说，教育战线"文化大革命"前十七年和以后的十一年究竟应当怎样估计？下面议论是很多的。前十七年培养了那么大量的知识分子，现在大都是各条战线的骨干，为什么还说是基本上没有执行毛主席革命路线呢？各条战线尽管受修正主义路线的干扰有轻重之分，但同样是在毛主席革命路线的指引下，为什么其他各条战线如科技、卫生等都是以红线为主，唯独教育成了黑线统治呢？吴健中还对"文化大革命"中的所谓"教育革命"提出质疑。他说，就教育革命说，讲成绩很大，我是怀疑的。招生走后门，教育制度搞乱了，学生的政治质量业务质量都下降了，还说成绩很大？应当实事求是，总结经验教训。

清华大学副教授潘际銮说：对十七年和十一年的估计还没有解决好，教师普遍持观望态度，不能甩开膀子大干。希望全国教

---

[1] 中共中央文献研究室编：《邓小平年谱（1975—1997）》（上），中央文献出版社2004年版，第174—175页。

育工作会议能明确地回答：（一）十七年到底黑在什么地方？哪些是黑的，哪些还是正确的？（二）十一年哪些是新生事物，必须坚持？（三）"四人帮"的干扰、破坏究竟在什么地方？[1]

如何评价"文化大革命"前十七年的科教工作，是与会人员极为关心的问题。他们认为，打倒了"四人帮"，思想大解放，但是教育战线思想并没有解放；各行各业大干快上，而教育战线还迈不开步。什么原因呢？关键是如何正确地估价"文化大革命"以前的十七年和"文化大革命"以后的十一年，分清路线是非，这样才能调动广大干部、教师的积极性。

武汉大学副教授查全性说，如何准确地、完整地领会毛主席的教育思想体系，是个突出的问题。应当用毛主席的教育思想体系，正确估价前十七年和后十一年。我作为一个党员，要如实地反映情况。绝大多数教师对前十七年"两个估计"[2]想不通，感到泄气，教书倒霉，教书危险，灰溜溜的。前十七年各行各业都是红线，为什么唯独教育是黑线呢？

中国农业科学院院长金善宝说，解放前农学院没有几个，解放后我国农业教育有了很大的发展，现在每省都有农学院，培养了许多人才。解放后，在毛主席领导下，开展了土改、农业合作化的运动，我们农业院校都是坚决拥护的，并积极帮助农村搞规划，发展生产，这些都是红线。教育和科技是孪生兄弟，科技是

---

[1] 中国科学院、教育部编：《科教工作座谈会简报》（8），1977年8月7日。
[2] "两个估计"是1971年8月"四人帮"修改定稿的《全国教育工作会议纪要》中提出来的，其内容是："文化大革命"前十七年，教育战线是资产阶级专了无产阶级的政，是"黑线专政"；知识分子的大多数，世界观基本上是资产阶级的，是资产阶级知识分子。"两个估计"对新中国成立后十七年的教育工作作了全盘否定。

红线,教育也应当是红线。修正主义路线确有严重干扰,那也应当"三七"开。[1]

对于如何看待十七年教育工作的成绩问题,邓小平在8月6日的插话中明确表示:绝大多数知识分子是愿意为社会主义服务,并且作出了贡献的。我在三中全会上讲了毛泽东思想体系问题,也讲了知识分子问题。"老九不能走",说明知识分子是香的不是臭的。要理解毛主席的整个教育思想体系。从马克思到毛主席,都认为从事脑力劳动的人也是劳动者,无非是脑力劳动还是体力劳动的区别。工人在井下和高温条件下工作是高强度,但教员的劳动强度也不低,辛苦得很。当小学教员工资低、待遇低,劳动强度不比工人低,也不比科研人员的劳动强度低。把教师搞得灰溜溜的,那怎么行?

邓小平还表示愿当科教工作的后勤部长。他说:去年不是批我们"三套马车"的意见吗?我现在仍主张搞"三套马车":一个是配备党委书记,多半是外行,但对科学教育事业要热心,当然找到内行更好;一个是管业务的,这应当是内行;再一个是管后勤的,即后勤部长。我愿意给你们当总后勤部长。科学院党委在一定意义上讲要成为一个后勤部,教育部也要兼后勤部。条件没有,资料没有,又不努力创造条件,科研怎么能搞上去?搞好生活管理也很重要。[2]

在这天下午的座谈会上,武汉大学的查全性在发言中强烈呼

---

[1]中国科学院、教育部编:《科教工作座谈会简报》(10),1977年8月7日。
[2]中共中央文献研究室编:《邓小平年谱(1975—1997)》(上),中央文献出版社2004年版,第175—176页。

吁采取坚决措施,从今年开始就改进招生办法,切实保证招收新生的质量。

查全性说,招生是保证大学教育质量的第一关。它的作用,就像工厂原材料的检验一样,不合格的原材料,就不可能生产出合格的产品。当前新生的质量没有保证,其原因:一是中小学的质量不高,二是招生制度有问题,但主要矛盾还是招生制度。不是没有合格的人才可以招收,而是现行制度招不到合格的人才。

查全性认为现行的招生制度,有四个严重弊病:一是埋没人才。一些热爱科学、有前途的青年选不上来,而那些不想读书、文化程度又不高的人,却占去了招生名额,这是极不合理的。二是从阶级路线上看,现行招生制度卡了工农子弟上大学,他们如果没有特殊关系是上不了大学的,这一点比"文化大革命"以前还严重。群众反映说:"解放前上大学靠钱,十七年靠分,现在靠权。解放前,我们没有钱,现在没有权,靠分还能有份。"三是坏了社会风气,助长了不正之风,而且越演越烈。四是严重影响了中小学学生和教师的积极性。现在,甚至连小学生也知道,今后上大学不需凭文化,只要有个好爸爸。

查全性还就改进招生制度提出了几点建议:招生的总原则,应该是在无产阶级政治挂帅的前提下,要从制度上保证录取政治上、业务上优秀的青年,要不拘一格选人才。应当建立全国统一的报考招生制度,并应体现以下精神:(一)名额不要下到基层,由省、市、自治区掌握。(二)按照高中文化程度统一考试,并要严防泄露试题。(三)真正做到广大青年有机会报考和自愿选择专业。查全性认为,只要采取了这些措施,今年新生的质量,就会大为改观,收到十分显著的效果。查全性最后说,一定要当机立断，只争朝夕，今年能办的就不要拖到明年去办。

查全性的一番话，引起了与会人员的强烈共鸣，大家纷纷发言，都表示赞同查全性的意见，建议中共中央、国务院下大决心，对现行招生制度采取一个大的改革，宁可今年招生晚两个月。不然，又招来20多万人，好多不合格的，浪费损失可就大了。[1]

对于大学招生制度的改革，邓小平在复出之前，就已经有所考虑。这年5月24日在同王震、邓力群谈话时，他就提出要经过严格考试，把最优秀的人集中到重点中学和大学。在这次会议之前的7月29日，邓小平在听取中国科学院和教育部负责人汇报时，还有针对性地提出了几个问题，希望科教工作部门的负责人认真考虑：第一，是否废除高中毕业生一定要劳动两年才能上大学的做法？第二，要坚持考试制度，重点学校一定要坚持不合格的要留级。对此要有鲜明的态度。第三，要搞个汇报提纲，提出方针、政策、措施。教育与科研两者关系很密切，要狠抓，要从教育抓起，要有具体措施，否则就是放空炮。[2] 可见，在这次座谈会之前，邓小平就已经有了恢复高考制度的想法。

不过，邓小平虽然有了恢复高考的设想，但他当时的考虑是，1977年的招生基本上还按原来的办法，1978年起再恢复高考，他认为恢复高考可能需要一年的准备时间。邓小平在8月5日的插话中说："要按提高的标准重新编教材，要合乎现代化的

---

[1] 中国科学院、教育部编：《科教工作座谈会简报》(9)，1977年8月7日。
[2] 中共中央文献研究室编：《邓小平年谱（1975—1997）》(上)，中央文献出版社2004年版，第167页。

东西,不能尽是些陈旧的东西。首先在重点大学试用,然后推广。还有教师的选择、调配,教学方法的准备,考试制度这一套也要好好研究。从明年开始招生。"[1]在这天上午的座谈会上,他还说:从明年开始执行新的教育制度。今年做准备,把学制、教材、教师、学生来源、招生制度、考试制度、考核制度等都要确定下来,都要搞好。搞好后就不要经常变动了。当然小改也还是可能的。[2]

听了大家的发言,邓小平改变了原来的想法,他问坐在身边的教育部部长刘西尧:今年就恢复高考还来得及吗?刘西尧说:推迟半年招生,还来得及。邓小平听后,当场决断:改变现行招生办法,既然今年还有时间,那就坚决改嘛!把原来写的招生报告收回来,根据大家的意见重写。邓小平接着说:招生涉及下乡的几百万青年。要拿出一个办法来,既可以把优秀人才选拔上来,又不要引起波动。重点学校要统一招生。过去允许自报三个志愿,到学校后再分专业。如果来得及就从今年开始改,不要耽误。招生十六字方针可以改一改嘛,改成"自愿报考,单位同意,统一考试,择优录取"十六个字的建议比较好,但第二句有点问题,比如考生很好,要报考,(生产)队里不同意,或者领导脾气坏一些,不同意报考怎么办?我取四分之三,不要这一句。今年下决心按要求招生,招的学生要符合要求。现在青年中想升大学的多,主要是有些不合格,要考试。选拔研究生也要考

---

[1] 中共中央文献研究室编:《邓小平决策恢复高考讲话谈话批示集》,中央文献出版社2007年版,第14页。

[2] 中共中央文献研究室编:《邓小平决策恢复高考讲话谈话批示集》,中央文献出版社2007年版,第15页。

试。大学招生不管是从哪条路子来的，都要确保质量。[1]

8月7日，科教工作座谈会继续举行。在上午的发言中，中国科学院上海硅酸盐研究所研究员严东生，就制定科技规划的依据、科研组织管理以及引进新技术等问题发表了自己的意见。

关于制定科技规划的依据，严东生说，主要有三个方面：一是社会主义革命和社会主义建设的需要，二是注意我们国家的特点，三是要参考借鉴国际科技发展动向、发展趋势。只有在综合分析这几个方面情况的基础上，才能在制定长远规划时选择正确的科学方向，确定正确的技术政策。

关于科研组织管理问题，严东生说，必须组织好社会主义大协作，充分发挥社会主义制度的优越性，要做到分工明确，协作密切，步调一致，避免重复浪费，集中力量打歼灭战。我们现在人力、物力都有限，但这几年由于没有协调组织，工作重复、力量浪费情况很严重。他建议国家设立有权威的能够统一进行规划、协调、监督、检查的机构，就像过去的国家科委那样。一些重大任务，既要有总体要求，又必须把它分解为一批科学问题。不能把科研项目当成生产项目来做。

关于引进新技术，严东生说，重要的是引进新技术后很好地加以消化，真正做到"一用、二批、三改、四创"。他举例说，上海仿制波音707型飞机，只是花很多人去测绘，搞成分分析，依着葫芦画瓢，根本没有科研，没有吃透其中的技术关键，知其然而不知其所以然，这就不可能做到在人家已有的基础上前进。

---

[1] 中共中央文献研究室编：《邓小平决策恢复高考讲话谈话批示集》，中央文献出版社2007年版，第16页。

严东生发言过程中，许多人纷纷插话，表示赞同他的建议，认为应尽快成立国家科委，归口管理全国科技工作。西安交通大学动力二系主任程遒晋和清华大学潘际銮等人还提出，高等院校应当是国家科研工作的一支重要的方面军。过去"四人帮"疯狂扼杀高校的科研工作。建议今后大力加强高等院校的科研，可以在高校建立研究所（室），有专门的科研编制。[1]

8月7日下午，中国农业科学院院长金善宝在发言中介绍了农科院的现状。他说，现在的农科院是农业、林业还有水产三个研究机构合并而成的，目前还有1500人，占原有人数十分之一。顾名思义，农业科学院应当搞科学研究，但实际上差不多成了一个管理机构，研究人员很少。有的研究人员下放已8年了，贫下中农说，他们那里不缺劳动力，希望帮助他们提高技术，治理病害。可是连显微镜，瓶瓶罐罐也没有，怎么研究？农科院有五六百亩农场，可是试验田里杂草丛生，高低不平。农科院的试验场就靠这样的手段，还远远不如一些人民公社的机械化水平。金善宝说，造成这样的情况，重要原因是农科院领导落后于群众。部里的领导，这些年来还未来过农科院。院领导去年反所谓"右倾翻案风"很积极，批"四人帮"却消极对待，冷冷清清。这位领导人把十七年农业科学说成黑线，还说"要办成没有机构的农林科学院"。这种状况不改变，这样的领导班子不调整，农科院是搞不好的。[2]

在这天下午的座谈会上，中国医学科学院院长黄家驷就如何

---

[1] 中国科学院、教育部编：《科教工作座谈会简报》（11），1977年8月8日。
[2] 中国科学院、教育部编：《科教工作座谈会简报》（14），1977年8月9日。

迅速把医学科研搞上去发表了意见,中国科学院高能物理研究所研究员张文裕、数学研究所研究员吴文俊就重视和加强基础科学的研究问题发了言。

对于科学家们所关心的如何搞好科研工作的问题,邓小平在插话中说,科研要走在前面。大厂、中厂,甚至小厂都要有科研机构、科研队伍。不要只看到科学院的科研人员,还要看到生产中的科研人员,这是大量的。不管什么行业都得搞科学研究。产品质量不稳定,过不了质量关,这里面有生产管理中的问题,但更重要的是科学技术问题。要研究一下,有什么束缚科学发展的紧箍咒,要消灭它。科学研究应当允许一二十年搞不出成果,这不要紧。搞不出成果就批评,探索不成功就批评,弄得大家不敢讲,不敢做,那怎么行!科学研究允许失败,允许中间科研成果报废。现在是科学研究太少,应当让科技人员研究,要鼓动他们敢想,敢研究,给他们创造条件,鼓励创新。我们自己为什么不能创新?[1]

三、"知识分子的名誉要恢复"

在参加几天的座谈,广泛听取科技工作者和教育工作者对科教工作的意见与建议后,邓小平对科教工作的现状、存在的问题了解更为全面深刻,对搞好科教工作的思路也更加清晰。8月8日上午,他在座谈会发表了《关于科学和教育工作的几点意

---

[1] 中共中央文献研究室编:《邓小平年谱(1975—1997)》(上),中央文献出版社2004年版,第177—178页。

见》的讲话，就有关科教工作的一系列重要问题发表了自己的看法。

邓小平在讲话一开始就说，这次召开科学和教育工作座谈会，主要是想听听大家的意见，向大家学习。外行管内行，总得要学才行。我自告奋勇管科教方面的工作，中央也同意了。我们国家要赶上世界先进水平，从何着手呢？我想，要从科学和教育着手。科学当然包括社会科学，虽然这次会议因为时间匆促没有邀请社会科学家。通过这次座谈会，我了解了一些情况，也开始了解了当前应该首先解决的一些问题。有些问题大家可能没有全讲出来，或者没有时间完全讲清楚，好在以后还有机会讲。邓小平在讲话中总共讲了六个问题：对十七年的估价、调动积极性、体制、教育制度、后勤工作和学风。

关于对十七年的估计问题。邓小平说，对建国以后的十七年怎样估计，这是大家很关心的问题。这个问题在科研方面基本上得到了解答，大家不满意的是在教育方面。这是一个应当回答的问题。

邓小平说，对全国教育战线十七年的工作怎样估计？我看，主导方面是红线。应当肯定，十七年中，绝大多数知识分子，不管是科学工作者还是教育工作者，在毛泽东思想的光辉照耀下，在党的正确领导下，辛勤劳动，努力工作，取得了很大成绩。特别是教育工作者，他们的劳动更辛苦。现在差不多各条战线的骨干力量，大都是建国以后我们自己培养的，特别是前十几年培养出来的。如果对十七年不做这样的估计，就无法解释我们所取得的一切成就了。

讲话中邓小平提出，就世界观改造方面说，知识分子是自愿改造的，而且是有成绩的。当然世界观改造是无止境的。不仅旧社会过来的老的知识分子要改造，就是建国以后训练出来的也要改造。不光是知识分子要改造，拿我个人来说，也要经常注意改造。应该说绝大多数同志是注意这个问题的，思想改造也是有成效的。世界观的重要表现是为谁服务。我国的知识分子绝大多数是愿意为社会主义服务的。不少外国的华裔都有这个觉悟，这个要求。我们国内的知识分子，绝大多数是自觉自愿地为社会主义服务的。反对社会主义的很少，是极少数。不那么热心的也只是一小部分人。应当肯定，十七年或者二十八年，绝大多数知识分子，不管哪条战线的，应该说是满腔热情地劳动的，特别是教育战线的，恐怕比科技战线更辛苦，是重劳动嘛。

关于调动积极性问题。邓小平说，解决了对十七年的估计问题，恐怕至少在精神上可以使大家放下包袱。就今天的现状来说，调动积极性，现在要特别注意调动教育工作者的积极性，要把从事教育工作的与从事科研工作的，放到同等重要的地位，受到同样的尊重，同样的重视。一个小学教员，如果他把全部精力放到教育事业上，就是很可贵的。要当好一个小学教师是不容易的。当好教师，当好小学教员，终身为教育事业服务，应该鼓励，应该奖励。

邓小平明确表示，无论是从事科研工作的，还是从事教育工作的，都是劳动者。不是讲脑力劳动、体力劳动吗？科研工作、教育工作是脑力劳动，脑力劳动也是劳动嘛。要把这类问题讲清楚，因为它同调动知识分子的积极性有关。

邓小平在讲话中特别强调，要尊重劳动，尊重人才。他说："四人帮"创造了一个名词叫"臭老九"。知识分子的名誉要恢复。"老九"这个词并不坏嘛,"杨子荣"(京剧《智取威虎山》中的主人翁,打入土匪座山雕部排座次时位列第九。——引者注)嘛!是好名词,错在这个"臭"字上。毛主席说"老九"不能走,这就对了,是好人嘛,是讲"杨子荣"嘛。说什么地、富、反、坏、右、叛、特、走资派,还有知识分子算老九,那是"四人帮"搞的。总之,要尊重劳动,尊重人才。毛主席不赞成天才论,但不反对尊重人才。毛主席对我的评价就讲过"人才难得"。这是过高的评价,当然不能说毛主席看问题不准确。但扪心自问,评价过高。但说明人才还是要的,毛主席是尊重人才的。你们(指方毅等人)讲科研机构要出成果出人才,教育战线也应这样。小学教员中也有人才,好的小学教员就是好的人才。要珍视劳动,珍视人才,人才难得呀!

关于体制、机构问题,他表示赞成大家提出的恢复国家科委的意见,认为需要有一个机构,统一规划,统一调度,统一安排,统一指导协作。至于什么时机合适?怎样组成?是否把军队方面的科研也统一管起来?这些问题要经过中央、国务院研究,暂时不作结论。但不管采取什么组织形式,都要搞统一规划。他还特地讲到发挥高等院校科研作用的问题,认为高等院校,特别是重点高等院校,应当是科研的一个重要方面军,这一点要定下来。针对座谈会上科学家提出的要保证有六分之五的时间用于科研工作的意见,邓小平表示要保证科研时间,使科研工作者能把最大的精力放到科研上去。他说:"我看,七天七夜搞科研,为什么不可以?他一头钻到这里面,应当允许。"

关于教育制度和教育质量问题,邓小平说,高等院校学生来源于中学,中学学生来源于小学,因此要重视中小学教育。要重视中小学，要鼓励那些一直热心从事中小学教育的教师。当好一个小学老师，应当同当好一个大学教师同等光荣。当好一个小学教师付出的劳动并不比一个好的大学教师少，甚至更辛苦一些。要研究如何提高教师的水平。前几年教师不敢教，责任不在他们。现在要敢于教，还要善于教。要做到这一点，就要加强师资培训工作。要请一些好的教师当教师的教师，大学教师要帮助中学教师提高水平。

邓小平在座谈会的插话中，曾表示愿当科教工作的后勤部长。他在讲话中要求切实做好后勤工作，为科研工作者和教育工作者创造条件，使他们能够专心致志地从事科研、教育工作。他还说，要把科学工作、教育工作搞好，具体措施是重要的。对于科教工作中遇到的许多困难，可以分别轻重缓急逐步处理和解决。对于科研人员有些必须解决而且也能解决的困难，要抓紧解决。

最后，他讲到了学风问题。他说，在科学研究中，要尊重个人的兴趣，尊重个人肯于钻研的部门。要解决用非所学的问题。科学是实事求是、老老实实的学问，是不允许弄虚作假的。要反对互相封锁、压制讨论，坚持百家争鸣的方针，允许争论。不同学派之间要互相尊重，取长补短。要提倡学术交流。学术刊物要办起来。邓小平说，之所以要提出这个问题，是想培养一种好的学风，好的风气，使我国的科学教育事业兴旺发达起来，形成生动活泼的政治局面，多快好省地发展我国的科学教育事业。[1]

邓小平一口气讲了三个小时，与会的科学工作者和教育工作

---

[1] 全国科学大会筹备工作文件：《邓副主席在科教工作座谈会结束时的讲话》，1977年9月。

者无不屏气凝神倾听。听完邓小平讲话后，大家说，邓副主席的讲话，高举毛主席的伟大旗帜，完整地准确地宣传和贯彻毛主席关于教育革命的思想体系。邓副主席对于科学、教育事业二十八年所取得的伟大成就，作了充分的肯定和科学的评价。这对战斗在科学、教育战线上的广大干部、知识分子和工人，是巨大的鼓舞。特别是邓副主席对于教育战线广大知识分子辛勤劳动的充分肯定，这将大大调动他们长期受"四人帮"压抑的革命积极性。只要切实地实行讲话中提出的一系列意见，必将使我国科学战线、教育战线出现崭新面貌。[1]

这次科教工作座谈会结束后，邓小平又多次在不同的场合，就科教工作发表重要意见。8月17日，他在会见美籍华人科学家丁肇中时说，"四人帮"胡说什么知识越多越反动，把知识分子说成是"臭老九"。科学技术要赶超世界先进水平，但不是什么都赶超，是在部分领域或一些方面赶超。要先学，学得好，才能赶超。科研设施的建设要从最先进的着手，高能加速器就是个重点。承认落后，就有希望。真正的爬行主义是不吸收世界先进成果。对科技工作，要想得远一些，看得宽一些。一是要派人出去学习，二是要请人来讲学。总之，要注意科学。科学是老老实实的事，一点不能弄虚作假。[2]

9月19日，在同中国科学院和教育部负责人方毅、刘西尧、雍文涛、李琦等谈教育战线的拨乱反正问题时，邓小平指

---

[1] 中国科学院、教育部编：《科教工作座谈会简报》（21），1977年8月10日。
[2] 中共中央文献研究室编：《邓小平年谱（1975—1997）》（上），中央文献出版社2004年版，第184页。

出:"两个估计"是不符合实际的。怎么能把几百万、上千万知识分子一棍子打死呢?我们现在的人才,大部分还不是十七年培养出来的?对这个《纪要》(指1971年8月"四人帮"修改定稿的《全国教育工作会议纪要》。——引者注)要进行批判,划清是非界限。《纪要》是毛泽东同志画了圈的。毛泽东同志画了圈,不等于说里面就没有是非问题了。我们要准确地完整地理解毛泽东思想的体系。毛泽东同志在延安为中央党校题词,就是"实事求是"四个大字,这是毛泽东哲学思想的精髓。他还说,教育部门要紧紧跟上。大专院校也应该恢复教授、讲师、助教等职称。要加强学校的教师队伍,科研系统有的人可以调出来搞教育,支援教育。搞教育是很光荣的,要鼓励大家热心教育事业。[1]

10月8日,邓小平在会见美籍华人物理学家吴健雄、袁家骝夫妇时说:我自告奋勇抓这方面的工作。要实现四个现代化,我们的方针是从教育和科学着手。不抓教育,科研就搞不好。林彪、"四人帮"的干扰破坏,使我们耽误了一代人的时间,影响了二十年。20世纪从60年代后期到70年代,世界科学发展一日千里,我们的差距越来越大。现在我们正在创造条件,从各方面着手。一是请在国外的一些科学家回来工作,再就是派人出去,有的是短期考察,有的是学习几年,把经验带回来。总之,方针已经定了,按确定的方针扎扎实实去做,搞五年、十年,总可以见效的。[2]

---

[1] 中共中央文献研究室编:《邓小平年谱(1975—1997)》(上),中央文献出版社2004年版,第203—204页。

[2] 中共中央文献研究室编:《邓小平年谱(1975—1997)》(上),中央文献出版社2004年版,第218页。

过了两天,在会见美籍华人高能加速器专家邓昌黎时,邓小平又说:从现在起开始办重点中学,过了五年,教学质量就可转好。十年后,重点小学的学生也可以升入大学。这样,研究人才的来源才有保证。我对科学教育想管十年,条件是马克思不要召见。我管军队,又管科教,一个武,一个文。我们发展科学的方针已经定了,现在需要的是各项具体措施。我们希望科教方面的整顿五年见初步成效,十年见到中效,十五年见到大效。十五年以后还要不断进步。[1]

1977年8月的科教工作座谈会,是邓小平对我国科教工作的现状和存在的问题一次全面深入的了解,从而使他形成了科教工作拨乱反正、开创新局面的基本思路。从某种意义上说,中国科教工作的春天,中国知识分子的春天,是从这里开始它的序曲的。

---

[1] 中共中央文献研究室编:《邓小平年谱(1975—1997)》(上),中央文献出版社2004年版,第220页。

高考制度的中断与恢复

"文化大革命"一爆发,作为所谓"教育革命"的重要步骤之一高考制度就被废除,高等学校停止了招生,从而导致人才培养的断层,以及社会对知识和知识分子的轻视。"文化大革命"中后期高等学校虽然恢复招生,但采取的不是考试而是推荐的办法。恢复高考是邓小平在科教工作座谈会上作出的一个重大决策。这一决策的出台,不单单是一项人才选拔制度的恢复,更重要的是使亿万青少年从"读书无用""知识越多越反动"等谬论中解放出来,恢复了知识的尊严,很快形成了崇尚知识、鼓励读书学习的社会氛围。

一、被中断十一年的高考

1966年6月6日,在"文化大革命"之火刚刚点燃之际,"北京市第一女子中学高三(四)班学生","为废除旧的升学制度",致信中共中央和毛泽东。信中说,现行的升学制度是中国封建社会几千年来的旧科举制度的延续,是一种很落后的、很反动的教育制度,现行的教育制度是与毛泽东制定的教育方针相违背的。信中列举了现行升学制度的三大"罪状":

第一,它使许多青年不是为革命而学,是为考大学而钻书堆，不问政治。不少同学有严重的"唯有读书高"、"成名"、"个人奋斗"、走"白专"道路等剥削阶级的反动思想，现行的考试制度助长了这种思想。

第二，使许多学校片面追求升学率，而造成许多"特殊""重点"学校，专收"高材生"。这种学校为一些只钻书本、不问政治的人大开方便之门，把大批优秀的工农、革命干部子女排斥在外。

第三，对德、智、体的全面发展起严重的阻碍作用，特别是德育。这种制度从根本上忽视青年的思想革命化。

信中说："这种升学制度，是为资产阶级复辟服务的，是制造新资产阶级分子、修正主义分子的工具"，因此，"在这场史无前例的文化大革命中，我们要和工农兵一起将它彻底砸烂"。那么，如何"将它彻底砸烂"呢？信中提出的办法，一是"从今年起就废除旧的升学制度"；二是高中毕业生直接到工农兵中去，与工农兵相结合，首先取得工人阶级、贫下中农给予的"思想毕业证书"，再"从无产阶级的优秀儿女中挑选出更好的、真正为广大工农兵服务的青年去升学"。

6月10日，"北京市第四中学全体革命师生"亦发出《为废除旧的升学制度给全市师生的倡议书》。《倡议书》说："随着社会主义文化大革命的深入发展，现行高考制度的反动本质暴露无遗。它的流毒极广，影响甚大。多年来它一直是剥削阶级愚弄人民，培养统治阶级接班人的工具。在社会主义的今天，它又成为培养资产阶级接班人，进行修正主义复辟的重要手段。"

《倡议书》同样给现行的高考制度扣上了"严重地违反了党的阶级路线""严重地阻碍了青年的革命化""束缚了革命青年的

思想"等大帽子,并且认为,"在社会主义文化大革命深入开展的今天,在伟大的毛泽东时代,我们决不能容忍这种罪恶制度再毒害青年一天,我们要坚决打倒它"。

《倡议书》提出的"打倒"现行高考制度的具体措施是:(一)立即废除高等学校入学考试;(二)高中毕业生先到工农兵中去锻炼,在三大革命运动中先得到工农兵的批准,取得他们给予的"思想结业证";(三)大量从工农兵中吸收在阶级斗争中经过考验的革命者入学深造;(四)加速实行半工半读、半农半读的教育制度;(五)从应届毕业生中挑选在"文化大革命"中立场坚定、表现积极的同学升学。

《倡议书》最后说:"我们打碎的决不仅仅是一种考试制度,我们打碎的是几千年来套在人民脖子上的文化桎梏,我们打碎的是产生精神贵族和高薪阶层的温床,我们打碎的是产生现代修正主义的阶石。"

"北京市第一女子中学高三(四)班学生"的信和"北京市第四中学全体革命师生"的倡议书,显然并非空穴来风,而是在一定程度上反映了此时毛泽东的教育思想。

"文化大革命"前,毛泽东就曾不止一次地表示过对以往教育工作特别是考试制度的不满。1964年2月13日,即农历1964年的春节,毛泽东和刘少奇、邓小平、康生、彭真、陆定一、郭沫若、陈叔通、黄炎培、章士钊、许德珩等人一起,在人民大会堂参加春节座谈会。会上,毛泽东发表了讲话,着重谈到了他对教育工作的一些看法。他说,现在课太多,害死人,使学生天天处于紧张状态,近视眼天天增加,课程可以砍掉一半。他又说,现在的考试办法,是对敌人的办法,不是对人民的办法,突然袭击,出偏题，出古怪题，现在还是考八股的办法，要完全改。现在这个办法是摧残人才，摧残青年。在毛泽东看来，当时的学制、课程、教学方法、考试方法都有不少问题，这一套都必须改。

半个月后，中共中央办公厅秘书室编印的《群众反映》第十六期上，摘登了北京铁路二中校长魏莲一的《北京一个中学校长提出减轻中学生负担问题的意见》。毛泽东看后，觉得这个问题很重要，特地写了一段批语："现在学校课程太多，对学生压力太大。讲授又不甚得法。考试方法以学生为敌人，举行突然袭击。这三项都是不利于培养青年们在德智体诸方面生动活泼地主动地得到发展的。"[1]

同年夏，他在同侄子毛远新谈话时，又谈到了这个问题。毛远新告诉他，这次考试他们用的是新的方法，大家觉得很好，真正考出水平了，而且对整个学习也发生了影响，有可能学得活了。毛泽东说，整个教育制度就是那样，公开号召去争取那个五分。他称赞北京大学有个学生，平时不记笔记，考试是三分半、四分，可是毕业论文水平很高，认为这个学生把那一套看透了，学习也主动了。毛泽东说："中国历史上凡是中状元的，都没有真才实学，反倒是有些连举人都没有考取的人有点真才实学。不要把分数看重了，要把精力集中在培养分析问题和解决问题的能力上，不要只是跟在教员的后面跑，自己没有主动性。反对注入式教学法，连资产阶级教育家在五四时期就早已提出来了，我们为什么不反？只要不把学生当成打击对象就好了。教员应该把讲稿发给你们，应该让学生自己去研究讲稿。大学生，尤其是高年

---

[1]《毛泽东文集》第8卷，人民出版社1999年版，第376页。

级学生，主要是自己研究问题，讲那么多干什么？教改的问题，主要是教员问题。"[1]

1965年10月，毛泽东又就大学文科改革问题谈了自己的看法。他说："现在这个大学教育，我很怀疑。从小学到大学，一共十六七年，二十多年看不见稻、粱、菽、麦、黍、稷，看不见工人怎样做工，看不见农民怎样种田，看不见怎样做买卖，身体也搞坏了，真是害死人。大学教育应当改造。上学的时间不要那么多。要改造文科大学，要学生下去搞工业、农业、商业。至于工科、理科，也要接触社会实际。高中毕业后，就要先做点实际工作。单下农村还不行，还要下工厂，下商店，下连队。这样搞他几年，然后读两年书就行了。"[2]

毛泽东上述谈话引起了各级教育部门的高度重视，教育部多次发出通知，具体部署教学方法、考试方法的改革。1966年6月1日，中共中央批转了高教部党组《关于改进1966年高等学校招生工作的请示报告》。《报告》提出，招收新生工作下放到各大区或省市自治区办理。继续采取推荐与考试相结合的办法，招收经过阶级斗争、生产斗争、科学实验三大革命运动锻炼的，具有高中毕业文化程度的工农青年等入学，文科取消分数分段录取。然而，这些规定还来不及实施，"文化大革命"就席卷全国，于是便有了所谓"北京市第一女子中学高三（四）班学生"的信和"北京市第四中学全体革命师生"的倡议书。

---

[1] 中共中央文献研究室编：《毛泽东年谱（1949—1976）》第5卷，中央文献出版社2013年版，第380页。

[2] 中共中央文献研究室编：《毛泽东年谱（1949—1976）》第5卷，中央文献出版社2013年版，第548页。

毛泽东上述关于教育工作的谈话，确实看到了单纯考试制度的一些弊端。过分强调考试分数，甚至采取死记硬背的方式学习，的确不利于创新人才的培养。考试成绩好未必就是创新能力强，对教育方式、考试方式进行适当的改革以提高人才培养的质量自然有其必要性。但是，改革考试制度不等于完全否定考试的作用，事实上也没有一种比考试更科学更公平更合理的人才选拔方式。"文化大革命"中随着极左思想的发展好走极端，结果将改革、改进高考制度变成了废除高考制度。

6月13日，中共中央和国务院发出通知，指出：鉴于目前大专学校和高中的"文化大革命"正在兴起，要把这一运动搞深搞透，没有一定的时间是不行的。有不少大专学校和中学，资产阶级的统治还根深蒂固，无产阶级和资产阶级的斗争十分尖锐激烈。在大专学校和高中，把文化革命运动搞深搞透，将对今后学校教育产生极为深远的影响。同时，高等学校招生考试办法，解放以来虽然不断地有所改进，但是基本上没有跳出资产阶级考试制度的框框，不利于贯彻执行党中央和毛主席提出的教育方针，不利于更多地吸收工农兵革命青年进入高等学校。这种考试制度，必须彻底改革。这样也需要有一定的时间来研究和制定新的招生办法。中共中央和国务院考虑到上述情况，决定1966年高等学校招收新生的工作推迟半年进行，一方面，使高等学校和高中有足够的时间彻底搞好文化革命，另一方面使实行新的招生办法有充分的时间做好一切准备。[1]

6月18日，"北京市第一女子中学高三（四）班学生"的信，

---

[1]《中共中央和国务院决定，改革高等学校招考办法》，《人民日报》1966年6月18日。

"北京市第四中学全体革命师生"的倡议书，中共中央、国务院关于推迟1966年高校招生的通知，在《人民日报》同时发表。

同一天，《人民日报》发表了题为《彻底搞好文化革命，彻底改革教育制度》的社论。社论说："这种旧的招生考试制度，对我们社会主义事业是危害极大的。这个制度，不是无产阶级政治挂帅，而是资产阶级政治挂帅，分数挂帅。实行这种制度，是严重地违反党的阶级路线的，会把大量优秀的工人、贫下中农、革命干部、革命军人和革命烈士的子女，排斥于学校大门之外，为资产阶级造就他们的接班人，大开方便之门。这个制度大大阻碍青年的思想革命化，鼓励青年走资产阶级个人奋斗、追逐个人名利地位的白专道路。"

社论还提出了所谓"教育革命"的具体设想，强调"现行招生考试制度的改革，正是贯彻执行毛主席的教育路线，彻底搞掉资产阶级教育路线的一个突破口"，"不仅招生制度要改革，学制、考试制度、升留级制度等等也要改革，教育内容也要改革"。认为"初小可以学些毛主席语录。高小可以学更多的毛主席语录和'老三篇'（指毛泽东的《纪念白求恩》《为人民服务》《愚公移山》这三篇文章。——引者注）等文章。中学可以学《毛泽东著作选读》和有关文章。大学可以学《毛泽东选集》。不论是初级学校、中级学校还是高等学校，都要把毛主席著作列为必修课"。

7月24日，中共中央、国务院再次发出《关于改革高等学校招生工作的通知》。《通知》重申："解放以来，高等学校招生考试办法，虽然不断地有所改进，但是基本上没有跳出资产阶级考试制度的框框，不利于贯彻执行党中央和毛主席提出的教育方针，不利于更多地吸收工农兵革命青年进入高等学校。这种招生办法，必须彻底改革。"这次"改革"的主要内容是：

（一）从1966年招收的新生起，各地要向学生宣布：将来毕业以后，必须服从国家分配，可以分配当技术人员、干部、教员，也可以分配当工人、农民。国家分配做什么，就做什么。一定要彻底打破过去大学毕业生只能分配当脑力劳动者的资产阶级的框框。

（二）从1966年起，招生工作下放到省、市、自治区办理；教育部负责编制各高等学校招生计划和检查各地贯彻执行中央的方针政策以及完成招生任务的情况。

（三）高等学校招生，应该首先保证全国重点学校（包括半工半读的重点学校）所需的新生的质量。

（四）从今年起，高等学校招生，取消考试，采取推荐与选拔相结合的办法。首先由中学根据统一规定的政治审查标准、健康检查标准和高中毕业生的平时成绩，经过学校领导、教师和学生的党团组织共同评议，把德智体三方面条件较好的学生推荐出来，然后由县委或市（区）委组织的有各有关部门参加的招生委员会进行审查，最后集中到省、市、自治区。在省、市、自治区党委的领导下，由高等学校统一招生委员会按照基层党委和中学的推荐意见，并参考学生的志愿择优录取。

（五）高等学校选拔新生，必须坚持政治第一的原则。应该贯彻执行党的阶级路线，对于工人、贫下中农、革命干部、革命军人、革命烈士子女以及其他劳动人民的子女，凡是合乎条件的，应该优先选拔升入高等学校。至于剥削阶级家庭出身的应届高中毕业生，一定要经过严格审查，对于那些在政治上确实表现好的，也允许挑选适当数量的人升入高等学校。

《通知》还提出，1966年度的高等学校录取新生的时间，从1967年1月1日开始，至1月底结束。

这个通知发出后不久，中共十一届十一中全会在北京召开，全会通过了《中共中央关于无产阶级文化大革命的决定》，同时改组了中央领导机构。这次全会后"文化大革命"全面发动，大中学校学生纷纷组织红卫兵，走出校门"破四旧"，串联"闹革命"。随后，以上海"一月风暴"为标志，"文化大革命"进入"全面夺权"阶段，并由此引发全国性的大动乱。这样一来，原计划推迟半年的高校招生工作，结果一停就是四年。

1968年7月12日，毛泽东在人民大会堂会见中央文革碰头会成员时，发表谈话说："大学还是要办的，我这里主要说的是理工科大学还要办，但学制要缩短，教育要革命，要无产阶级政治挂帅，走上海机床厂从工人中培养技术人员的道路。要从有实践经验的工人农民中间选拔学生，到学校学几年以后，又回到生产实践中去。"[1]

同年7月21日，新华社全文发表了该社和文汇报社记者的调查报告《从上海机床厂看培养工程技术人员的道路》。7月22日，《人民日报》亦在第一版刊发了这个调查报告，并在编者按中公布了毛泽东的上述讲话。这就是著名的"七二一指示"。

根据毛泽东"大学还是要办的"指示要求，1970年3月，首都工人，解放军驻北京大学、清华大学两校的毛泽东思想宣传队和两校革命委员会，联合向中共中央报送了《北京大学、清华大学关于招生（试点）的请示报告》。

---

[1]《建国以来毛泽东文稿》第12册，中央文献出版社1998年版，第505页。

《报告》说,两校广大革命师生员工经过三年无产阶级文化大革命的锻炼,提高了阶级斗争和路线斗争觉悟,精神面貌发生了很大的变化。一年来,通过教育革命的实践,初步积累了有关招生、课程设置、教材改革、教学方法以及建立老中青"三结合"教师队伍等方面的经验,建立了部分教学、科研、生产三结合的基地。目前已具备了招生条件。"为了进一步贯彻无产阶级教育路线,遵照毛主席关于'走上海机床厂从工人中培养技术人员的道路,要从有实践经验的工人、农民中间选拔学生,到学校学习几年以后,又回到生产实践中去'的伟大教导,我们计划于今年上半年开始招生,两校共招生4100名。"

《报告》提出的招生条件是:

(一)政治思想好。在三大革命运动(指阶级斗争、生产斗争、科学实验)中,特别是在近四年无产阶级文化大革命中,能活学活用毛泽东思想,突出无产阶级政治,密切联系群众,有阶级斗争和路线斗争觉悟。

(二)有实践经验。具有三年以上实践经验,年龄在二十岁左右,有相当于初中以上文化程度的工人、贫下中农、解放军战士和青年干部(一般只招收未婚者)。还要招收一些有丰富实践经验的工人、贫下中农,他们不受年龄和文化程度的限制。理工科学员原则上专业对口。从农村中招生,应注意招收那些有三年以上劳动锻炼,表现较好,受贫下中农欢迎并为群众所推荐的上山下乡和回乡的知识青年。

(三)身体健康。

招生的办法是:"废除修正主义的招生考试制度,实行群众推荐、领导批准和学校复审相结合的办法。"毕业生的分配则为

"学习期满后，原则上回原单位、原地区工作，也要有一部分根据国家需要统一分配"。

1970年6月27日，经毛泽东批准后，中共中央转发了这个报告。随后，北京大学、清华大学等部分高校开始招收工农兵学员。这一年，全国共招收了工农兵大学生约4万人。

1971年8月，中共中央批准了姚文元修改、张春桥定稿的《全国教育工作会议纪要》。对于高等学校招生和毕业生分配，《纪要》规定："根据初步经验，大专院校招生的对象是具有二至三年以上实践经验的优秀工农兵。年龄二十岁左右，身体健康，一般是未婚的。一般应有相当于初中以上文化程度。有丰富实践经验的工人、贫下中农和革命干部入学，可以根据情况放宽年龄和文化程度的限制。选拔工农兵学员要严格坚持自愿报名，群众推荐，领导批准，学校复审，坚决反对草率从事和'走后门'。""大学学制暂以二年或三年试行，进修班为一年左右，学员毕业后，一般返回原单位、原地区工作；特别需要的由国家统一分配，待遇由国家另行规定。"这个文件成为1972年以后高校招收工农兵学员的主要政策依据。

按照这个文件的规定，高校虽然恢复了招生，但废除了考试选拔制度，而是采取所谓"自愿报名，群众推荐，领导批准，学校复审"的十六字方针，对于文化程度的要求则放低至"相当于初中以上"，至于对"有丰富实践经验的工人、贫下中农和革命干部"，文化程度的要求还可以放低。这不但造成了工农兵学员入学时文化水平参差不齐，而且事实上为"走后门"开了方便之门。

1971年九一三事件之后，主持中央日常工作的周恩来，把批判林彪集团的罪行与批判极左思潮结合起来，并对工业、农业以及文化教育各条战线进行整顿。为了保证工农兵学员起码的文化水平，1972年8月，国务院教科组在《关于高等学校1973年招生工作的意见》中提出，要"重视文化考查，了解推荐对象基础知识的状况和分析问题、解决问题的能力，保证入学学生有相当于初中毕业以上的实际文化程度"。"考查的内容和方法，各省、市、自治区可根据本地具体情况和各专业的不同要求进行试验"。

1973年4月3日，国务院批准了这个意见，并以1973年第39号文件下发全国执行。因此，在当年的高校招生工作中，各地普遍进行了文化考查。

可是，这一年的招生过程中，发生了一起荒唐的"白卷英雄"闹剧，从而中断了高校招生的文化考查制度。

1973年6月，辽宁省进行高校招生文化考查，兴城县白塔公社下乡知青、生产队长张铁生，在最后一门的物理化学考试中，因答不出题几乎交了白卷。于是，他在考卷的背后写了一封信，表达自己的不满。信中说："书面考试就这么过去了，对此，我有点感受，愿意向领导上谈一谈。"

张铁生接着说："本人自1968年下乡以来，始终热衷于农业生产，全力于自己的本职工作。每天近十八个小时的繁重劳动和工作，不允许我搞业务复习。我的时间只在二十七号接到通知后，在考试期间忙碌地翻读了一遍数学教材，对于几何题和今天此卷上的理化题眼瞪着，真是心有余而力不足。我不愿没有书本根据的胡答一气，免得领导判卷费时间。所以自己愿意遵守纪律，坚持始终，老老实实地退场。说实话，对于那些多年来不务正业、逍遥浪荡的书呆子们，我是不服气的，而有着极大的反感，考试被他们这群大学迷给垄断了。"

"我所苦闷的是,几小时的书面考试,可能将把我的入学资格取消。我也不再谈些什么,总觉得实在有说不出的感觉,我自幼的理想将全然被自己的工作所排斥了,代替了,这是我唯一强调的理由。"

张铁生在信的最后,希望"各级领导在这次入学考试中,能对我这个小队生加以考虑为盼"。

这本来是一件很正常的事情,张铁生考试答不出题,写了这封信,无非是发泄一下自己的情绪。可是,此事被当时的辽宁省委主要负责人得知后,他认为其中大有文章可作,乃指令将张铁生的信加以删改,然后以《一份发人深省的答卷》为题,发表在7月19日的《辽宁日报》上,并在编者按中说:张铁生"对物理、化学这门课的考试,似乎交了'白卷',然而对整个大学招生的路线,交了一份颇有见解、发人深省的答卷"。

8月10日,《人民日报》转载了张铁生的信和《辽宁日报》的编者按,同时在自己的按语中说:"7月19日,《辽宁日报》以《一份发人深省的答卷》为题,刊登了一位下乡知识青年的信,并为此加了编者按。这封信提出了教育战线上两条路线、两种思想斗争中的一个重要问题,确实发人深思。"

随后,各地报刊对张铁生的信纷纷加以转载,至于高校招生的文化考查,则被指责为"高考制度的复辟","分数挂帅","对有实践经验的工农兵关、卡、压","是资产阶级向无产阶级的反扑",等等。随后,张铁生也就变成了"反潮流"英雄,被铁岭农学院畜牧兽医系录取。1975年1月,四届全国人大会议在北京召开,张铁生当选为全国人大常委,同年8月还担任了铁岭农学院领导小组副组长、党委副书记。

由于"四人帮"的干扰，1974年6月，国务院批转国务院教科组《关于1974年高等学校招生工作的请示报告》，认为1973年的招生工作，"经历了一场两个阶级、两条道路的激烈斗争"，"修正主义教育路线在招生工作中的表现和影响突出地反映在文化考查上"，"不少地区曾程度不同地出现过沿袭旧高考的办法，搞突然袭击，闭卷考试，单纯考书本知识，凭分数录取，忽视推荐对象的政治表现与实践经验，忽视招生工作中群众路线的错误倾向"。报告强调今后要坚持"自愿报名，群众推荐，领导批准，学校复审"的办法，文化考查可采取"调查访问、座谈讨论"的方式进行。这实际上是取消了文化考查。此后一直到1976年，高校招收工农兵学员"群众推荐，领导批准"就成了主要的方式。

二、邓小平提出"教育部要争取主动"

1977年6月29日至7月15日，教育部在太原召开1977年高等学校招生工作座谈会。在此之前，教育部草拟了《关于一九七七年高等学校招生工作的意见（草稿）》。此次会议的中心内容，就是讨论这个草稿，明确1977年招生工作的方针政策。8月4日，教育部向国务院报送了《关于全国高等学校招生工作座谈会的情况报告》，并附有《关于一九七七年高等学校招生工作的意见》《关于试招少数应届高中毕业生直接上大学的意见》。

提交会议讨论的草稿提出：高等学校普通班招收学生，"要确实具有初中毕业以上文化程度，理工科专业一般要有相当于高中毕业的文化水平"。在讨论过程中，绝大多数代表认为，现在高中已有很大发展，每年毕业生有四五百万人，为了适应实现四个现代化的需要,尽快地培养较高水平的各类专门人才,改变教育同社会主义事业严重不相适应的状况,普通高等学校必须招收高中毕业或相当于高中毕业文化水平的学生入学。为此,《关于一九七七年高等学校招生工作的意见》(以下简称《意见》)修改为:"一般要有高中毕业或相当于高中毕业的文化水平。同时根据各专业的不同情况,对文化程度的要求可以有所不同;要重视实践经验,实践经验比较丰富的可适当放宽文化程度的要求。有研究才能或专长的不受学历和年龄的限制。"

关于招生办法,《意见》仍然坚持推荐制,强调:"必须坚持党的领导、群众路线,实行自愿报名,群众推荐,领导批准,学校复审的招生办法。"《意见》还规定,在招生工作中"必须切实做好政治审查、文化考查和体格检查工作"。

《意见》虽然也承认"文化考查,是选拔学生的重要一环","要重视文化程度,认真进行文化考查",但又规定考查的方法,"要按照毛主席改革考试办法的指示,紧密联系三大革命运动实际,采取口试、笔试等多种形式进行,提倡开卷考试,独立完成。反对'用对付敌人的办法,搞突然袭击,出一些怪题、偏题,整学生'。文化考查的具体办法,各省、市、自治区可在总结经验的基础上大胆试验"。《意见》还提出:"文化考查成绩,要同实践经验、中学时的学习情况结合起来,作为录取学生的条件之一,不要凭一次考试决定弃取。既要反对忽视文化的倾向,也要防止'智育第一'、'分数挂帅'。"[1]

---

[1] 杨学为编:《高考文献(1977—1999)》(下),高等教育出版社2003年版,第19—20页。

从上述内容看，教育部向国务院报送的《关于一九七七年高等学校招生工作的意见》对于高校招生的规定，与"文化大革命"中工农兵大学生的招生方式相比，并没有实际性的改变。

教育部将《关于一九七七年高等学校招生工作的意见》报送国务院的同一天，前文说及的科教工作座谈会召开。根据与会科技工作者和教育工作者的意见，就在这次座谈会上，邓小平果断地作出了恢复高考的决策。在8月8日座谈会结束时的讲话中，邓小平明确指出："今年就要下决心恢复从高中毕业生中直接招考学生，不要再搞群众推荐。从高中直接招生，我看可能是早出人才、早出成果的一个好办法。"[1]

根据邓小平的指示，教育部发出紧急通知，在北京重新召开了1977年高等学校招生工作座谈会。这是一次马拉松式的会议，从8月13日开到9月25日，开了40多天。会议之所以开这么长，一个重要的原因，就是在如何看待恢复高考与毛泽东的"七二一指示"的关系、如何看待"两个估计"等问题上，与会人员认识不统一。当时的情况是，"对邓小平讲话，有的人认识得清一些，早一些，有的人认识得模糊一些，迟一些。况且，有些问题，即使思想上认识清楚了，由于中央尚未作出结论，也难以清楚表达，如否定'文化大革命'。但是，主要障碍尚不在此，而在于教育部主要负责人的认识，对于不同意见的争论，因教育部总是没有一个明确而果断的态度，于是争论就日复一日地继续下去"[2]。

由于会议时间过长，由炎炎夏日的8月中旬，开到秋高气爽

---

[1]《邓小平文选》第2卷，人民出版社1994年版，第55页。

[2]杨学为：《中国高考史述论（1949—1999）》，湖北人民出版社1996年版，第247页。

的 9 月下旬,以至会场都换了好几处地方,先是在北京饭店,后移至前门饭店,再移至友谊宾馆。在友谊宾馆开会时,也是先在主楼开,后移至配楼,最后移至专家套房。

此时,尽管邓小平已就恢复高考做了明确指示,但是,参加会议的代表不少还刚刚恢复工作,他们对于"文化大革命"还心有余悸,不大敢讲话,而各代表团里的一些实权人物,有的人仍主张坚持过去的"十六字"方针,有些人则态度模糊,不肯表态。当时教育部的主要负责人原在工业部门工作,对"文化大革命"前教育战线的情况并不很了解,加之思想没有解放,他虽然也参加了邓小平主持的科教工作座谈会,听了邓小平关于恢复高考的讲话,但对于恢复高考仍在犹豫,甚至在会上还对代表们说:"连邓副主席在讲话中都说,他的讲话只代表他个人的意见,最后要以中央下达的正式文件为准嘛。"由于他的这种态度,与会代表自然也就难以统一认识,而是各唱各的调。[1]

此次高校招生工作座谈会之所以议而不决,最关键的问题是如何对待"两个估计"和毛泽东在"文化大革命"中关于教育问题的指示。一方认为,出台"两个估计"的《全国教育工作会议纪要》,是毛泽东画过圈的,而华国锋也表示过在对待毛泽东的问题上要搞"两个凡是";另一方则认为,即使是毛泽东、马克思的理论,也不可能是一成不变,不再发展的。这次会议所存在的意见分歧,实际上反映出能不能冲破"两个估计"和"两个凡是"的禁锢问题。

---

[1] 中共中央党史研究室科研管理部编:《拨乱反正·中央卷》(上),中共党史出版社 1999 年版,第 421 页。

对于会议出现的这种久议不决的状况,《人民日报》派驻会议的记者穆扬等人甚为着急。穆扬参加了1971年的全国教育工作会议,了解"两个估计"的出笼情况,也深知这个问题对于恢复高考的重要性和紧迫性。为此,他分别找到当时的教育部几位负责人,说照这个样子,会议开不下去,想把这次会议的分歧写份内参向上级反映。有两位部领导不置可否,副部长雍文涛说"你可以写"。于是,穆扬将有关情况写了一份材料交给报社编辑部。9月15日,报社编辑部把他写的材料以内参《情况汇编》(特刊)第628期,报送中共中央。[1]

又据《人民日报》原副总编李庄回忆,在这年6月至7月于太原召开的全国高等学校招生工作会议上,《人民日报》记者王惠平找了参加1971年全国教育工作会议的六位代表,调查、核实了"两个估计"产生的详细情况,写了一份材料,登在9月15日《人民日报》编印的《情况汇编》(特刊)第628期上。[2]

邓小平自从在科教工作座谈会上作出马上恢复高考的决定后,就一直关注事情的进展情况。9月6日,他就高等学校招生问题致信华国锋、叶剑英、李先念、汪东兴:"招生问题很复杂。据调查,现在北京最好中学的高中毕业生,只有过去初中一年级的水平(特别是数学),所以至少百分之八十的大学生,须

---

[1]《穆扬回忆高考恢复:写内参揭发"两个估计"》,新浪网,http://news.sina.com.cn/c/2007-05-29/100013101442.shtml,2007年5月29日。

[2]《李庄文集·回忆录编》(下),人民日报出版社、宁夏人民出版社2004年版,第438页。这份内参可能是穆扬和王惠平共同撰写的。

在社会上招考,才能保证质量。"[1]

很快,邓小平看到了《人民日报》的内参。9月19日,他将教育部的负责人找来谈话,中心内容是教育战线如何拨乱反正。邓小平一开头就说,最近《人民日报》记者找了六位参加过1971年全国教育工作会议的同志座谈,写了一份材料,讲了《全国教育工作会议纪要》产生的经过,很可以看看。《纪要》是姚文元修改、张春桥定稿的。当时不少人对这个《纪要》有意见。《人民日报》记者写的这份材料说明了问题的真相。

邓小平接着说,《纪要》里讲了所谓"两个估计",这个问题究竟怎么看?建国后的十七年,各条战线,包括知识分子比较集中的战线,都是以毛泽东同志为代表的路线占主导地位,唯独你们教育战线不是这样,能说得通吗?《纪要》是毛泽东同志画了圈的。毛泽东同志画了圈,不等于说里面就没有是非问题了。我们不能简单地处理。《纪要》引用了毛泽东同志的一些话,有许多是断章取义的。《纪要》里还塞进了不少"四人帮"的东西。对这个《纪要》要进行批判,划清是非界限。

邓小平说,"两个估计"是不符合实际的。怎么能把几百万、上千万知识分子一棍子打死呢?我们现在的人才,大部分还不是十七年培养出来的?你们的思想没有解放出来。你们管教育的不为广大知识分子说话,还背着"两个估计"的包袱,将来要摔筋斗的。现在教育工作者对你们教育部有议论,你们要心中有数。要敢于大胆讲话。我在8月8日科学和教育工作座谈会上的那篇

---

[1] 中共中央文献研究室编:《邓小平年谱(1975—1997)》(上),中央文献出版社2004年版,第195页。

讲话，是个大胆的讲话，当然也照顾了一点现实。对我的讲话，有人反对，这不要紧。一个方针政策，总会有人反对和不同意的。他们敢讲出来就好，可以开展辩论嘛！

对于毛泽东在"文化大革命"中作出的"七二一指示"，邓小平认为要正确地去理解。他说，七二一大学、共产主义劳动大学，各省自己去搞，办法由他们自己定，毕业生不属国家统一分配范围。但是清华大学、北京大学恐怕不能这样办，并不是所有大学都要走上海机床厂的道路。毛泽东同志一贯强调要提高科学文化水平，从来没有讲过大学不要保证教育质量，不要提高科学文化水平，不要出人才。邓小平还说："教育部要争取主动。你们还没有取得主动，至少说明你们胆子小，怕又跟着我犯'错误'。我知道科学、教育是难搞的，但是我自告奋勇来抓。不抓科学、教育，四个现代化就没有希望，就成为一句空话。抓，要有具体政策、具体措施，解决具体的思想问题和实际问题。你们要放手去抓，大胆去抓，要独立思考，不要东看看，西看看。把问题弄清楚，该怎么办就怎么办。该自己解决的问题，自己解决；解决不了的，报告中央。教育方面的问题成堆，必须理出个头绪来。现在群众劲头起来了，教育部不要成为阻力。教育部首要的问题是要思想一致。赞成中央方针的，就干；不赞成的，就改行。"

邓小平还要求健全教育部的机构，提议找一些四十岁左右的人，天天到学校里去跑。搞四十个人，至少搞二十个人专门下去跑。要像下连队当兵一样，下去当"学生"，到班里听听课，了解情况，监督计划、政策等的执行，然后回来报告。这样才能使情况反映得快，问题解决得快。可以首先跑重点大学，跑重点中学、小学。这些就是具体措施,不能只讲空话。

从这些话语中可以看出,邓小平对教育部的工作既有严肃批评,也有热情鼓励。在邓小平看来,教育工作已经被耽误许多年了,不能继续这样下去了。

此次谈话前的9月15日,教育部向邓小平呈送了《关于一九七七年高等学校招生工作的意见(送审稿)》,其中提出的高考报名政治条件即政审标准是:"政治历史清楚,热爱毛主席、热爱华主席,拥护共产党,努力学习马列主义和毛主席著作,有一定的阶级斗争、路线斗争和继续革命的觉悟,积极参加揭批'四人帮'的伟大政治斗争,坚持走社会主义道路,积极参加集体生产劳动,遵守革命纪律,联系群众,决心为革命而学习。"邓小平认为这是繁琐哲学,他对教育部负责人说:"你们起草的招生文件写得很难懂,太繁琐。关于招生的条件,我改了一下。政审,主要看本人的政治表现。政治历史清楚,热爱社会主义,热爱劳动,遵守纪律,决心为革命学习,有这几条,就可以了。总之,招生主要抓两条:第一是本人表现好,第二是择优录取。"

最后,邓小平告诫教育部负责人:"教育部要思想解放,争取主动。过去讲错了的,再讲一下,改过来。拨乱反正,语言要明确,含糊其词不行,解决不了问题。办事要快,不要拖。"[1]

9月21日,教育部负责人向出席高校招生工作会议的代表传达了19日邓小平的指示精神。代表们听了之后,顿时感到许多疑惑不解的问题得到了解答。用会议简报上的话说:指示是"响彻教育战线的一声春雷,击中了要害,说出了大家早就想说而不

---

[1]《邓小平文选》第2卷,人民出版社1994年版,第69、71页。

敢说的真心话。这次招生会议能得到邓副主席这样重要的指示，是会议的最大收获。有了这些宝贵指示，不但招生工作有了明确的方向，整个教育工作也有了更加明确的方向。邓副主席说，他抓教育要抓到底，这对我们是极大的鼓舞，深刻的教育。粉碎'四人帮'后，各条战线都在甩开膀子大干，教育战线还在抱着膀子看，教育部还在左顾右盼。有了邓副主席这些重要指示，我们真是心明眼亮，信心百倍，整个战线广大师生和干部一定会甩开膀子大干了"[1]。

9月30日，教育部向国务院呈送了《〈关于一九七七年高等学校招生工作的意见〉的请示报告》，及教育部代拟的国务院转发这个文件的批语。

10月3日，邓小平审阅了这两个文件，并致函华国锋"此件较急"，建议近几日开一次中央政治局会议讨论。

10月5日，中央政治局讨论了教育部呈送的上述文件，并提出了修改意见。

10月7日，邓小平再次审阅了教育部按中央政治局批示修改的《关于一九七七年高等学校招生工作的意见》及国务院的批语等，并批示："我看可以。"

10月12日，国务院同意了教育部《关于一九七七年高等学校招生工作的意见》，以1977年第112号文件下发各地执行。

1977年10月21日，新华社以"教育部负责人答记者问"的方式，公布了《关于一九七七年高等学校招生工作的意见》的主要内容。对于1977年招生的对象、条件，该文件明确提出：凡

---

[1] 杨学为编：《高考文献（1977—1999）》（下），高等教育出版社2003年版，第56页。

是工人、农民、上山下乡和回乡知识青年（包括按政策留城而未分配工作的）、复员军人、干部和应届高中毕业生，年龄在20岁左右，不超过25周岁，未婚，只要符合条件，都可报考。实践经验比较丰富，并钻研有成绩或确有专长的（指理论上钻研有成绩，实践上有科研或技术革新成果的，而不是指工龄长），以及1966年、1967年两届高中毕业生，报考时年龄还可放宽到30岁，婚否不限。在校高中学生，成绩特别优良，已经具有高中毕业水平的，也可自己申请，经学校介绍，参加报考。采取这些做法，目的是为了广开才路，让更多的青年有机会报考，使国家能在更大范围内选拔和培养人才，以适应实现四个现代化的需要。该文件同时强调，高考录取应当坚持德智体全面衡量，择优录取的原则，搞好文化考试。只有这样，才能鼓励青年沿着正确的政治方向，刻苦钻研文化科学知识，走又红又专的道路，同时也有利于杜绝"走后门"之类的不正之风，为择优录取扫清障碍，真正把成绩优秀的青年选拔上来。

同一天，《人民日报》发表题为《搞好大学招生是全国人民的希望》的社论。社论说，实现四个现代化，迫切需要培养和造就大批又红又专的建设人才，招生工作是高等学校培养人才的重要环节。社论指出："今年，高等学校的招生工作进行了重大改革。采取自愿报名，统一考试，地市初选，学校录取，省、市、自治区批准的办法。凡是符合招生条件的工人、农民、上山下乡和回乡知识青年、复员军人、干部和应届高中毕业生，均可自愿报名，并可根据自己的爱好和特长，选报几个学校和学科类别，让祖国进行挑选。这样做，为的是广开才路，提高质量，早出人才，早做贡献，以适应国家建设的迫切需要。"社论还特别强调：

"文化考试,是考查学生政治理论、文化水平的重要方法之一,是择优录取的主要依据之一,一定要抓好。"

三、恢复的不只是一项制度

随着"教育部负责人答记者问"和《人民日报》这篇社论的发表,恢复高考的消息迅速传遍千家万户。由于1966年以来高考实际上被中止了,虽然1970年以来部分高校开始招收工农兵大学生,但就全国而言,招生数量有限。到1977年,未能上大学的初高中毕业生达到3000万之巨。高考大门的打开,顿时激起了无数青年学子的求学热情。据统计,1977年全国有570万青年怀抱着理想和希望,报名参加了高考。

对于这一年高考的情况,新华社在一则报道中这样说:"这次高考开始于11月28日,结束于12月25日,历时近一个月。散设在全国各地的数以万计的考场,到处洋溢着节日的气氛。考试前,各地招生委员会做了大量的准备工作。各考场都布置得整整齐齐。许多考场还办起了指导考生的专栏,设置了方便考生的小卖部、茶水供应站、卫生站等。考试那几天,广大考生准时赶到考场应试。有的考生还由教师、家长或工厂、公社干部陪送到考场,接受祖国的挑选。考场上,秩序井然,考生精神专注,答卷认真。监考人员既注意严格维护考场规则,又注意引导考生看清试题,避免紧张出错。个别考生临场生病或带病考试,监考人员端水送药,保证考生顺利完成答卷。"[1]

---

[1]《全国高等学校招生考试胜利结束》,《人民日报》1977年12月26日。

"文化大革命"取消了高考,广大知识分子被称为"资产阶级知识分子"和"臭老九",致使"读书无用论"流行,甚至还出现了"知识越多越反动"的怪论。这不但是对知识分子的践踏,也是对知识的践踏。这是中断十年后的第一次高考,其意义并不仅仅在于通过这种方式,高等学校录取到了合格的学生;更重要的是通过这种方式,唤起了人们对知识的渴望和热爱,也唤起了人们对知识分子的敬仰和尊重。

对于那些通过高考被录取的人来说,高考给了他们一次改变人生命运的机会;对于那些未能考上大学的大多数考生,他们也从中看到了知识的价值,从而在全社会营造出了一种尊重知识和尊重人才的社会氛围。实际上,后者的意义更要大于前者。北京市一名1966届高中毕业的中学教师说:参加这次高考,对自己学习是很好的鞭策;即使考不上大学,今后也要发扬这一段刻苦学习的劲头,学习更多的知识,把教学工作做得更好。从这个角度看,恢复高考不但改变了一代年轻人的命运,也在一定程度上改变了共和国的命运。

1977年曾担任北京高等学校招生委员会考务组组长的利锋后来回忆说:"记得我们招生的班子都是临时抽调的,去报到的当天就开始忙,一天一夜没合眼。耽误了十年,报名的有十几万人(北京),我们措手不及,调集了二十来个区县的人一起打算盘,那时没有电脑,完全是手工登记造册。做梦也没有想到年轻人的求知欲这么强烈,报名人数如此之多,竞争如此激烈。""那时的感觉,一个是忙,特别忙,连轴转,家都顾不得回。无论是考生还是考官,都铆足了劲,要把十年的时光追回来,考生们都有一种神圣感,觉得参加考试就是人生的最高的追求。""我们当时的直觉是,年轻人在变,整个国家都在变,在变好,人气向上,朝着理想的方向走。"[1]

高考这种选拔人才的方式,自然并不完美,而且随着时间的推移,有些问题也日渐暴露出来。但是,这是一种相对公平的人才选拔方式,也是一种有效激励人才成长的方式。这年高考虽然是在寒冷的冬天进行的,但对于无数的莘莘学子来说,他们却从中感受到了春天般的温暖,也从中看到了国家的未来和自己的希望。人们都说,1977年的中国没有冬天。

1977年报名的考生达570万人,而实际录取的只有27.8万人,录取率仅为4.8%。即是说,100名考生中只有不到5个人有上大学的机会。这样的竞争自然有些残酷。但是,对于每个考生来说,机会却是平等的,是分数面前人人平等。那些所谓出身不好的青年,也有通过考试升学的机会,这在"文化大革命"期间是根本不可能的。

河南省郑州二中15岁学生竺稼,参加1977年高考,原被西安外语学院录取,因他的外祖父20多年前被镇压,社会关系复杂,他到校之后,竟被退回郑州。竺稼写信给中国科学院和教育部,认为这种做法不符合党的政策,要求领导上帮助解决。经过有关单位调查,来信所反映的情况属实,决定将竺稼录取到郑州大学英语系学习。[2]

1977年恢复高考的时候,著名文艺理论家胡风之子张晓山正在内蒙古土默特左旗插队。当时,"胡风反革命集团"的冤案

---

[1] 钟岩:《中国新三级学人》,浙江人民出版社1996年版,第16—17页。
[2]《政审主要看本人政治表现》,《人民日报》1978年4月26日。

尚未平反。在此之前1973年和1974年，张晓山因为各方面表现出色，被贫下中农两次推荐上大学，但都由于家庭问题被退了回来。这次听到恢复高考的消息后，张晓山抱着试试看的心理去公社报名，没想到很顺利地报上了。在考试的过程中，张晓山还在想，即使考分够了，能不能上也是个问题。然而，张晓山却被内蒙古师范学院录取。张晓山后来说："现在回想起来，恢复高考实际上是对我这样的人，很多这样的人，给了一个平等的权利。等于恢复了作为一个人的尊严。因为在恢复高考之前，评判一个人，或者是不是给他一个机会，不是看你这个人本人，而是看你很多外在的东西，看你的家庭，看你的社会关系，把人分成不同的等级。"[1]

由于1977年高考报考人数大大超过人们的预料，教育部不得不作出决定，挖掘高等学校潜力，扩大招生人数。

1978年3月，教育部召开电话会议，进行高校扩招的部署和动员，要求各地打破常规，重视选拔人才。教育部提出，教育制度一定要促进生产力的发展，一定要重视吸收人才。对于高考成绩确实优秀的考生，不录取是太可惜了，应该择优录取，还要重视录取考试成绩优秀的1966、1967届高中毕业生。这些考生有一定的文化基础，又有较多的实践经验，经过大学培养深造，可以使他们发挥更大的作用。希望各地高等学校千方百计地为扩大招生名额作出贡献。教育部提出，这次扩大招生，不再重新报名和考试，而是从1977年已经参加考试、初选合格的考生中择优

---

[1]《恢复高考二十年》，《中国电视报》1997年第30期。

选拔。[1]

随后，各地高校都尽可能地进行了扩招，北京地区各高等院校增加招收了 2400 多名新生，上海市各高校扩招了 3200 多名新生，全国各高校共扩招了 2.3 万人，加上原计划招生 21.5 万人，举办各类大专班招收 4 万人，总共招收 27.8 万人。

1977 年在恢复高考的同时，也恢复了研究生招生考试。1977 年 11 月 3 日，教育部和中国科学院联合发出 1977 年招收研究生具体办法的通知，提出研究生招收采取"本人志愿申请报名，经所在单位介绍，向招生单位办理报名手续，经过严格考试，择优录取的办法"，并对研究生报考的条件、培养目标、学习年限等作了规定。1978 年 1 月 10 日，教育部发出《关于高等学校一九七八年研究生招生工作安排意见》，决定将 1977 年和 1978 年两年的招收研究生工作合并进行，统称为 1978 年研究生。

据全国 27 个省、市、自治区不完全统计，1978 年研究生招生共有 63500 余人报考，经初试、复试，全国 210 所高校和 162 所研究单位，共录取研究生 10708 人。至此，因"文化大革命"而中断的研究生招生培养工作也得以恢复。

---

[1]《挖掘高等学校潜力，积极扩大招生人数》，《人民日报》1978 年 3 月 19 日。

"文艺黑线专政"论的由来及否定

1966年2月,江青在林彪的支持下,炮制了《林彪同志委托江青同志召开的部队文艺工作座谈会纪要》(以下简称《纪要》),提出新中国成立以来,文艺界"被一条与毛主席思想相对立的反党反社会主义的黑线专了我们的政,这条黑线就是资产阶级的文艺思想、现代修正主义的文艺思想和所谓三十年代文艺的结合",必须"坚决进行一场文化战线上的社会主义大革命,彻底搞掉这条黑线"。这就是"文化大革命"期间十分著名的"文艺黑线专政"论。粉碎"四人帮"后,随着拨乱反正的进行,"文艺黑线专政"论被彻底推倒,文艺界重新出现"百花齐放"的局面。

一、"文艺黑线专政"论的由来

"文艺黑线专政"论的出笼,其实比教育战线的"两个估计"还要早。

1962年9月的八届十中全会上,毛泽东重提阶级斗争问题,提醒全党要注意和重视阶级斗争。八届十中全会后,作为抓阶级斗争的一个重大部署,在城乡开展社会主义教育运动。城市社教运动的主要内容是反对贪污盗窃、反对投机倒把、反对铺张浪费、反对分散主义、反对官僚主义,简称"五反";农村的社教运动开始是清理账目、清理仓库、清理财物、清理工分，后来发展成为清政治、清经济、清组织、清思想，简称"四清"。随着农村"四清"和城市"五反"运动的开展，对阶级斗争形势的估计日趋严重，意识形态领域也开展了过火的、错误的批判和斗争。先是对一大批文学艺术作品公开进行政治批判，接着，这种批判又扩大到学术界的许多领域，在对待知识分子问题、教育科学文化问题上发生了愈来愈严重的"左"的偏差，以致引发了后来的"文化大革命"。

"文化大革命"的发生有其深刻的社会历史原因，而对新编历史剧《海瑞罢官》的批判，是点燃"文化大革命"的导火索。

《海瑞罢官》是明史学家、北京市副市长吴晗1960年为响应毛泽东提倡海瑞精神而写的。剧本写好后由北京京剧团排演，演出时曾得到各方好评。可是，只过了一年多的时间，形势就开始发生变化。1962年6月，彭德怀因七千人大会重申对他的批判结论，特别是再次指责他"里通外国"，给中共中央和毛泽东写了一封长达82000字的申诉信，即"八万言书"。他在信中叙说了自己童年时的家庭情况和参加革命的经历，以及各个时期的生活片断，并对庐山会议上强加给他的罪名作了辩驳和解释。可是，这封信不但没有使问题得以澄清，反而引起了毛泽东的不快，认为这是彭德怀企图翻案。毛泽东明确表示不能给彭德怀平反。在1962年9月召开的八届十中全会上，彭德怀的问题再次被提出来，其"八万言书"也被作为"翻案风"的标志之一而加以批判。

当时，国民经济调整才刚见成效，党内对形势的判断和在包产到户问题上有不同意见。有不少人主张要迅速恢复农业生产，应当搞包产到户；也有人认为严峻的形势还未过去，国民经济调整的任务尚未完成。结果，这两种主张在八届十中全会上被认为是刮"单干风"和"黑暗风"（即对形势估计过于黑暗）。一些联想丰富的人便开始把"翻案风"和"单干风"同《海瑞罢官》联系起来，认为《海瑞罢官》中有"平冤狱"一节，并且罢了海瑞的官，这不是影射庐山会议罢了彭德怀的官么？至于"平冤狱"更是要为彭德怀翻案。且无中生有地认为《海瑞罢官》中的"退田"，实际上就是在鼓吹分田单干。

早在1962年，江青就找到了文化部的几位负责人，提出要批《海瑞罢官》，但未达到目的。于是江青转向上海寻求支持。经过一段较长时间的酝酿之后，1965年11月10日，由姚文元（时任《解放日报》编委兼文艺部主任）在上海《文汇报》上抛出了一发重磅炮弹——《评新编历史剧〈海瑞罢官〉》，牵强附会地说剧中的"退田""平冤狱"，反映的是当时资产阶级反对无产阶级专政和社会主义革命的斗争焦点，《海瑞罢官》是阶级斗争的一种反映。这篇文章实际上涉及1961年以来中央领导层在许多重大问题上的意见分歧，攻击的矛头并不是只指向吴晗。

这篇文章发表后，北京方面一开始反应冷淡，在十几天的时间里，《人民日报》和北京其他报纸都没有转载。这一方面，是在北京主持中央一线工作的领导人及北京市委、中央宣传部的负责人，都不清楚这篇文章的来历；另一方面，人们又对姚文元这种乱打棍子、乱扣帽子的做法甚为反感。但北京方面在批判《海瑞罢官》上的不作为引起了毛泽东的怀疑和不满，他认为北京市委是"针插不进，水泼不进"的独立王国。这样一来，北京的报刊只得转载姚文元的文章。一时间，批判《海瑞罢官》的文章充斥于各种报纸杂志，而且这一批判蔓延到史学界、文学界、哲学界，形成了思想文化领域的大批判。

为了不因批判《海瑞罢官》引起学术界、思想界的大混乱，负责意识形态工作的彭真（中央政治局委员、中央文化革命五人小组组长、中共北京市委书记兼市长）等人认为，有必要制定一个相应的文件，并采取一定的措施，使这场讨论有序进行。1966年2月3日，彭真主持召开文化革命五人小组扩大会议。会后，中宣部副部长许立群、姚溱根据彭真的指示和会议精神，起草了《文化革命五人小组关于当前学术讨论的汇报提纲》（即"二月提纲"）。

2月12日，中共中央正式批转了"二月提纲"，将其作为指导思想文化领域批判运动的重要文件。"二月提纲"在当时的历史条件下，自然不可能对这场波及全国范围的批判运动加以否定，而是认为："这场大辩论的性质，是马克思列宁主义、毛泽东思想同资产阶级思想在意识形态领域内的一场大斗争，是无产阶级取得政权并实行社会主义革命后，在学术领域中清除资产阶级和其他反动或错误思想的斗争，是兴无灭资的斗争即社会主义同资本主义两条道路斗争的一个组成部分。""应当足够估计到这场斗争的长期性、复杂性、艰巨性"，"要估计到这场斗争不是经过几个月，有几篇结论性文章或者给某些被批判者做出政治结论，就可能完成这个任务的"，"应当积极地，认真地，不间断地把这场斗争继续下去"。

但是，"二月提纲"又明确将《海瑞罢官》的批判及由此展开的对道德继承、"清官"、"让步政策"、历史人物评价和历史研究的观点方法等问题的讨论，划定为学术批判性质，说这是"在学术领域中清除资产阶级和其他反动或错误思想的斗争"，"这场大辩论势必扩展到其他学术领域中去"。"二月提纲"同时指出："学术争论问题是很复杂的，有些事短时间内不可能完全弄清楚"，因此，"要坚持实事求是，在真理面前人人平等的原则，要以理服人，不要像学阀一样武断或以势压人。要提倡'坚持真理、随时修正错误'。要有破有立（没有立，就不可能达到真正的、彻底的破）"。"不仅要在政治上压倒对方，而且要在学术上和业务的水准上真正大大地超过和压倒对方。""要准许和欢迎犯错误的人和学术观点反动的人自己改正错误。"

"二月提纲"还说，对于吴晗这样"用资产阶级世界观对待历史和犯有政治错误的人，在报刊的讨论不要局限于政治问题，要把涉及各种学术理论的问题，充分地展开讨论。如果最后还有不同意见，应当容许保留，以后继续讨论"。"报刊上公开点名作重点批判要慎重，有的人要经过有关领导机构批准。"

这个汇报提纲的指导思想和许多提法，与毛泽东的想法并不相符合。所以，"《汇报提纲》的产生和发出，进一步加深了毛泽东对彭真以及在中央'一线'主持工作的领导人刘少奇等的不满"[1]。江青等人则利用毛泽东的这种不满，在林彪的支持下，炮制了一个与"二月提纲"相对立的文件，即《林彪同志委托江青同志召开的部队文艺工作座谈会纪要》。

姚文元的《评新编历史剧〈海瑞罢官〉》是江青一手策划的，可是文章发表后，北京方面先是迟迟不予转载，后来虽然勉强转载了，彭真等人又想方设法使其限定在学术讨论的范围。出现这

---

[1] 中共中央文献研究室：《毛泽东传（1949—1976）》（下），中央文献出版社2003年版，第1403页。

种局面，是江青所不甘心的，于是，她转而到林彪那里寻求支持。

1966年1月21日，江青从上海到苏州见林彪，提出由她在部队召开文艺座谈会，以便在文艺界进行更有力的进攻。江青这种特殊地位的人竟主动找上门来寻求支持，对林彪来说可谓求之不得，他正需要利用江青来满足自己的政治需要，于是二人一拍即合。1967年4月，江青在中央军委扩大会议上说："去年2月，林彪同志委托我召开部队文艺座谈会，这个文艺座谈会的纪要，是请了你们'尊神'，无产阶级专政的'尊神'来攻他们，攻那些混进党内的资产阶级代表人物，那些资产阶级反动'权威'，才吓得他们屁滚尿流，缴了械。"[1]

在江青的主持下，部队文艺工作座谈会1966年2月2日开始，2月20日结束。座谈的时间实际分为两段，2月2日至2月10日为一段，2月10日至15日没有开会，因为江青2月9日说"有事"，座谈会停几天。2月16日，座谈会继续开，到20日结束。这次会议的主要内容，据会后形成的《纪要》说：主要是阅读了当时毛泽东未发表的两篇文章（1944年1月给延安平剧院的信和1956年8月同音乐工作者的谈话）以及有关文艺工作的九个材料；江青同解放军总政治部副主任刘志坚（由他率总政人员参加座谈会）个别谈话8次，集体谈话4次；江青与其他人一起看电影13次，看戏3次，边看边谈话；看了电影《南海长城》的样片，接见了剧组的导演、摄影师和一部分演员，江青同剧组谈了3次话。

说是座谈会，其实主要是江青一个人谈，其他人听。她在谈话中的主要观点，体现在会后形成的《纪要》中。

---

[1] 中国人民大学编辑小组：《无产阶级文化大革命胜利万岁》，1969年编印，第239页。

2月19日，江青对刘志坚等人说，没有什么可说的了，她有事，暂告一段落，他们可以回去了。刘志坚觉得，来上海花了十几天时间看了这么多电影，听江青说了那么多话，回去之后总得有个东西向总政党委汇报。于是，他就同总政派来参加座谈会的谢镗忠、陈亚丁、李曼村一起，根据江青的谈话精神，于20日晚形成了约3000字的《江青同志召集的部队文艺工作座谈会纪要》的汇报提纲，请上海警备区打印了30份。这份材料本来是刘志坚等人用来向总政党委汇报的，在给不给江青的问题上还颇为踌躇。不给吧，怕她知道后发脾气；给吧，又怕她看后不满意。考虑再三，还是决定送给她一份。21日，他们将材料给了江青，然后坐飞机途经济南回到北京。

果不其然，江青看到汇报提纲打印件后很不满意。2月23日，刘志坚一行刚到北京，就在机场上接到了江青秘书打来的电话，说汇报提纲根本不行，歪曲了她的本意，要刘志坚派人去上海帮助她修改。刘志坚在同总政治部主任萧华商量后，决定派陈亚丁返回上海参加修改，并交代他：江青要怎么改就怎么改，有什么问题回来再说。[1]

2月25日，陈亚丁返回上海参与汇报提纲的修改。在这个过程中，陈伯达提出：十七年（指新中国成立以来的时间）文艺黑线专政的问题，这很重要，但只是这样提，没头没尾，必须讲清这条文艺黑线的来源，它是30年代文艺的继续和发展。他还提出：要讲一段江青领导的戏剧革命的成绩，那才是真正的无产

---

[1] 刘志坚：《部队文艺工作座谈会纪要产生前后》，郭德宏主编：《风云七十年》（下），解放军文艺出版社1991年版，第742页。

阶级的东西；这样，破什么立什么就清楚了。江青听了陈伯达的"高见"，高兴地说陈伯达这个意见好，夸陈伯达"厉害"，"打中了要害"，并说"这一来有些人的日子就不好过了"，让陈伯达赶快写出来。过后，她还特地催问陈伯达："老夫子，叫你写一下，你写出来没有？"[1]

按照江青和陈伯达的意见，陈亚丁和张春桥（中共上海市委书记处书记，分管宣传文化工作）对汇报提纲作了许多修改，加进了座谈会上江青没有讲过的东西，文字由原来3000字增加到5500字，使江青的观点得到更系统的发挥，又将江青的看法改成"座谈会的同志们认为"，但题目仍叫《江青同志召集的部队文艺工作座谈会纪要》。

稿子修改结束时，江青说稿子经张春桥、陈亚丁修改后，她就"不管了"，可以"传达了"。但事后，她又在不征求别人意见的情况下，把稿子铅印后送毛泽东审阅。毛泽东指示江青在上海找陈伯达、张春桥再次对稿子进行了充实和修改，标题也改为《林彪同志委托江青同志召开的部队文艺工作座谈会纪要》。

毛泽东收到江青送来的《纪要》稿后，几次对稿子作了修改，并于3月17日对《纪要》稿作出批示："此件看了两遍，觉得可以了。我又改了一点。请你们斟酌，此件建议用军委名义，分送中央一些负责同志征求意见，请他们指出错误，以便修改。当然首先要征求军委各同志的意见。"[2]

3月22日，林彪对《纪要》修改审定后，给贺龙、聂荣臻

---

[1] 人民出版社编辑部编：《"阴谋文艺"批判》，人民文学出版社1978年版，第19页。
[2]《建国以来毛泽东文稿》第12册，中央文献出版社1998年版，第23页。

等中央军委领导人写了一封信,连同《纪要》由刘志坚分别送给军委各位常委。林彪在信中说,这是一个很好的文件,不仅有极大的现实意义,而且有深远的历史意义。并且说:"十六年来,文艺战线上存在着尖锐的阶级斗争,谁战胜谁的问题还没有解决。文艺这个阵地,无产阶级不去占领,资产阶级就必然去占领,斗争是不可避免的。这是意识形态领域里极广泛、深刻的社会主义革命,搞不好就会出修正主义。"[1]随后,中央军委将《纪要》和林彪的信报送中共中央。中共中央于4月10日将之转发全党,要求各地认真讨论研究,贯彻执行。

《纪要》说,文艺界在新中国成立以来,"被一条与毛主席思想相对立的反党反社会主义的黑线专了我们的政,这条黑线就是资产阶级的文艺思想、现代修正主义的文艺思想和所谓三十年代文艺的结合。'写真实'论、'现实主义广阔的道路'论、'现实主义的深化'论、反'题材决定'论、'中间人物'论、反'火药味'论、'时代精神汇合'论,等等,就是他们的代表性论点,而这些论点,大抵都是毛主席《在延安文艺座谈会上的讲话》中早已批判过的。电影界还有人提出所谓'离经叛道'论,就是离马克思列宁主义、毛泽东思想之经,叛人民革命战争之道"。这一段话就是著名的"文艺黑线专政"论的由来。

《纪要》接着说,在这股资产阶级、现代修正主义文艺思想逆流的影响或控制下,十几年来,真正歌颂工农兵的英雄人物,为工农兵服务的好的或者基本上好的作品也有,但是不多;不少

---

[1] 丛进:《1949—1989年的中国·曲折发展的岁月》,河南人民出版社1989年版,第622页。

是中间状态的作品；还有一批是反党反社会主义的毒草。我们一定要根据党中央的指示，坚决进行一场文化战线上的社会主义大革命，彻底搞掉这条黑线。搞掉这条黑线之后，还会有将来的黑线，还得再斗争。所以，这是一场艰巨、复杂、长期的斗争，要经过几十年甚至几百年的努力。这是关系到我国革命前途的大事，也是关系到世界革命前途的大事。

这个判断的提出，严重脱离了文艺界的实际情况。新中国成立以来，不论是来自解放区还是来自国统区的广大文艺工作者，都是以毛泽东文艺思想为指导，以满腔热忱歌颂党和社会主义，创作了大量的思想性与艺术性都比较好的文艺作品，极大地鼓舞了广大人民群众革命和建设的热情，并不存在一条所谓的"文艺黑线"，更不存在"文艺黑线专政"的问题。

《纪要》还说，过去十几年的教训是：我们抓迟了。只抓过一些个别问题，没有全盘地系统地抓起来，而只要我们不抓，很多阵地就只好听任黑线去占领，这是一条严重的教训。1962年（八届）十中全会作出要在全国进行阶级斗争这个决定之后，文化方面的兴无灭资的斗争也就一步一步地开展起来了。

《纪要》还讲到了30年代左翼文艺战线内部"两个口号"之争的问题："到了三十年代的中期，那时左翼的某些领导人在王明的右倾投降主义路线的影响下，背离马克思列宁主义的阶级观点，提出了'国防文学'的口号。这个口号，就是资产阶级的口号，而'民族革命战争的大众文学'这个无产阶级的口号，却是鲁迅提出的。当时的左翼文艺工作者，绝大多数还是资产阶级民族民主主义者，有些人民主革命这一关就没过去，有些人没有过好社会主义这一关。"

其实，不论是"国防文学"的口号，还是"民族革命战争的大众文学"的口号，他们的提出者和支持者，都表示拥护党的抗日民族统一战线政策，并愿为此而斗争。只不过是由于对统一战线的了解，以及对各自口号的解释各有不同，从而对于究竟哪一口号更符合党的统一战线的需要，更有利于无产阶级，发生了认识上的分歧。这本是革命文艺内部间的争论，并非《纪要》中所说是两个阶级间的对立。

这个《纪要》的出台，实际上是对"二月提纲"的全面否定，也是对新中国成立以来文艺工作的全面否定，并且还涉及30年代的革命文艺如何评价问题。按照《纪要》的调子，新中国成立以来广大文艺工作者创作的文艺作品，基本都是"文艺黑线专政"的产物，无需说这些都是应当否定和批判的对象，至于这些作品的作者自然也就存在世界观没有改造好的问题，是文化革命的对象。由于《纪要》是以中共中央的文件下发的，事实上就成为"文化大革命"爆发后文艺工作的纲领性文件。随着"文艺黑线专政"论的出台，许多优秀的文艺作品，不是遭到错误批判，就是被打入冷宫，广大文艺工作者也由此遭到打击迫害，本应百花齐放的文艺界一片凋零，以致出现了八亿人民只有八部"样板戏"看的局面。

二、对"文艺黑线专政"论的控诉

粉碎"四人帮"后，文艺界开始出现了新的气象，陆续发表了一些反映同"四人帮"斗争和歌颂老一辈革命家丰功伟绩的文艺作品。一批描写"与走资派作斗争"的"阴谋文艺"标本，如电影《反击》《春苗》《决裂》，话剧《盛大的节日》，小说《严峻的日子》等，受到了否定性的批判。

但是，压在广大文艺工作者头上的"文艺黑线专政"论，却并未随着"四人帮"的垮台而被推倒。虽然《纪要》是林彪与江青互相利用的产物，但由于这个文件毛泽东不但画了圈，还亲自作了多处修改，按照"两个凡是"的标准，《纪要》就不能推翻。因而"文艺黑线专政"论在粉碎"四人帮"后一年多的时间里，仍是套在文艺界头上的紧箍咒。

不推倒"文艺黑线专政"论，大量在"文化大革命"中被批判、被查禁的文艺作品，就无法同读者见面，大批因此而遭迫害的文艺工作者的冤案就无法平反，人民群众所渴望的文学作品也无法创作出来，文艺领域的"百花齐放"当然也只能是空话。

邓小平复出之后，从科教工作入手，率先在这两个领域开展拨乱反正，使科教工作很快出现了崭新的局面。在这个过程中，他一再提出要准确完整地理解毛泽东思想，对知识分子的地位和作用、对"文化大革命"前科教工作的成绩，作了充分的肯定，强调新中国成立之后的十七年各项工作主导方面是红线不是黑线，否定了教育领域的"两个估计"。所有这些，对文艺界都是很大的鼓舞，他们从教育战线推倒"两个估计"上，看到了推翻"文艺黑线专政"论的希望。

在批判《海瑞罢官》的过程中，当时中央宣传部几位负责人，既不了解姚文元文章的背景，又反感姚文元那种无限上纲、动不动就乱打棍子的做法，并且试图将已经发动的思想文化领域的大批判，限定在学术讨论的范围内，因此不但对姚文元的文章持消极态度，而且积极参与了"二月提纲"的撰写，结果导致了毛泽东严厉的批评。毛泽东指责中宣部是"阎王殿",并提出要"打倒阎王,解放小鬼"。"文化大革命"一开始,中宣部就成了"砸烂"的对象,部领导大多受到审查和迫害,其他工作人员则被赶到"五七干校",中宣部也就被迫停止工作十年之久。

1977年10月,中共中央发出第43号文件,决定恢复中宣部,规定中宣部的主要职责是在党中央的领导下,掌管新闻、出版的方针政策,等于摘掉了中宣部"阎王殿"的帽子。中宣部的恢复,"已经预示着文艺的春天为时不远了"[1]。

就在这个月,作为中国文艺界重要阵地的《人民文学》,召开了一次短篇小说创作座谈会,应邀到会的有老中青三代作家和评论家二十余人。这是粉碎"四人帮"后文学界的第一次集会,德高望重的老作家茅盾参加了会议。茅盾在会上作了题为"老兵的希望"的发言,希望文艺界贯彻"双百"方针,文艺评论方面改变"一言堂"这种不正常的局面。

但是,这次会议并没有对"文艺黑线专政"论问题展开深入的讨论。在当时,这无疑是一个十分敏感的问题,人们对于"文化大革命"难免还心有余悸。在会后《人民文学》编印的关于这次会议的简报说:"座谈会以毛主席制订的无产阶级文艺路线、文艺政策以及华主席在十一大的政治报告为指针,联系文学战线上惊心动魄的阶级斗争,揭发批判了'四人帮'对文学事业的摧残,批判了'四人帮'炮制的阴谋文艺及其修正主义文艺路线,就当前文学创作中存在的问题以及如何提高短篇小说创作的思想

---

[1] 刘锡诚:《在文坛边缘上——编辑手记》,河南大学出版社2004年版,第37页。

艺术质量问题,交换了意见。"[1]整个简报中都没有提及"文艺黑线专政"的问题。

第一次对"文艺黑线专政"论进行批判的,是同年11月20日由《人民日报》编辑部召开的文艺界人士座谈会。参加座谈会的有茅盾、刘白羽、张光年、贺敬之、谢冰心、吕骥、蔡若虹、李季、冯牧、李春光等文艺界知名人士。据11月25日《人民日报》的报道,这次座谈会对"文艺黑线专政"论的批判,主要集中在四个方面:

——"四人帮"炮制的"文艺黑线专政"论,是他们全盘否定毛泽东革命路线在文艺战线的主导地位,为他们篡党夺权阴谋服务的理论支柱。

与会者认为,在"文艺黑线专政"论砍杀下,不只十七年的社会主义文艺创作成了一片空白,几千年来中外文艺遗产也统统被斥为封建主义和资产阶级的糟粕,甚至从《国际歌》到革命样板戏的90多年,包括毛泽东诗词、鲁迅作品,以至五四以来直到《在延安文艺座谈会上的讲话》以后涌现出来的全部革命文艺创作,统统被他们用"空白"论粗暴地否定了。也正是在这个"文艺黑线专政"论的摧残下,党多年来培养出来的广大文艺工作者,包括著名的、有成就的作家、艺术家和年轻的文艺工作者,被诬蔑成"黑线人物"、"三名三高"(名作家、名演员、名教授和高工资、高稿酬、高奖金)人物、"反动权威"或"修正主义黑苗子",禁止他们的一切创作活动和艺术实践。"文艺黑线专政"论是"四人帮"强加在文艺工作者和广大人民身上的精神

---

[1] 刘锡诚:《在文坛边缘上——编辑手记》,河南大学出版社2004年版,第29页。

枷锁、政治镣铐。它的影响所及，绝不限于文艺界。必须抓住其反动实质，把它作为文艺界揭批"四人帮"运动第三战役的中心问题，批深批透。

——"文艺黑线专政"论完全歪曲"文化大革命"前文艺战线的实际，篡改文艺战线的斗争历史，否定十七年革命文艺的成就。

与会者认为，解放以后的十几年中，尽管在百花开放的同时，也放出了一些毒草，但是，总的来说，在毛泽东的革命文艺路线的光辉照耀下，我国文坛上涌现出大量的优秀文艺作品，热情讴歌了各个革命历史时期的重大斗争，反映了社会主义革命和社会主义建设的崭新面貌，塑造了许多可歌可泣、可敬可爱的工农兵英雄形象，至今仍然给广大读者以教益。这些作品，在不同时期，不同程度地起到了积极的革命作用。"文化大革命"前的十七年，成绩是主要的，毛泽东的革命文艺路线是占主导地位的。这是任何人也否定不了的铁的事实。

——我国的革命文艺队伍是毛泽东亲自培育的队伍，经历了大风大浪的考验，"四人帮"对文艺队伍的诬蔑和诽谤，必须推倒。

与会者说，延安文艺座谈会以后，在毛泽东思想的哺育下，革命文艺队伍不断地成长和扩大，经过建国十七年社会主义革命和建设的斗争和锻炼，证明我们这支文艺队伍基本上是好的，是一支经得起大风大浪考验的队伍。绝大多数文艺工作者都是拥护和努力执行毛泽东的革命文艺路线的。"四人帮"把整个文艺队伍统统说成是"黑线人物"，这是恶毒的诬蔑和无耻的诽谤，必须推倒。

——只有砸碎"文艺黑线专政"论这个沉重的精神枷锁,肃清它的流毒,"双百"方针才能得到贯彻。

与会者认为,十多年来,"四人帮"用"文艺黑线专政"论这把刀子,疯狂地扼杀"百花齐放,百家争鸣"的方针。不只毒害了一些文艺工作者,而且毒害了为数不少的干部(包括一些领导干部)和群众,特别是毒害了许多青年人以至少年儿童。它使许多人分不清社会主义和资本主义,分不清马克思主义和修正主义,分不清红线和黑线,分不清成绩和缺点,也分不清好作品和坏作品。现在是彻底推倒"文艺黑线专政"论,砸烂"四人帮"的精神枷锁,解放思想,推动社会主义文艺百花齐放的时候了![1]

11月25日及以后几天,《人民日报》相继发表了茅盾等人在这次座谈会上批判"文艺黑线专政"论的发言。

但是,这样一次批判"文艺黑线专政"论的会议,却引起了一位坚持"两个凡是"的领导人的不满。他批评《人民日报》说,你们批判了"教育黑线"论,怎么又批起"文艺黑线"论来了?全国教育工作座谈会是毛主席批准的,文艺座谈会纪要是经过毛主席三次亲自修改的,怎么能推翻呢?他还要求《人民日报》把批判"文艺黑线专政"论的文章,送中共中央审查。[2]

由于这位中央领导人直接分管意识形态工作,《人民日报》编辑部对他的这个指示不得不加以考虑。因此,该报在报道有关

---

[1]《坚决推倒、彻底批判"文艺黑线专政"论——本报编辑部邀请文艺界人士举行座谈会》,《人民日报》1977年11月25日。

[2] 徐庆全:《文坛拨乱反正实录》,浙江人民出版社2004年版,第70—71页。

这次座谈会内容时,一方面认为必须对"文艺黑线专政"论加以批判,另一方面又必须能通过上面的审查。于是,该报在编者按中自相矛盾地说:"这个'黑线专政'论全盘否定毛主席的革命路线,全盘否定毛主席领导的社会主义革命和建设事业的伟大成就,为他们实行反革命复辟鸣锣开道。""无产阶级文化大革命以前的十七年中,毛主席革命路线在文艺战线同样是占主导地位的。尽管受到过刘少奇的反革命修正主义路线的严重干扰和影响,但毛主席的红线一直照耀着社会主义文艺事业的进程。"

编者按一方面强调"文艺黑线专政"论必须批判,十七年中"红线"占主导地位,但另一方面又牵强附会地说文艺战线"受到过刘少奇"的"干扰",言下之意还有一条虽不占主导地位,但对"红线"起了"干扰"作用的"黑线"。说明当时"两个凡是"不但成为解放思想的障碍,也成为拨乱反正的障碍。

冲破"两个凡是"的束缚、解放思想并不是一件容易的事情。虽然文艺界批判"文艺黑线专政"论的呼声日益强烈,但仍有人在这个问题上思想僵化,总觉得《纪要》是经毛泽东修改的,不能推倒。有人甚至认为,虽然不能说有"文艺黑线专政",但"文艺黑线"还是有的。

1977年12月,当时中央宣传部的一位负责人就说,教育战线批"两个估计",是华主席、邓副主席亲自领导的,做了大量的调查研究,找了根据(指找到毛泽东1971年夏关于教育工作的谈话),才写出文章。文艺战线的问题要研究,怎样用毛泽东思想揭批"四人帮"。要批判"文艺黑线专政"论,牵涉两个问题:一个是《纪要》毛主席看过,而且改过三次;一个是"两个批示"(指毛泽东关于文艺问题的两个批示),毛主席批评很厉害。这些问题要很好研究。《人民日报》文章（即《人民日报》关于该报编辑部召开的文艺界人士批判"文艺黑线专政"论座谈会的报道）把十七年黑线一笔带过，回避这个问题，使人感觉十七年不错。那样的话，毛主席为什么还有"两个批示"？为什么要搞"文化大革命"？毛主席的批评要讲够，说明"四人帮"是怎样借毛主席搞乱文艺战线的。不要给人一种印象，觉得"文化大革命"前问题不大。这位负责人还说，"文艺黑线专政"论固然要批，但不要把毛主席的话当作江青的话批了。黑线是有的，毛主席跟黑线作了斗争，毛主席革命路线是占了统治地位的。[1]

正是在这种背景下，这年12月7日，《光明日报》在二版头条通栏标题《搞好文艺战线揭批"四人帮"的第三战役》下，刊登了文艺界知名人士座谈会上的发言，但同时特地加了一个编者按，其中直截了当地说："十七年的文艺路线，黑线是有的，这就是刘少奇的反革命修正主义文艺路线。这条黑线，对我国文艺事业确实有相当严重的干扰和破坏。但是，总的说来占主导地位的是毛主席的革命文艺路线。"

1978年1月11日，《人民日报》转载了《红旗》杂志这年第1期上发表的文化部大批判组文章：《一场捍卫毛主席革命路线的伟大斗争——批判"四人帮"的"文艺黑线专政"论》。文章一方面认为，十七年中，文艺工作者的大多数是拥护毛泽东革命路线的，文艺干部的大多数是努力贯彻执行毛泽东革命文艺路线的。毛泽东的革命文艺路线始终占据主导地位，绝不是什么"文

---

[1] 刘锡诚：《在文坛边缘上——编辑手记》，河南大学出版社2004年版，第41—42页。

艺黑线专政"。但文章另一方面又强调，十七年中"文艺战线存在着两个阶级、两条路线的激烈斗争"，存在着"刘少奇的反革命修正主义路线不断地对文艺战线进行干扰破坏"，因此，"十七年的文艺历史，是毛主席的革命路线战胜修正主义路线的历史，是无产阶级文艺战胜资产阶级文艺的历史"。

1977年12月28日至31日，《人民文学》名为"向文艺黑线专政论开火大会"的座谈会，在北京召开。参加会议的主要是在京文学界的人士，另邀请少量外地人士和中国文联各协会的前负责人，总人数达一百多人。据参与这次会议组织的刘锡诚回忆："这次以'向文艺黑线专政论开火'为题的在京文学工作者座谈会，邀请的人多达一百余人，是在长达十年的'文化大革命'中被'四人帮'的法西斯专制主义打散了的作家队伍的大会师，因而也可以说是中国当代文学史上一次有着重要意义的会议。"[1]对于座谈会发言的情况，《人民日报》在相关报道中说："文学工作者们指出，'四人帮'虽然垮台了，但是对他们的流毒和影响决不能低估。大家表示，一定要……坚决推倒'文艺黑线专政'论等一系列谬论，彻底破除'四人帮'强加在文艺工作者身上的种种精神枷锁，贯彻执行百花齐放、百家争鸣的方针，努力繁荣社会主义文艺创作。"[2]

12月31日，中宣部部长张平化带来并在会上宣读了华国锋应《人民文学》编辑部之请给刊物的题词："坚持毛主席的革命文艺路线，贯彻执行百花齐放、百家争鸣的方针，为繁荣社会主

---

[1]刘锡诚：《在文坛边缘上——编辑手记》，河南大学出版社2004年版，第43页。
[2]《华主席为〈人民文学〉题词》，《人民日报》1978年1月17日。

义文艺创作而奋斗。"华国锋的这个题词,不但是对《人民文学》杂志和刚复苏的文学事业的支持,也在一定程度上是对文艺界开展的批判"文艺黑线专政"论的支持。

自此之后,全国各种报刊发表了大量的批判"文艺黑线专政"论的文章,全国文艺界掀起了揭批"文艺黑线专政"论的高潮。

三、彻底推倒"文艺黑线专政"论

1978年5月27日至6月5日,中国文学艺术界联合会第三届全国委员会第三次扩大会议在北京召开。参加会议的有文联第三届全国委员会委员,各省、市、自治区和人民解放军的代表,在北京的文艺部门负责人和文艺界各方面代表,以及台湾省籍、港澳代表共340多人。批判"文艺黑线专政"论,是这次会议的一项重要内容。

中宣部副部长、文化部部长黄镇代表中共中央宣传部在大会上作了题为"在毛主席革命文艺路线指引下,为繁荣社会主义文艺创作而奋斗"的讲话。黄镇在讲话中对"文艺黑线专政"论进行了公开批判,指出:"四人帮"炮制了"文艺黑线专政"论,全盘否定我国"五四"以来和新中国成立以来文学艺术的光辉成就,残酷迫害文艺工作者,"砸烂"全国文联、各个协会和各地分会。"四人帮"的法西斯文化专制主义,使我国的社会主义文艺事业遭到空前浩劫。[1]

《人民日报》在报道这次会议时，曾这样说："连日来，文学家艺术家们满怀无产阶级义愤，以切身经历和遭遇揭发批判'四人帮'炮制'文艺黑线专政'论，肆意践踏社会主义文艺园地，残酷迫害文艺工作者的滔天罪行。许多作家艺术家被他们整病了，整成残废了，甚至被他们迫害致死。不少代表拄着拐棍，由人搀扶上台控诉'四人帮'的法西斯暴行，有的代表不能亲临盛会，从病床上送来书面发言，声讨'四人帮'对自己和战友们的迫害。一桩桩血泪的控诉，引起与会者的强烈共鸣，激起人们对'四人帮'的无比仇恨。许多代表还列举大量触目惊心的事实，揭发批判'四人帮'大搞阴谋文艺，对文学艺术的各个领域的严重破坏，造成文艺园地百花凋零、一片荒芜的罪行。"[2]

就在文联第三届全委会第三次扩大会议召开的时候，真理标准问题讨论的序幕开始拉开，并且得到了邓小平等老一辈革命家的支持。与真理标准问题讨论相伴随的，是人们冲破"两个凡是"的束缚，进一步解放思想。

在这样的大背景下，1978年11月20日至25日，《文艺报》《人民文学》《诗刊》三个刊物举行编委联席会议。这次会议是为配合真理标准问题的讨论而召开的，实际上涉及的话题并不局限于真理标准的讨论，而是新时期文学面临的一些重大问题。在这次会议上，"许多同志还运用实践是检验真理的唯一标准这一原

---

[1]《黄镇同志在中国文学艺术界联合会第三届全国委员会第三次扩大会议上的讲话》，《人民日报》1978年6月22日。
[2]《中国文联举行扩大会议宣布文联和五个协会正式恢复工作》，《人民日报》1978年6月6日。

则，联系文艺战线的实际，进一步批判了'文艺黑线专政'论。他们说：林彪、'四人帮'为了篡党夺权的需要，胡说什么建国后十七年的文艺是'反党反社会主义的文艺黑线'。这是彻头彻尾的诽谤和诬蔑。在林彪、'四人帮'猖獗的年代里，就是在这个所谓'文艺黑线'的罪名下，使大批文学艺术工作者和文艺干部受到残酷迫害，他们之中有些人至今尚未完全给予平反昭雪。大家认为，'文艺黑线专政'这个文艺界的最大冤案不彻底推翻，文艺界的精神枷锁就不能彻底打碎，文艺工作者的积极性创造性就很难充分发挥出来"[1]。

随着对"文艺黑线专政"论的批判，对一批因"文艺黑线专政"论影响而受到批判的作品及其作者，如何落实政策，就成为人们十分关注的问题。1978年12月，《文艺报》和《文学评论》联合召开"作家作品落实政策座谈会"，文学界和艺术界有140余位作家和艺术家与会。在这次规模盛大的平反昭雪座谈会上，为杜鹏程的《保卫延安》、李建彤的《刘志丹》、周立波的《山乡巨变》、赵树理的《三里湾》和《锻炼锻炼》、刘澍德的《归家》和《老牛筋》、西戎的《赖大嫂》、汉水的《勇往直前》、王蒙的《组织部新来的青年人》等文学作品，以及电影《红日》《怒潮》《红河激浪》《不夜城》《林家铺子》《五朵金花》《早春二月》《逆风千里》《北国江南》等平反。对吴晗的《海瑞罢官》和孟超的《李慧娘》等剧本，也从作品反映的现实或历史是否真实出发，实事求是地考察作品的思想倾向，重新作了评价，推倒了

---

[1]《坚决贯彻"双百"方针，认真实行文艺民主》，《人民日报》1978年11月24日。

加在其身上的污蔑和不实之词。[1]

1979年1月2日,全国文联在北京新侨饭店礼堂举行新春茶话会,出席茶话会的文艺界人士有近300人。文化部部长黄镇在茶话会上讲话时指出:过去一年,文学艺术工作取得很大的成绩,创作了一些好的和比较好的作品。但文化部和文学艺术界是重灾区,落实党的政策还要进一步加快步伐,要把一切冤案、错案、假案,本着实事求是、有错必纠的精神,尽快解决。文化部和文学艺术界在"文化大革命"前十七年的工作中,虽然在贯彻执行毛主席革命文艺路线过程中,犯过这样和那样的"左"的和右的错误,但根本不存在"文艺黑线专政",也没有形成一条什么修正主义"文艺黑线"。林彪、"四人帮"强加的诬陷不实之词,应该彻底推倒,还历史的本来面目。这就意味着在"文艺黑线专政"论被彻底否定后,"文艺黑线"论也被彻底推翻了。

1979年5月3日,中共中央批转解放军总政治部《关于建议撤销一九六六年二月部队文艺工作座谈会纪要的请示》。中共中央指出,同意总政治部1979年3月26日的请示,决定撤销中央批发的1966年2月部队文艺工作座谈会纪要。因受《纪要》影响被错误批判、处理的人员和文艺作品,要实事求是地予以平反。至此,压在文艺界头上十余年的"文艺黑线专政"论终于彻底被推倒。

---

[1]《加快落实政策的步伐,彻底解放文艺的生产力》,《文艺报》1979年第1期。